西藏民族大学资助出版

中华文化视域下的西藏史前文化研究

刘　鹏　余小洪　张建林
席　琳　马天祥　刘倬源　编著

西北大学出版社
·西安·

内容简介

本书从中华文化整体视域的角度，通过对西藏地区已发现的旧石器、新石器以及早期金属时代的金属器物、大石遗迹、岩画等考古材料进行全面系统梳理，明确其分布数量，揭示其文化特征，并深入分析、探讨和论述了西藏史前文化考古材料与我国华北、西南、西北、中原地区及长江中下游地区史前文化考古材料的密切相联性及所呈现出来的共性，充分揭示了西藏旧石器文化、新石器文化、早期金属文化、大石文化以及史前岩画，均是中华远古文化的重要组成部分，有力地论证了"西藏自古就是中国不可分割的一部分"的历史事实。

本书适合于从事文学、历史学、考古学等学科研究者及相关院校师生阅读与参考。

图书在版编目（CIP）数据

中华文化视域下的西藏史前文化研究／刘鹏等编著．
—西安：西北大学出版社，2023.6
ISBN 978-7-5604-5099-5

Ⅰ.①中⋯　Ⅱ.①刘⋯　Ⅲ.①史前文化—研究—西藏
Ⅳ.①K297.5

中国国家版本馆 CIP 数据核字（2023）第 109100 号

中华文化视域下的西藏史前文化研究
ZHONGHUA WENHUA SHIYUXIA DE XIZANG SHIQIAN WENHUA YANJIU

编　著　刘　鹏　余小洪　张建林　席　琳　马天祥　刘倬源
出版发行　西北大学出版社
（西北大学校内　邮编：710069　电话：029-88302621　88303593）
http://nwupress.nwu.edu.cn　E-mail: xdpress@nwu.edu.cn

经　销	全国新华书店	
印　装	陕西向阳印务有限公司	
开　本	787 毫米×1092 毫米　1/16	
印　张	15.25	
版　次	2023 年 6 月第 1 版	
印　次	2023 年 6 月第 1 次印刷	
字　数	250 千字	
书　号	ISBN 978-7-5604-5099-5	
定　价	59.00 元	

本版图书如有印装质量问题，请拨打电话 029-88302966 予以调换。

目　录

第一章　绪　言 …………………………………………………………… 1
　一、中华文化概述 ……………………………………………………… 1
　二、西藏自然地理环境与经济形式 …………………………………… 7
　三、西藏古代文化序列概述 …………………………………………… 8
　四、西藏史前时期的界定 ……………………………………………… 9

第二章　中华文化视域下的西藏旧石器文化 …………………………… 13
　一、中国旧石器文化概述 ……………………………………………… 13
　　（一）发现与研究 …………………………………………………… 13
　　（二）分布与类型 …………………………………………………… 15
　二、西藏旧石器采集点、遗址分布 …………………………………… 39
　三、西藏旧石器文化的特征与内涵 …………………………………… 43
　四、西藏旧石器文化与我国其他地区旧石器文化的联系与交流 …… 51

第三章　中华文化视域下的西藏新石器文化 …………………………… 54
　一、中国新石器文化概述 ……………………………………………… 54
　　（一）发现与研究 …………………………………………………… 54
　　（二）分布与类型 …………………………………………………… 55
　二、西藏新石器时代文化遗存分布 …………………………………… 79
　　（一）发现与研究 …………………………………………………… 80

（二）分区介绍 ································· 83
　三、西藏新石器时代文化遗存的特征 ····················· 130
　　（一）西藏新石器时代聚落遗存的区域性特征 ············ 130
　　（二）西藏新石器时代细石器遗存的特征 ··············· 131
　　（三）西藏新石器时代打制石器遗存的特征 ············· 132
　　（四）西藏新石器时代经济类型的多样性特征 ··········· 132
　四、西藏新石器时代文化遗存的分期与年代 ················ 133
　　（一）卡若、曲贡、加日塘诸文化类型的分期与年代 ······ 134
　　（二）西藏新石器时代遗存的分期与年代 ··············· 135
　五、西藏新石器时代遗存与周边文化的关系 ················ 137
　　（一）西藏新石器时代文化属于中国"史前文明"相互
　　　　　作用圈的组成部分 ··························· 137
　　（二）西藏新石器时代文化与周边文化的联系 ··········· 139

第四章　中华文化视域下的西藏早期金属文化 ··············· 145
　一、中华文化金属文化概述 ····························· 145
　二、西藏早期金属器物出土地点分布 ····················· 147
　三、西藏早期金属文化的内涵与特征 ····················· 147
　四、西藏早期金属文化与我国其他地区金属文化的联系与交流 ··· 153

第五章　中华文化视域下的西藏大石文化 ··················· 159
　一、中华文化大石文化概述 ····························· 159
　二、西藏大石遗迹分布 ································· 160
　三、西藏大石文化的内涵与特征 ························· 162
　四、西藏大石文化与我国其他地区大石文化的联系与交流 ····· 173

第六章　中华文化视域下的西藏史前岩画 ··················· 193
　一、中华文化史前岩画概述 ····························· 193

（一）文献记载与研究方法·····················193
　　（二）分布与类型·····························197
二、西藏史前岩画分布·····························199
　　（一）发现与研究·····························200
　　（二）分区介绍·······························202
三、西藏史前岩画的基本特征·······················210
　　（一）制作技法·······························210
　　（二）种类题材·······························212
　　（三）表现形式·······························213
四、西藏史前岩画的时代与族属·····················214
五、西藏史前岩画的文化因素及与周边岩画的关系·····221

第七章　结　语·······························226

插图索引···································231
后　记·····································235

第一章 绪 言

一、中华文化概述

中华文化源远流长，在我国辽阔的疆域范围内，发现了约 200 万年前的人类文化遗存。据研究显示，山西芮城西侯度遗址表明我国在距今约 180 万年前已出现了原始人类，比云南元谋人还要早 10 万年。在距今 50 万年前至 30 万年前，已有研究发现原始人类足迹遍布中原、华北、华南等地区。可以说，中国自距今约 200 万年前开始就进入史前时期。这一时期的宗教、艺术、信仰等都处于初期阶段，文字尚未产生，因此，考古界对中国史前文化的研究重点放在了物质文化上，并从物质文化的研究中探讨史前人类的精神文化。而对于物质文化的划分，学者们大多采用三期分段法，依据生产工具的变革将人类物质文化分为石器时代、青铜器时代、铁器时代。石器时代又分为旧石器时代和新石器时代，有的地区在旧石器时代和新石器时代之间还有中石器时代。在全球范围内，各地根据文化发展进程不同，对史前时期的划分不同。如西欧、北欧等地区，石器时代、青铜器时代和早期铁器时代都处于史前时期。而我国把石器时代划为史前时期，属于中华史前文化范畴。因此，在探讨中华文化视域下的西藏史前文化的过程中，将简要介绍中华史前文化，并着眼中华史前物质文化，以研究西藏史前文化与中华史前文化之间的密切联系。

中华史前物质文化的石器时代主要包括旧石器时代和新石器时代，由于发展进程不一，部分地区还有中石器时代。现简要介绍我国石器时代的分布与特点。

根据目前我国境内旧石器时代遗址中已发现的人类化石及各类石器，中国的旧石器时代文化可以追溯到距今200万年前，属于早更新世时期，也有研究表明，甚至在早更新世时期较早阶段就出现了旧石器时代文化，但仍存在不确定性。早、中更新世时期时间跨度较大，是我国直立人长期演化和一些古老型智人存在的时期，目前发现的我国最早古人类化石地点是公王岭和元谋人遗址[①]，目前已确认最早的旧石器遗址为山西芮城西侯度遗址，属于旧石器时代早期，距今180万年。同处于旧石器时代早期遗址还有云南元谋人遗址（距今170万年或60万—50万年）、陕西蓝田人遗址（距今100万年或80万—75万年）、北京周口店人遗址（距今70万—20万年，早期距今70万—40万年、中期距今40万—30万年、晚期距今30万—20万年）、重庆巫山人遗址（中更新世）、山西匼河遗址（中更新世）、江苏南京汤山人遗址（中更新世）、辽宁营口金牛山人遗址（中更新世）、贵州黔西观音洞遗址（中更新世）、安徽和县人遗址（中更新世）、内蒙古呼和浩特大窑遗址（中更新世），这些旧石器早期遗址由北到南涵盖了内蒙古、辽宁、北京、陕西、山西、安徽、四川、贵州、云南、江苏等10多个省份。通过对遗址内人骨化石及牙齿的分析来看，进入中更新世后，直立人已广泛分布于我国各地，且具有一些共同特征，其中门齿呈铲形，具有后来蒙古人种的特征。旧石器时代石器原料以石英、水晶、砂岩、燧石为主，其中石英占比最高，多就地取材，"从做石器的原料性质看，除石英和水晶外，其余都是河卵石，而这些河卵石均来自当时的河滩，即现在叫作下砾石层的层位"[②]，用于加工的石料具有足够的硬度和韧性。旧石器时代制造石器的方法主要是打片技术，包括砸击、锤击、碰砧。石器制作出来的工具类别包括砍砸器、刮削器、尖状器、雕刻器、石球等，从各处旧石器时期遗址来看，旧石器时代早期以使用石片石器为主，工具类型以刮削器为主，石核、石片总体比较粗大，做出的石器工具形制不规范，留有加工时的痕迹，有从一个石器多种用法的情况逐渐变成石器一物一用的趋向。在旧石器时代早期遗址中，有固定灰烬堆的发现，这也说明在早、中更新世

[①] 陆莹、孙雪峰、王社江等：《早、中更新世中国古人类年代序列与区域演化特征》，《人类学学报》2021年第3期。

[②] 张森水：《中国旧石器文化》，天津：天津科学技术出版社，1987年，第111页。

时期，中国直立人已开始使用火，并逐渐学会控制和管理火种。

旧石器时代中期从距今19.5万年的中更新世末期至距今10万年的晚更新世早期。目前发现的遗址主要有湖北长阳人遗址（距今19.5万年）、陕西大荔人遗址（中更新世末期，距今约15万年）、山西丁村人遗址（晚更新世早期）、山西许家窑人遗址（距今10万年）、广东马坝人遗址（晚更新世早期）等。中更新世末期，我国经历了庐山冰期，气候变暖，我国人类从直立人发展为早期智人，如丁村人、大荔人、许家窑人、长阳人、马坝人等，头颅骨骼的脑盖比直立人薄，脑容量较大，智力有了显著发展，颧骨较突，眉骨较平，具有蒙古人种的部分特征。旧石器时代中期打制石器技术有所提高，石器形状较规整，石器工具种类增加。中期遗址面积增大，可以反映出这一阶段人类人口数量有了一定增长。

旧石器时代晚期从距今四五万年至距今1万年左右的晚更新世中、晚期。目前发现的遗址主要有宁夏水洞沟遗址（晚更新世）、内蒙古萨拉乌苏遗址（距今5万—3.7万年）、西藏申扎尼阿底遗址（距今4万—3万年）、山西峙峪遗址（距今3万—2.8万年）、台湾左镇人遗址（距今3万—2万年）、重庆铜梁遗址（距今2.5万年）、山西下川遗址（距今2.3万—1.6万年）、黑龙江哈尔滨人遗址（距今2.3万年）、河南小南海遗址（距今2.2万—1万年）、四川富林遗址（距今2万年）、湖北鸡公山遗址（距今2万—1万年）、北京山顶洞遗址（距今1.9万年）、台湾长滨遗址（距今1.5万年）、贵州猫猫洞遗址（距今1.5万年）、广西柳江人遗址（晚更新世）等。目前发现的旧石器时代晚期遗址总数较多，已超过旧石器时代早期和中期遗址总和，北到黑龙江漠河，南到贵州、广东、广西，东到台湾，西到云南、青藏高原的广大范围都有分布。发现的人种属晚期智人，如山顶洞人和柳江人，脑容量为1300—1500毫升，智力程度与现代人接近，头颅骨骼与现代人接近，具有蒙古人种的特征。① 旧石器时代晚期文化有了明显进步，这主要体现在石器技术方面，通过软锤法、指垫法加工石器，石器形状变得规整，有细长石片的出现，细石器技术加工出细石叶，石器种类更加多

---

① 严文明、张忠培撰，苏秉琦主编：《中国远古时代》，上海：上海人民出版社，2017年，第32页。

样化，出现了如叶状尖状器、长身端刮器等工具。①石器工具类型有了细化，也出现了不少复合工具。除石器外，晚期遗址中还发现了骨器和角器，种类有骨针、锥等生活用具和鱼叉、刀、铲、矛头等生产用具，使用工具变得多样化。旧石器时代中晚期出现了装饰品，主要有穿孔石珠、穿孔砾石、穿孔兽牙、穿孔青鱼上眼骨、穿孔海蚶壳、鸟骨管、鱼脊椎骨等，"不同地区、不同年代的旧石器时代装饰品上还发现有颜料残留的痕迹"②。装饰品的出现标志着早期人类具有了现代行为，说明我国晚期智人进入了新的发展阶段，精神文化有了极大的进步。

在距今约1.2万年前，末次冰盛期结束后，人类地质学上进入全新世时期，气候逐渐回暖，传统的狩猎采集经济开始向农耕经济转变，人类进入新石器时代。新石器时代文化与旧石器时代文化重要的区别是出现了烧制陶器的技术，开始使用磨光石器。我国新石器时代可分为早期、中期、晚期、末期四个发展阶段。根据研究发现，各区域的新石器时代文化有着广泛的分布，彼此之间互相影响，有一定关联，形成了一个"相互作用圈"，考古学界认为新石器时代文化具有"满天星斗"式的发展特征。

部分地区有旧石器时代文化向新石器时代文化的过渡时期，即中石器时代文化时期，包括陕西大荔沙苑、河南许昌灵井、内蒙古海拉尔松山、满洲里扎赉诺尔、青海贵南拉乙亥、山西吉县柿子滩、河北阳原于家沟、广东阳春独石仔、广东封开黄岩洞、广东英德牛栏洞遗址等新石器时代文化遗址。中石器时代的石器制造采用间接打击法和压削法，石器逐渐细小化，遗址中细石器主要有刮削器、尖状器、雕刻器等③，与新石器的细石器加工技术相比显得落后，加工方式以单面为主，旧石器晚期出现的复合工具得到发展，主要应用于生产领域，并且出现了弓箭这类远射程狩猎工具。

---

① 王幼平：《中国远古人类文化的源流》，北京：科学出版社，2005年，第287页。
② 魏屹、Francesco D'ERRICO、高星：《旧石器时代装饰品研究：现状与意义》，《人类学学报》2016年第1期。
③ 严文明、张忠培撰，苏秉琦主编：《中国远古时代》，上海：上海人民出版社，2017年，第42页。

新石器时代早期距今 1.2 万—1 万年。华北地区主要有东胡林遗址、转年遗址、于家沟遗址、南庄头遗址；长江以南及华南地区主要包括仙人洞和吊桶环遗址、玉蟾岩遗址、顶狮山一期遗址、甑皮岩一期至四期遗址、庙岩遗址、大岩三期遗址。①新石器时代早期以打制石器为主，磨制石器较少，石器工具出现了农业生产工具和谷物加工类工具，主要有砍伐器、石斧、石锛、磨盘、磨棒等。陶器生产较为原始，火候低，陶器质地粗疏，多为圜底器和平底器，华南地区的陶器大多为夹砂绳纹陶。②新石器时代早期仍以采集狩猎为主，农业逐渐发展。

新石器时代中期距今 9500 年或 9000 年至 7000 年。黄河流域主要有大地湾文化、裴李岗文化、磁山文化、后李文化；东北地区主要有兴隆洼文化；长江流域主要有彭头山文化、皂市下层文化、城背溪文化、跨湖桥文化；华南地区主要有顶狮山文化、甑皮岩五期类文化、大岩五期文化。③新石器时代中期石器制作以磨制为主，出现石铲、石耜、石锄等翻土工具，原始农业已经成为经济的主要部分，农业生产工具已进入耜耕阶段。新石器时代中期的陶器陶胎较厚，形制不规整，以夹砂陶为主，多圜底器和平底器，有少量的三足器和圈足器，较早期有一定进步。

新石器时代晚期距今 7000 年至 5000 年。黄河流域和北方地区分别形成了黄河中游、黄河下游、黄河上游、燕山南北和东北地区、辽东半岛、吉黑地区、内蒙古中南部和冀晋陕地区等区域文化系统。黄河中游仰韶文化群包括半坡文化、庙底沟文化、西王村文化、后冈一期文化、大司空文化、大河村文化、下王岗（一、二、三期）文化等；黄河下游主要有北辛文化、大汶口文化；黄河上游主要有马家窑文化早期、中期；燕山南北和东北地区主要有赵宝沟文化、红山文

---

① 中国社会科学院考古研究所：《中国考古学·新石器时代卷》，中国社会科学出版社，2015年，第5—110页。
② 张之恒：《中国考古学通论》，南京：南京大学出版社，1991年，第94页。
③ 中国社会科学院考古研究所：《中国考古学·新石器时代卷》，中国社会科学出版社，2015年，第11—165页。

化、富河文化、小河沿文化、上宅文化、新乐文化；辽东半岛主要有小珠山下层文化、后洼文化、小珠山上层文化、偏堡子文化；吉黑地区主要有昂昂溪文化、新开流文化、左家山和元宝沟遗址、西断梁山遗址、金谷遗址；内蒙古中南部和冀晋陕地区主要有海生不浪文化、阿善文化、义井类文化遗址、雪山一期文化。长江流域和华南地区形成了长江中游、长江三角洲地区、长江下游西部地区、华南地区四大文化区。长江中游主要有大溪文化、屈家岭文化、雕龙碑三期文化；长江三角洲地区主要有河姆渡文化、马家浜文化、崧泽文化；长江下游西部地区主要有北阴阳营文化、薛家岗文化、凌家滩类文化；华南地区主要有咸头岭文化、顶蛳山四期文化。①新石器时代晚期石器磨制规整，有的遗址出现石质装饰品。陶器以手制为主，出现少量轮制陶器，陶器以夹砂红陶为主。长江流域和华南地区出现榫卯技术、丝织技术，出现漆器等。新石器时代晚期原始宗教、原始艺术较为发达。以城址为中心的聚落群较为普遍，社会结构开始出现显著变化，世俗和宗教上层集团已开始出现。

  新石器时代末期距今 5000 年至 4000 年。形成黄河流域和北方地区，长江流域和华南、西南地区两大文化系统，其中西南地区文化面貌较为复杂。黄河流域和北方地区主要有庙底沟二期文化、陶寺文化、龙山文化、马家窑晚期文化、老虎山文化、大口一期类文化、小珠山上层文化。黄河流域和北方地区以龙山文化为代表，在制陶、制玉、木器加工、烧制石灰、纺织、冶铜等方面都有了全方位的进一步发展。长江流域和华南、西南地区主要有石家河文化、良渚文化、宝墩文化、营盘山文化、石峡文化、昙石山文化、牛鼻山文化、卡若文化、曲贡文化等，长江流域以良渚文化为代表，制玉业比较发达，出现了琮、璧、瑗、环、冠形器，礼器、装饰品成套出现，漆器、木器、纺织业、竹器编织业也十分发达。长江中游也出现了最早的冶铜手工业。长江中下游出现了一批邦国，进入了初级文明社会。②

---

① 中国社会科学院考古研究所：《中国考古学·新石器时代卷》，北京：中国社会科学出版社，2015 年，第 332—485 页。
② 中国社会科学院考古研究所：《中国考古学·新石器时代卷》，北京：中国社会科学出版社，2015 年，第 510—632 页。

中国新石器时代早期聚落遗址已开始产生，目前对新石器早期遗址发现较少，多分布在长江以南地区，如江西万年仙人洞等洞穴遗址、广东潮安石尾山等贝丘遗址。新石器时代中期聚落遗址范围开始扩大，主要有以出现半穴式房屋为主的河北武安磁山遗址、河南贾湖遗址、内蒙古兴隆洼遗址等，和以出现干阑式房屋为主的浙江余姚河姆渡遗址等。新石器时代晚期的聚落遗址几乎遍及全国，主要有陕西西安半坡遗址、陕西临潼姜寨遗址、陕西宝鸡北首岭遗址、甘肃秦安大地湾遗址、山东长岛北庄遗址、江苏常州圩墩遗址等。这些遗址的居住区和墓葬区是单独划分的，各种生产和经济活动都是以聚落为单位进行的，并且出现了一些大型的聚落，如大地湾聚落遗址约36万平方米、大汶口聚落遗址约82.5万平方米，聚落在发展过程中出现了功能性的分化，除了居民点外，还有经济中心和宗教中心，也出现了中心聚落和半从属聚落的等级分化。新石器时代末期城址涌现，出现了目前为止发现的我国最早的城市或城堡，如河南淮阳平粮台城址；在经济文化发达的地区形成了遗址群，如浙江余杭良渚遗址群。新石器时代末期已处于中华文明初期阶段，城市中形成了经济和政治文化中心，出现了具有阶级压迫性质的人殉人祭现象，社会出现分层，父权制度确立和加强，已发现的文字符号、青铜器、都邑、礼仪、建筑等与文明有关的遗存对中华文明起源有着重要的探讨意义。

二、西藏自然地理环境与经济形式

西藏自治区位于中国的西南边疆，北与新疆维吾尔自治区、青海省相邻，东和东南分别与四川省和云南省相连，南部与西部分别与缅甸、印度、不丹、尼泊尔等国以及克什米尔地区接壤，全区面积122.84万平方公里。西藏地处世界海拔最高、最年轻的青藏高原的西南部，是青藏高原的主体部分，平均海拔在4000米以上，素有"世界屋脊"和"地球第三极"之称。西藏拥有独特的自然和地理环境，地形复杂，其地形自然形成了三个不同的自然区：西部是藏北高原，位于昆仑山、唐古拉山和冈底斯山、念青唐古拉山之间，包括南、北羌塘山原湖盆地和昆仑山区；南部是藏南谷地，位于冈底斯山和喜马拉雅山之间；东部是高山峡谷，即著名的横断山地。

近几十年来的考古发现证明，西藏高原从旧石器时代开始就已有人类居住和活动的痕迹，远古人类不断适应西藏高原的自然、地理环境，并长期与周边的人类进行交流与交往，在西藏三大自然区也就形成了三大不同的经济生活形式。藏北高原，处于欧亚草原的南缘，由一系列浑圆而平缓的山丘组成，丘顶到平地，相对高差只有100—400米，地势相对平缓，其间夹着许多盆地，低处常潴水成湖，水草较多，多形成了草原游牧区；藏南谷地，即雅鲁藏布江及其支流流经地区，有许多宽窄不一的河谷平地和湖盆谷地，地势平坦，土质肥沃，沟渠纵横，形成了西藏低山河谷农业区；藏东高山峡谷地区，是一系列东西走向逐渐转为南北走向的高山深谷，其间挟持着怒江、澜沧江和金沙江，地势北高南低，水资源丰富，形成了西藏高山河谷农业区。

三、西藏古代文化序列概述

根据学者研究以及考古发现，学界一般认为西藏古代文化的发展经历了六个时期，即西藏旧石器时代、西藏新石器时代、前吐蕃时期、吐蕃时期、分治时期和元至清时期。

西藏旧石器时代：西藏地区的旧石器时代考古工作始于20世纪50年代，目前见诸报道的打制石器地点近百处。考古学界根据在西藏8处地点采集到的石器以及2018年尼阿底遗址的考古发掘成果，推测西藏旧石器时代的年代范围距今5万—1万年。这一年代范围的判断随着尼阿底遗址较为确切的地层学和年代测定数据的支持，得到了学界的认同。本书关于西藏旧石器时代的年代范围采用距今5万—1万年这一判定。

西藏新石器时代：西藏新石器文化遗存在西藏分布非常广泛，目前已发现142处，主要是石器采集地点，具有明确地层关系和可靠年代界限的遗址较少，经科学考古发掘的遗址有6处，包括卡若、曲贡、小恩达、昌果沟、邦嘎、加日塘，这些遗址均属新石器时代晚期。虽如此，考古学者据考古发现，认为西藏新石器时代范围距今1万年至3000年。

前吐蕃时期：这一时期考古学者推测距今3000年到公元6世纪，即吐蕃王朝兴起以前。这一时期的主要代表是石丘墓、大石遗址、青铜文化、动物形纹饰、西藏岩画等。这一时期亦被称为"早期金属时代"①。

吐蕃时期：公元6世纪至9世纪。兴起于今山南地区的雅隆部落最终在松赞干布的带领下，吞并融合青藏高原地区不同部落、民族，建立了吐蕃政权，延续了两百多年。吐蕃时期不仅实现了高原地区文化的整合，也开创了与周边文化交流的新阶段。

分治时期：公元9世纪至13世纪。公元842年，吐蕃政权走向崩溃，西藏地区进入长达几百年的混战和割据分裂时期。

元至清时期：公元13世纪至清朝灭亡。13世纪，蒙古建立了庞大的蒙元王朝，西藏及整个涉藏地区均被纳入元朝中央政权的管辖之下。之后历经明、清两朝及中华民国时期，西藏地方一直接受中央王朝的管辖，从未脱离过祖国大家庭。

四、西藏史前时期的界定

关于西藏史前时期的界定，目前国内外学术界均有不同的认识和表述。国外学者将佛教传入西藏前的时期称为史前时期，如意大利学者杜齐就在《西藏考古》一书的第一章"史前时期和有史时期"中指出："根据汉文文献提供的早期史料及后期第一批被称为藏文资料的文稿，我们才了解到西藏的可靠历史是始于公元七世纪佛教传入时期；然而只有经过系统的发掘，我们才能确定出这一章中讨论的所有文物是否都可以追溯到佛教传入以前的年代。"②奥地利学者霍夫曼也认为，在西藏系统的考古发掘尚未展开之前，史前与早期历史之间的界线很难划分，只能以佛教传入西藏或者松赞干布统一高原为界，此前都为史前史与早期

---

① 童恩正：《西藏考古综述》，《文物》1995年第9期。
② [意] G.杜齐著，向红笳译：《西藏考古》，拉萨：西藏人民出版社，1987年，第4—5页。

史,此后则是西藏中古史的开始。①持这一观点的国外学者还有内贝斯基·沃杰科维茨②、查耶特③等,而这一观点存在的最大问题就是佛教传入西藏的准确年代虽然大部分学者认为是7世纪传入的,但也有学者认为佛教传入西藏的年代不排除有可能会更早,或可早到5世纪左右④,因此,不能将佛教传入西藏的时间作为划分西藏史前时期的依据。国内学者对西藏史前时期的界定也有不同认识。张云在《上古西藏与波斯文明》一书指出,西藏古代文明大致上可以划分为三个较大的发展时期,即前吐蕃时期,也就是我们所说的"上古时期"或者"史前时期";第二个时期是吐蕃政权时期,大约在7—9世纪;第三个时期是佛教文化时期。⑤侯石柱在《西藏考古大纲》中认为"西藏可追溯的文字历史大约从吐蕃王朝开始,即公元六世纪"⑥。可以看出张先生将吐蕃政权建立以前的历史称为前吐蕃时期或史前时期,而侯先生的叙述中则暗示藏文字创立之前的时期为史前时期。对西藏史前时期的界定"若以吐蕃王朝的建立以及藏文字的创立划线,那么在吐蕃王朝建立之前的吐蕃部落及其以悉补野部为核心所建立的雅隆王朝实际上也可视为吐蕃王朝的前身;加之对藏文字何时创立也有不同意见,所以这个时间节点也存在疑问"⑦。我国考古学家童恩正根据西藏考古发现及考古实际,认为在西藏石器时代之后、吐蕃政权兴起之前还存在一个时期,并将这一时期称为

---

① H. Hoffmann, Early and mediebal Tibet, *The Cambridge History of Early Inner Asia: From Earliest Times to the Rise of the Mongols*, Cambridge: Cambridge University Press, 1990, p371—399.

② [奥地利]勒内·德·内贝斯基·沃杰科维茨著,谢继胜译:《西藏的神灵和鬼怪》,拉萨:西藏人民出版社,1993年。

③ A. Chayet, Art et Archeologie du Tibet, Paris: Picard, 1994.

④ 霍巍:《关于佛教初传吐蕃传说的一个新版本——兼论藏传佛教在西域的传播》,《世界宗教研究》2004年第4期。

⑤ 张云:《上古西藏与波斯文明》,北京:中国藏学出版社,2005年,第1页。

⑥ 侯石柱:《西藏考古大纲》,拉萨:西藏人民出版社,1991年,第2页。

⑦ 霍巍、王煜、吕红亮:《考古发现与西藏文明史·第一卷:史前时代》,北京:科学出版社,2015年,第3—4页。

"早期金属时代",他认为"这一时代可能开始于公元前一千年代,而结束于公元六世纪,即吐蕃王朝兴起之前"①。这个观点实际上是将西藏的石器时代和早期金属时代界定为西藏的史前时期。霍巍等人在《考古发现与西藏文明史·第一卷:史前时代》一书中,通过梳理国内外学者关于西藏史前时期的论述后指出:"童恩正提出'早期金属时代'这个概念,虽然是一个考古学的概念,其中既包括了青铜时代,也应包括了欧亚考古学上常常使用的'早期铁器时代'在内,如果再加上此前的石器时代(包括旧石器时代和新石器时代),可以基本上从物质形态上较为清晰地给出一个判断标准和范围,来区分吐蕃王朝建立之前的这段历史……将考古学上西藏自旧石器时代以来,直到早期金属时代这段时间都视为西藏史前史,时代下限为6世纪后期。"②

综上所述,可以看出,对西藏史前时期的界定,国内外学者没有统一的认识,但相对而言,童恩正依据考古学的分期,在石器时代后,引入"早期金属时代"这一概念,并将之与石器时代(包括旧石器时代和新石器时代)一并划入西藏史前时期,这一划分较为合理,并被学术界大部分人所接受。此外,西藏史前文明与我国西北地区、北方草原地区相同,在时间上与华北地区、中原地区、西南地区的文明相比均具有滞后性。因此,本书吸纳前人的研究成果和观点,所述西藏史前时期包括西藏旧石器时代、新石器时代及早期金属时代,而早期金属时代主要以广泛分布于西藏高原的岩画和各类石构遗迹及少量的金属器为代表。本书所述西藏旧石器文化遗存、新石器文化遗存、金属器遗存、各类石构遗迹及岩画均属于西藏史前文化的范畴。

本书重点着眼于考古发现的中华文化视域下的西藏旧石器时代与新石器时代文化及早期金属时代的文化遗存,较为全面地梳理这些文化遗存与代表中华文化的华北、华南、西南及西北地区史前文化遗存的联系,并通过对比和综合研究,

---

① 童恩正:《西藏考古综述》,《文物》1995年第9期。
② 霍巍、王煜、吕红亮:《考古发现与西藏文明史·第一卷:史前时代》,北京:科学出版社,2015年,第4页。

以揭示西藏史前文化与中华文化的关系。其中岩画普遍分布于包括我国大部区域在内的欧亚草原地带，通过西藏史前岩画与欧亚草原岩画的比较，可以将西藏史前文化与中华文化的联系放到一个更广阔的地域和文化背景中去，以更全面、更好地揭示西藏史前文化与中华文化的内在联系。

第二章 中华文化视域下的西藏旧石器文化

一、中国旧石器文化概述

（一）发现与研究

中国旧石器文化研究源于中国旧石器时代考古发现，而中国旧石器时代考古学是从20世纪20年代之初开始的。1920年，法国神父桑志华在甘肃庆阳县城北赵家岔和辛家沟的黄土层及其下的砂砾层中发现人工打击的石核1件和石片2件，是我国第一批有正式记录的旧石器。1921年，瑞典地质和考古学家安特生和奥地利考古生物学家师丹斯基在北京周口店发现了北京人遗址。1922年，桑志华发现并发掘了内蒙古萨拉乌苏遗址，并于1923年和法国地质古生物学家德日进在该遗址发现了大量哺乳动物化石、石器及1颗人类幼儿左上外侧门齿，这是中国境内发现的第一件有准确出土地点和地层的人类化石，在中国乃至整个亚洲古人类学界旧石器时代考古学研究史上，都具有划时代意义。1923年，桑志华和德日进又在今宁夏灵武县水洞沟发现了1处内容丰富的旧石器时代遗址。这些零星的考古发现不仅说明中国大地上有新石器时代的文化遗存，更有旧石器时代的文化遗存，同时也激发我国学术界开展寻找古人类化石和旧石器时代的考古调查。[①]

---

① 吕遵谔：《中国考古学研究的世纪回顾·旧石器时代考古卷》，北京：科学出版社，2004年，第4页。

我国旧石器时代考古从 1920 年开始到现在，据不完全统计，已发现的旧石器时代遗址逾 2000 处，涵盖距今 210 万年前至 1 万年前的各个时段，构筑了华夏大地史前历史研究的基础和基干，可以说取得了巨大成就。吕遵谔先生在《20 世纪中国旧石器时代考古的回顾与瞻望》一书中，将我国旧石器时代考古的历史分为五个阶段：创业期、艰难期、发展期、沉闷期和辉煌期。①

创业期（1920—1927）：这一时期在甘肃庆阳首先发现了有地层记录的打制石器，确立了我国旧石器时代的存在。最为重要的是北京周口店北京人遗址的发现、发掘和研究，尤其是我国考古学家斐文中等人先后发现的几个完整的北京人头盖骨，意义重大。

艰难期（1938—1948）：由于抗日战争爆发和其后的解放战争，这十年间我国旧石器时代考古不仅没有新的发现，当时存放在北京协和医学院的北京人化石丢失，大量发掘的资料标本被日军掠夺或焚毁，我国的旧石器时代考古受到了极大的摧残和破坏。

发展期（1949—1966）：新中国成立后，我国旧石器时代考古得到了迅速发展：一是北京周口店遗址先后多次发掘取得了重大发现；二是通过全国范围的调查、发现和发掘工作，发现的我国旧石器时代遗址、地点和人类化石地点有 20 多处，其中重要的有四川资阳人及其文化、山西丁村人及其文化、陕西蓝田人及石制品、云南元谋人和贵州观音洞文化等。

沉闷期（1967—1978）：这一时期受"文化大革命"冲击，许多考古工作者生活波折，思想沉闷，人生道路坎坷，旧石器时代考古虽有一段时期停顿，但这一时期仍发现了近 50 处人类化石和旧石器文化遗址，重要的有河北小长梁、陕西大荔人及其文化、大窑石器制作场、虎头梁和山西下川文化等。

辉煌期（1979 年至今）：从 1979 年至 1999 年的 20 年间发现的旧石器遗址和人类化石地点达 70 处，主要的遗址有河北阳原东谷坨、辽宁营口金牛山人及

---

① 吕遵谔：《中国考古学研究的世纪回顾·旧石器时代考古卷》，北京：科学出版社，2004 年，第 4—15 页。

其文化、湖北郧县学堂梁子、湖北江陵鸡公山和三峡地区的丰都烟墩堡等。进入新世纪以后，我国旧石器时代考古取得了极大发展，重要遗址的发现层出不穷，仅 2000 年以来被评为年度十大考古发现的旧石器遗址就多达 10 多处，主要有福建三明万寿岩遗址、山西吉县柿子滩遗址、云南富源大河遗址、河南许昌灵井遗址、河南新密李家沟遗址、河南郑州老奶奶庙遗址、福建漳平奇和洞遗址、河南栾川孙家洞遗址、广东郁南磨刀山遗址、云南江川甘棠箐遗址、宁夏青铜峡鸽子山遗址、水洞沟遗址、新疆吉木乃通天洞遗址、广东英德青塘遗址、陕西南郑疥疙洞遗址等。尤其是西藏那曲尼阿底遗址的发现，成为西藏地区最早、世界史前遗址中海拔最高的重大考古发现，引起国际学术界的高度关注。可以说我国目前逾 2000 处旧石器遗址中，2000 年以后发现的超过 90%。

（二）分布与类型

中国旧石器时代遗存在我国分布范围很广，北起黑龙江畔，南到西南边陲的云贵高原和两广，西起青藏高原，东抵黄海之滨。按时期可以划分为旧石器时代早期、中期、晚期三个阶段。下文按早、晚顺序，简要介绍我国旧石器时代遗存的分布与类型。

1. 旧石器时代早期文化

我国旧石器时代早期文化出现在距今 200 万年前，在距今约 20 万年前的中更新世晚期结束，个别地点在距今 10 万年前结束。旧石器时代早期文化可以分为早期前阶段、早期中后阶段。

（1）旧石器早期文化前阶段

前阶段的文化遗址包括华北地区的山西芮城西侯度遗址、河北阳原泥河湾遗址群的马圈沟遗址和东谷坨—小长梁遗址，西南地区的云南元谋人遗址，长江中下游地区重庆巫山龙骨坡遗址，安徽繁昌人字洞遗址，湖北建始高坪龙骨洞遗址。

以下简要介绍华北地区西侯度遗址：

山西芮城西侯度遗址的年代较早，经古地磁测定，不晚于距今 180 万年。西侯度地点西边距黄河仅 3 公里，属于河流堆积形成。

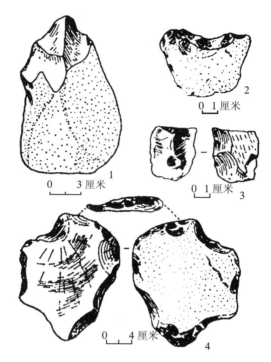

图 2-1　西侯度遗址发掘的石器
1. 三棱大尖状器；2. 凹刃刮削器；3. 直刃刮削器；4. 砍砸器

西侯度遗址中石器类型有砍砸器、刮削器、三棱大尖状器、石核、石片等（图2-1①），石核有巨型石核、漏斗状石核、两极石核。石片有锤击石片、碰砧石片、砸击石片。砍砸器有单面砍砸器、双面砍砸器。刮削器有直刃、圆刃、凹刃。从石器形制表明，当时的人类已掌握用锤击法、碰砧法、砸击法制作石片，石器工艺达到了一定的水平。三棱大尖状器为采集品，是旧石器时代文化中的传统性工具，在陕西蓝田公王岭、山西芮城匼河、山西襄汾丁村等皆有发现，而西侯度遗址中的三棱大尖状器年代为最早。石器原料多为石英岩，且硬度、质地较好，有一定的形制模式，尽管比例很低，但出现了具有二次加工的精品和规范制品。②遗址中发现了哺乳动物的烧骨化石，说明人类已开始使用火。动物化石中

---

① 苏秉琦：《中国远古时代》，上海：上海人民出版社，2010年，第4页。
② 王益人：《远古遗踪——山西芮城西侯度遗址发现始末》，《文史月刊》2016年第1期。

发现带有砍砸痕迹的鹿角 1 件及带有刮痕的鹿角 1 件，可以猜测当时人类已开始制作角器。①

以下简要介绍西南地区元谋人遗址：

云南元谋人经古地磁测定为距今 170 万年，位于元谋盆地的东缘，为河湖相沉积形成。发现有上内侧门齿 2 枚，呈铲形，说明元谋人与中国其他旧石器时代地点的直立人有密切关系，都与现代蒙古人种相关。

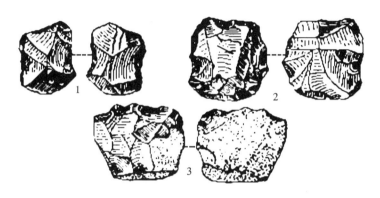

图 2-2　1973 年元谋人遗址发掘出的刮削器
1. 两刃刮削器；2. 复刃刮削器；3. 端刃刮削器

1973 年，在元谋人化石层发掘出刮削器 3 件（图 2-2②），其中两刃刮削器用石片制作，复刃刮削器、端刃刮削器均用小石块制造，复向加工而成；发现脱层石制品 3 件，其中 1 件是呈梭形的单面体石核、1 件是石片、1 件是尖状器。在遗址中发现的少量石制品，主要使用了石英岩石料，剥片使用锤击法，石器类型多为刮削器。遗址中发现了大量的炭屑，炭屑分布上下 3 层，约 3 米厚，每层间隔 30—50 厘米，分布不均匀，伴随哺乳动物烧骨，可认为与元谋人用火有关。

以下简要介绍长江中下游地区龙骨坡遗址：

重庆巫山龙骨坡遗址，位于重庆市巫山县庙宇镇龙坪村西南侧龙骨坡，属于垂直洞穴堆积，发现"巫山人"门齿 1 枚及多数带有明显片疤的石制品。

---

① 贾兰坡：《贾兰坡旧石器时代考古论文选》，北京：文物出版社，1984 年，第 3 页。
② 张之恒：《中国考古学通论》，南京：南京大学出版社，1991 年，第 62 页。

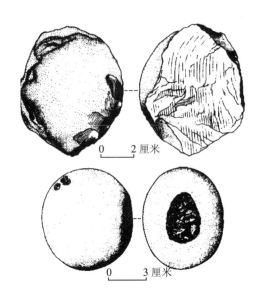

图 2-3　1985—1988 年龙骨坡遗址发掘出的石制品

在 1985—1988 年的发掘中，发现了石制品 2 件（图 2-3①），分别是安山玢岩石块加工的凸刃砍砸器和带有使用痕迹的安山玢岩砾石。1997 年，发掘的石制品主要有手镐、薄刃斧、砍砸器、石片，多为石灰岩，硬度低、易溶蚀，不宜作尖刃工具，目前推测石制品距今 215 万—196 万年。②龙骨坡遗址石料主要以灰岩为主，个别为火山岩即安山玢岩，石器加工主要使用锤击法和砸击法，以双面加工为主，少数是单面加工，石器类型多样，但石器分类不明显，具有一器多用的现象。③

（2）旧石器早期文化中后阶段

旧石器时代早期文化中、后阶段的石器地点比起早期文化前阶段，在数量上显著增加，分布范围也明显扩大。主要有西北地区的陕西蓝田人遗址，华北地区

---

① 王幼平：《中国远古人类文化的源流》，北京：科学出版社，2005 年，第 21 页。
② 吕遵谔：《中国考古学研究的世纪回顾·旧石器时代考古卷》，北京：科学出版社，2004 年，第 345 页。
③ 武仙竹：《论龙骨坡遗址》，《华夏考古》2018 年第 3 期。

的山西芮城匼河遗址、北京周口店北京人遗址、北京黄土梁遗址，长江中下游地区的湖北郧县人遗址。

蓝田人遗址和山西芮城匼河遗址应稍早于北京人遗址。根据多种同位素方法和古地磁测定的结果，北京人遗址延续的时间为距今70万年至20万年左右。比北京人遗址稍晚的大荔人遗址距今23万年至18万年，许家窑遗址距今12.5万年至10万年。从地理分布上说，以在黄河中游及其主要支流渭河、汾河流域发现的地点为最集中。

以下简要介绍西北地区公王岭蓝田人遗址：

陕西蓝田公王岭地点的蓝田人遗址经古地磁测定为距今100万年或80万年至75万年，陈家窝地点经古地磁测定距今65万年或50万年。1964年在公王岭发现一具直立人头骨化石，命名为"蓝田猿人"。目前学者结合两个地点地质时代先后及哺乳动物群的差异，主张"蓝田人"用以指公王岭的直立人化石，而陈家窝地点属于中更新世，与北京猿人时代相当，称为"陈家窝人"。[1]

陕西蓝田公王岭位于灞河左岸最高一级阶地，发现的直立人化石包括完整的额骨、大部分顶骨、右侧颞骨和上颌骨（含第二和第三臼齿）、左侧上颌骨的体部和额突部、大部分左鼻骨和右鼻骨的鼻根部、左上第二臼齿。蓝田人头骨脑容量较小，为780毫升，小于北京人脑容量；头骨高度小，头骨耳上颅高为87毫米，是世界上已发现的颅高最低的直立人化石标本；头骨壁厚，头骨前囟点附近厚度为16毫米；眉嵴眉间硕大粗壮，眉间向前突出，眶上圆枕发达，眼眶上方几乎形成一条直的横嵴；牙齿硕大；额骨的鳞部较北京人后斜和低平，具有蒙古人种的颅骨特征。[2]公王岭蓝田人头骨化石在形态上具有明显的原始性，头骨和牙齿的粗壮程度具有男性特征，纤细的上颌骨具有某些女性特征。[3]目前公王岭

---

[1] 杨亚长、马明志、胡松梅等：《陕西史前考古的发现和研究》，《考古与文物》2008年第6期。

[2] 吕遵谔：《中国考古学研究的世纪回顾·旧石器时代考古卷》，北京：科学出版社，2004年，第225页。

[3] 杨亚长：《陕西地区史前考古的主要收获》，《考古与文物》1998年第5期。

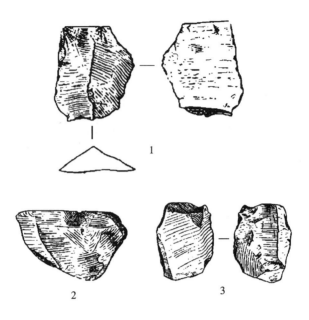

图 2-4　公王岭地点发掘出的石制品
1. 石片；2. 石核；3. 弧刃刮削器

所发现的蓝田人化石是亚洲北部迄今为止发现的最古老的直立人化石。

公王岭地点在 1964—1966 年间进行了较大规模的发掘，1975 年再次在公王岭发现的石制品主要有石核、石片、刮削器（图 2-4①）。在陈家窝发现的石制品主要有砍砸器、小型刮削器、石片等。蓝田人遗址中的石器原料主要为石英岩、脉石英。石核较大，多用锤击法剥取石片，从石核上剥落的石片较少，以单面加工为主，石器修制简单粗糙，原料利用率低，一些石器的类型特征不明显，有一器多用的性状。在蓝田人化石层中，有粉末状的黑色灰烬和炭粒，一定程度上表明蓝田人有使用火的迹象。

蓝田人遗址中发现的三棱大尖状器和石球，在山西匼河遗址、丁村遗址和河南三门峡遗址均有发现，也表明蓝田人遗址与这些不同地点的旧石器时代遗址有一定的联系。

---

① 魏京武：《蓝田人遗址新发现的旧石器》，《古脊椎动物学报》1977 年第 3 期。

华北地区主要有北京的周口店（中国猿人遗址，第13、1地点）、密云黄土梁地点；河北省西北部和山西省北部的泥河湾盆地的许家坡、皮裤档、岑家湾、武家梁、前沟、雀儿沟、白土梁、马梁等地点；山东的沂源土门镇骑子鞍山、沂水西水旺等地点；山西的丁村文化早段（汾河东岸白马西沟、解村西沟、南寨塌河崖、上庄沟地点）、匼河、古交后梁等地点；河南的陕县张家湾、赵家湾，渑池任村、青山村，三门峡水沟、会兴沟，南召云阳，淅川等地点。

以下简要介绍华北地区山西芮城匼河遗址、北京周口店北京猿人遗址：

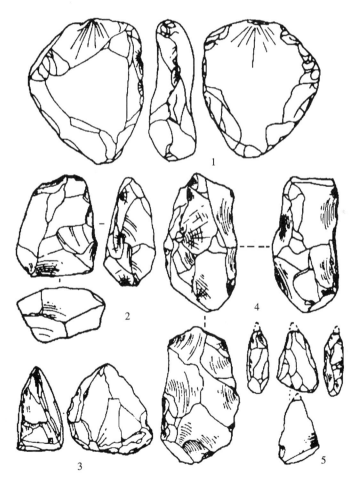

图 2-5 匼河遗址发掘出的石器
1—3. 砍砸器；4. 大三棱尖状器；5. 小尖状器

山西芮城匼河遗址位于山西省芮城县黄河东岸匼河村附近，位于西侯度西南，为河湖相沉积形成，经古地磁测定年代距今约 80 万年。1959—1960 年在 11 个地点发现 138 件石制品。原料多为石英岩，少数为脉石英。石器类型主要有砍砸器、刮削器、大三棱尖状器、小尖状器、石球（图 2-5①），砍砸器有单面刃和双面刃，刮削器多单面加工，多使用锤击法、碰砧法、砸击法制作。遗址中发现烧骨，表明已有人类使用火。

匼河遗址的石器个体较大，石器类型明确，与蓝田人遗址的石器和西侯度遗址的石器有相似之处，可见匼河遗址、西侯度遗址、蓝田人遗址之间具有一定关联。

北京周口店北京猿人遗址位于北京市西南周口店龙骨山，属于洞穴堆积。遗址含化石和文化遗物的有 13 层次，1—3 层为上部堆积，属于中更新世晚期，距今 30 万—20 万年；4—10 层为中部堆积，属于中更新世中期，距今 40 万—30 万年，发现大量人类化石、动物化石和文化遗物，第 8—9 层发掘了大量的石器和直立人化石，包括 1936 年最完整的北京人头骨；11—13 层为下部堆积，属于中更新世早期，距今 70 万—40 万年，接近周口店第 13 地点。

在周口店第 1 地点发现的北京人化石有完整的头盖骨 6 块、头骨碎片 9 块、下颌骨 15 块、股骨 7 段、肱骨 3 段、胫骨 1 段、锁骨 1 段、牙齿 152 颗。北京人头骨（图 2-6②）脑容量平均为 1043 毫升，比蓝田人脑容量大；头骨高度低矮，上窄下宽，前额较低平；头骨壁较厚，平均厚度为 9.7 毫米；眉嵴粗壮，向前突出，左右相连；枕骨圆枕发达，头顶正中有由前向后的矢状嵴；面部较短平，没有下颏，下颌骨内面靠前有下颌圆枕；鼻骨扁而宽；牙齿的齿冠纹理简单，较粗大、复杂，门齿呈铲形。表明北京人具有明显的蒙古人种特征。北京猿人的上肢骨与现代人相似，其下肢虽然髓腔较小、骨壁较厚，三角肌粗隆发达，具有明显的原始性质，但肱骨干具有现代人的形式，也表明由于劳动，手足的使用发生的分化，脑量、头骨和牙齿的形态随之发生改变。③

---

① 苏秉琦：《中国远古时代》，上海：上海人民出版社，2010 年，第 11 页。
② 张之恒：《中国考古学通论》，南京：南京大学出版社，1991 年，第 68 页。
③ 吴汝康、贾兰坡：《周口店新发现的中国猿人化石》，《古生物学报》1954 年第 3 期。

第二章　中华文化视域下的西藏旧石器文化

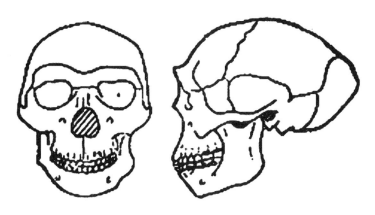

图 2-6　周口店北京人头骨（正、侧面）

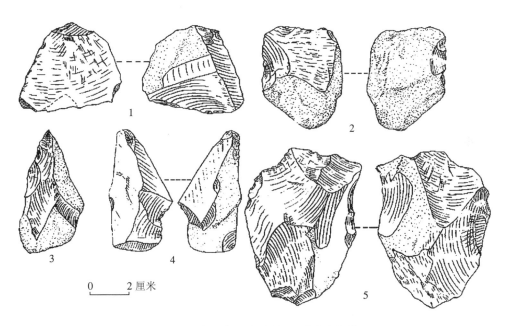

图 2-7　周口店北京人遗址第 13 地点发掘的石器
1. 石片；2—3. 单边直刃刮削器；4. 尖刃器；5. 砍砸器

周口店北京人遗址中发现大量石制品（图 2-7①）、骨角器，石器原料主要为脉石英，部分为绿色砂岩，少量为石灰石、燧石、水晶等。石器以石片石器为主，石核石器较少。多使用锤击法、碰砧法、砸击法制作，砸击法主要制作两极石核和两极石片。石器类型有砍砸器、刮削器、雕刻器、尖状器、石锤、石锥等。刮削器有直刃、凹刃、凸刃、多变刃、盘状等。在遗址中发现灰烬层，有许多木炭，烧过的土块、石块、骨骼等，不是散部在各地层，而是呈堆积于一定的区域，灰烬层有厚有薄，有间断，表明北京人具有一定的控制火、管理火的能力。

长江中下游地区主要有湖北的郧县等地点，湖南的二卵石、又尾巴、虎爪山等地点，安徽的巢县银山等地点。

以下简要介绍长江中下游地区郧县人遗址：

郧县人遗址位于湖北省十堰市郧县青曲镇弥陀寺村曲远河西边的学堂梁子上，1989 年和 1990 年在梅铺公社西寺沟口的龙骨洞和神雾岭白龙洞发现了两具人头骨化石，距今约 80 万年。综合来看，郧县人眉嵴粗厚，眶后缩窄显著，前额低平；有枕骨圆枕，颅顶低矮；头骨最大宽位置很低。这些特征都显示了郧县人的原始性，李天元等学者认为郧县人头骨缺少周口店北京人的圆枕和额骨的眉间区形态等特征，但头骨颅盖和颅底结构与北京人标本一致，比大荔人和金牛山人等早期智人要原始②，因此将郧县人归于直立人范畴，认为与蓝田人、和县人可能有比较密切的关系，代表了在中国尚未发现的直立人类型。也有学者认为头骨受到挤压，没有直立人常见的矢状嵴，颞骨鳞部上缘呈凸弧状，长高指数大，接近现代人；张银运先生认为郧县人不是直立人，而是早期智人。关于郧县人是直立人还是早期智人目前还尚待确定，但根据郧县人化石的对比研究，可以发现中国乃至亚洲发现的古人类化石之间的传承和发展关系。可以认为郧县人是直立人向智人演化的重要环节。③

---

① 吕遵谔：《中国考古学研究的世纪回顾·旧石器时代考古卷》，北京：科学出版社，2004 年，第 52 页。

② 李天元、艾丹、冯晓波：《郧县人头骨形态特征再讨论》，《江汉考古》1996 年第 1 期。

③ 吕遵谔：《中国考古学研究的世纪回顾·旧石器时代考古卷》，北京：科学出版社，2004 年，第 334 页。

在曲远河口发现大量石制品（图2-8①），石料多为石英石、砂岩、灰岩，少量为火成岩，石制品形体比较大。在发掘的 207 件石制品中，碎片和碎块占半数，其次是石片与石核，发现的石器工具有 7 件砍砸器、2 件刮削器、2 件石锤，且砍砸器、刮削器加工较粗糙，但发现的大尖状器比较精致。遗址中可以拼合的 22 件石制品标本②，以及大量的石核、石片等加工石器的出现，都说明当时人类在这里进行的主要活动之一就是加工石器。③

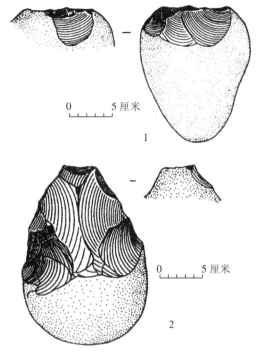

图 2-8 湖北郧县人遗址发掘的砍砸器
1. 单端砍砸器；2. 多刃砍砸器

此外，旧石器早期中后阶段的遗址在东北地区主要有辽宁的庙后山、金牛山等地点；在西南地区主要有贵州的观音洞 B 组（6—8 层）等地点；在两广及福建台湾地区主要有广西的百色百谷、高岭坡等地区。

从各处旧石器时代早期文化遗址来看，早期人类在中国出现的时间很早，目前已知的旧石器时代早期前阶段的人类是距今约 200 万年前的巫山人、距今约 170 万年前的元谋人，但学界对这两者的年代断定仍有不同意见。目前已确定的是蓝田人，距今约 100 万年，属于直立人，以及时代相近的郧县人。通过对头骨化石分析，这些直立人化石都具有现代蒙古人种的面中低平、门齿铲形等特征，

---

①② 李炎贤、计宏祥、李天元等：《郧县人遗址发现的石制品》，《人类学学报》1998 年第 2 期。
③ 王幼平：《中国远古人类文化的源流》，北京：科学出版社，2005 年，第 24 页。

其后发掘的周口店北京人距今70万—20万年,在随后的旧石器时代文化遗址中,中国人类的发展历史不再出现断代和空白,但中国最早的人类以及各地区之间人类关系在学界仍在发现和解答。

旧石器时代早期发现了一定数量的石制品,早期人类已开始打制石器进行生产活动,这一阶段,石器打制由简单粗糙到复杂精致,早期前阶段石器类型较少,一器多用现象普遍,发展到早期中后阶段,一器多用现象减少,石器类型增多。总体来看,中国北方石制品存在大量小石制品,打片主要有锤击法、砸击法和碰砧法,石核极少修整,石器类型主要为刮削器、尖刃器、砍砸器三类,刮削器类中单刃多于两刃和复刃,修理工作简单粗糙。[1]从旧石器早期前阶段到中后阶段,人类已懂得使用火,并逐渐学会控制火、管理火,用火主要用于御寒和熟食,北方用火时间早于南方。

各处旧石器时代早期文化遗址地点表明,当时人类多临水而居,泥河湾遗址群就形成了以东谷坨等遗址为长期居址、以小飞梁和岑家湾等遗址为临时活动场所的栖居体系。同时,泥河湾遗址群含有丰富的小型石制品,被认为是华北小石片石器工业传统的发源地。[2][3]

2. 旧石器时代中期文化

旧石器时代中期文化从距今19.5万年的中更新世末期开始,到距今10万年的晚更新世早期。人类发展到早期智人阶段。从地理分布上说,大体上保持前一阶段文化的范围。在华北,通常将"马兰黄土"的底砾层或与此相当的地层视为晚更新世早期,其所含的文化多为旧石器时代中期文化。丁村文化就是这一时期文化的代表。但是,关于丁村的时代地质界一直有争论,有人主张提前至中更新世晚期。发现的一些人类化石,由于对归为直立人还是早期智人存在不同见解,

---

[1] 张森水:《中国北方旧石器工业的区域渐进于文化交流》,《人类学学报》1990年第4期。
[2] 陆莹、孙雪峰、王社江等:《早、中更新世中国古人类年代序列与区域演化特征》,《人类学学报》2021年第3期。
[3] 贾兰坡、盖培、尤玉桂:《山西峙峪旧石器时代遗址发掘报告》,《考古学报》1972年第1期。

因此，这种类型的人类化石属于过渡类型，如辽宁营口金牛山人。

西北地区主要有陕西的大荔、长武窑头沟等地点；甘肃的姜家湾等地点。

以下简要介绍西北地区大荔人遗址：

大荔人遗址位于陕西省大荔县解放村附近洛河，经古地磁测定距今约10万年。1978年和1980年在洛河第三阶地发现一个近30岁男性的头骨化石（图2-9①），头骨低矮，头骨壁厚度与周口店北京人相近；前额扁平，眉嵴粗壮，上方有横沟，具有原始直立人的特征。但吻部不前突，颧骨细弱，颞骨鳞部呈圆鳞状，具有智人特征；脑容量为1120毫升，比周口店北京人脑容量平均值高；颧骨扁平，鼻梁不高，头顶正中有矢状突起。这些特征表明大荔人属于早期智人，但因具有更多的原始性且接近北京人，因此可能是早期智人中的一种较早的古老类型，可以猜测其处于晚期直立人与早期智人的过渡阶段，且与现代蒙古人种较相似，应是正在形成和发展中的蒙古人种。②③

图 2-9 大荔人头骨

---

① 张之恒：《中国考古学通论》，南京：南京大学出版社，1991年，第73页。
② 吴新智：《陕西大荔县发现早期智人古老类型的一个完好头骨》，《中国科学》1983年第2期。
③ 周春茂：《大荔人在人类进化过程中的位置、种族特征及其意义》，《史前研究》1983年第2期。

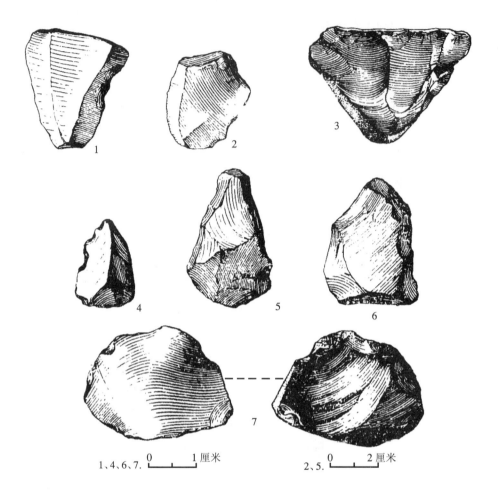

图 2-10　大荔人遗址发掘的石制品
1—2. 石片；3. 石核；4—7. 刮削器

遗址中的石器原料多为石英岩，主要使用锤击法进行石器制作。多为石片石器，以刮削器为主（图 2-10①），刮削器有直刃、凹刃、凸刃，部分为尖状器，有少量雕刻器和石锥。石器加工比较粗糙，石器类型和制作方法与周口店北京人遗址中的相似。

---

① 吕遵谔：《中国考古学研究的世纪回顾·旧石器时代考古卷》，北京：科学出版社，2004 年，第 229 页。

华北地区主要有北京的周口店（第3、4、15、22地点），平谷马家坟，密云松树峪、怀柔帽山、四道穴、西府营、七道河、长哨营、宝山寺、转年南梁、鸽子堂、延庆茶木沟、路家河、沙梁子、古家窑、辛栅子、三间房、河北村，门头沟王坪村等地点。河北省西北部和山西省北部的泥河湾盆地遗址群中的青磁窑、山统兑、细绘子、狼窝沟、许家窑、板井子、漫流堡等地点。山西的丁村文化中段（汾河两岸地点）、长峪沟等地点。河南的灵宝孟村，巩义洪沟，洛阳北窑等地点。

以下简要介绍华北地区许家窑遗址、丁村遗址：

许家窑遗址位于河北省阳高县许家窑村和河北省阳原县侯家窑村之间，1974年和1976年进行了最早的调查和发掘，根据铀系法断代距今10.4—12.5万年；在2007—2012年对侯家窑遗址的考古发掘中，确认了遗址存在两个主要文化层，许家窑人化石及石制品等出自上文化层，而非泥河湾层堆积中，因此目前有学者根据光释光及26Al/10Be埋藏测年法得出许家窑人生存时代在距今20万—16万年之间。① 发现的许家窑人化石的头骨壁较厚，与周口店北京人相近；枕骨圆枕位置较高，不太突出；上颌骨粗壮，吻部前倾不如周口店北京人明显；牙齿粗大，与旧石器时代早期的直立人相比，许家窑人虽有一些相近的特征，但已有了各方面的不同和进步之处，属于早期智人。

遗址中发现的石器原料主要为石英石、燧石、石英岩，石器类型主要有刮削器、尖状器、雕刻器、砍砸器、石砧、石球等（图2-11②）。许家窑遗址中以刮削器为主体的小石器数量居多，精制品和粗制品的原型主要为石片，加工方式大部分为向石片背面单向硬锤锤击。③其次出现大量的石球。石球的打击方式与一般石核不同，打击不定向，无剥片痕迹，有推测认为是以投掷方式猎获动物的狩猎工具、用来砸击骨骼或植物果壳的敲砸工具、被高效剥片至无法继续产生石片

---

① 王法岗，李锋：《"许家窑人"埋藏地层与时代探讨》，《人类学学报》2020年第2期。
② 马宁、裴树文、高星：《许家窑遗址74093地点1977年出土石制品研究》，《人类学学报》2011年第3期。
③ 吕遵谔：《中国考古学研究的世纪回顾·旧石器时代考古卷》，北京：科学出版社，2004年，第96页。

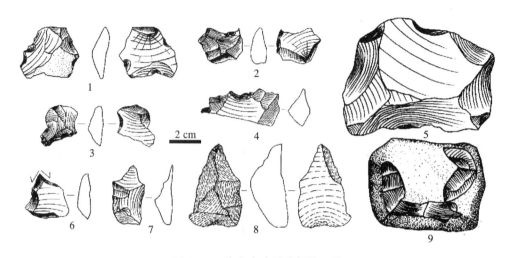

图 2-11　许家窑遗址发掘的石器
1. 刮削器；2. 凹缺器；3. 刮削—凹缺器；4. 锯齿状器；
5. 砍砸器；6. 雕刻器；7. 石砧；8. 尖状器；9. 石锤

的石核或从多面体石核转型而来的石锤。①而且石制品的风化程度大多属于中等，有的较为严重，说明这些石制品暴露在地表比较长久，可以认为许家窑人曾在这里长期生活过②，可以认为是中国北方地区旧石器时代早期文化向晚期过渡的重要线索。③

丁村遗址位于山西临汾市襄汾县城丁村，发现的人骨化石有3枚牙齿（上内侧门齿、上外侧门齿、下第二臼齿）、右顶骨后部骨片。右顶骨骨片为12岁左右，骨壁厚度比周口店北京人的幼儿顶骨壁薄，有顶枕间骨；门齿呈铲形，齿冠和齿根较细小，具有现代蒙古人种的特点，较其原始，但比周口店北京人先进，属于早期智人。

丁村遗址的石器原料主要为角页岩，少量燧石、石灰岩、玄武岩、石英岩、

---

① 马宁、裴树文、高星：《许家窑遗址 74093 地点 1977 年出土石制品研究》，《人类学学报》2011 年第 3 期。
② 卫奇、Susan KEATES：《许家窑—侯家窑遗址遗物再研究》，《文物春秋》2019 年第 1 期。
③ 王幼平：《中国远古人类文化的源流》，北京：科学出版社，2005 年，第 159 页。

砂岩等，石器类型主要有砍砸器、刮削器、大尖状器、小尖状器、石球等。多用交互打击法、石锤打击法制作。大尖状器分为三棱尖状器和鹤嘴尖状器，用厚石片进行加工，形状和制作具有典型意义，小尖状器以小型石片进行加工。[①]大尖状器和石球在匼河和蓝田等遗址中都出现了母型，与这些旧石器时代早期遗址具有一定发展关联。遗址中的石器刃缘齐整，石器制造的工艺水平较旧石器时代早期有进步。

丁村遗址分布范围较广，几乎在整个汾河中下游，表明当时丁村早期智人的人口密度和家庭人口数量具有极大的提升，原始家庭开始分裂，男女分工较稳定，社会形态已进入氏族制阶段。

此外，旧石器时代中期遗址在东北地区主要有黑龙江的阿城交界镇等地点及辽宁的鸽子洞等地点；在西南地区主要有贵州的观音洞B组（4层）、盘县大洞、岩灰洞、扁扁洞等地点；在长江中下游地区主要有湖北的长阳钟家湾、石龙头、九道口、犀牛洞、鸡公山下层等地点，湖南的岩屋滩、鸡公垱等地点，江西的安义潦河等地点；在两广及福建台湾地区主要有广东的马坝狮子山、封开罗沙岩洞（第3、4层）等地点。

与北方地区相比，南方地区的旧石器时代中期遗址发现较少，目前在南方地区发现的早期智人化石的遗址有广东马坝人、湖北长阳人、贵州岩灰洞桐梓人遗址，还有待进一步的发掘与研究。但目前仍能够从已知南方诸地区的旧石器时代中期遗址中看出具有旧石器时代中期文化的普遍特点。旧石器时代中期文化与早期文化有着密不可分的联系，分地区具有源流关系，如华北地区的丁村人和西侯度、匼河、蓝田人遗址具有清晰的文化脉络，能够发现人类从直立人到早期智人的发展历程。

旧石器时代中期石器工艺有了极大的进步，早期的技术已得到广泛应用，石器的类型增多，功能进一步分化，文化区域性特征开始凸显。贾兰坡学者等提出在华北地区可以分出两个较大的文化传统：一是以大型石器为特征的"匼河—丁

[①] 张之恒：《中国考古学通论》，南京：南京大学出版社，1991年，第76页。

村系"或"大石片—三棱大尖状器传统",俗称"大石器文化传统";另一是以小型石器为特征的"周口店第 1 地点—峙峪系"或"船底形刮削器—雕刻器",俗称"小石器文化传统"①。在使用大型石器工具的文化遗址地点表明当时人们主要从事采集活动,多在林木地带进行植物食物采集,小型石器工具的文化遗址地点生计方式则逐渐发生变化。这一时期骨器的制造也有了一定的发展,同时人类有了丰富的用火经验,懂得了人工取火,墓葬也已出现。中期文化遗址范围扩大,具有向氏族制发展的趋向。

3. 旧石器时代晚期文化

旧石器时代晚期文化从距今 5 万—4 万年到距今 1 万年左右的晚更新世中、晚期。人类从早期智人进化为晚期智人,人类的生产生活和文化艺术有了很大的进步。旧石器时代晚期的遗址分布范围进一步扩大。在华北地区,这一时期的旧石器地点几乎遍布黄土高原,在蒙古高原和华北平原也有越来越多的发现。在东北地区则向北延伸至黑龙江流域的漠河、呼玛十八站和嫩江流域的昂昂溪等地。旧石器文化还向西扩展到青藏高原。在西南和华南,分布范围也明显扩大,突出的例子之一,是在台湾省发现了这个时期的人类化石和文化遗物,表明人类由大陆向沿海岛屿的迁移逐步频繁。

华北地区主要有北京的周口店遗址群的山顶洞人遗址,密云东智,延庆佛峪口、怀柔杨树下、东帽湾、平谷罗汉石、马家屯、上堡子、刘家沟、海子、洙水、小岭、豹峪、甘营、夏各庄、安固,门头沟西胡林、齐家庄,东城王府井东方广场,西城西单中银大厦等地点;河北省西北部和山西省北部的泥河湾盆地的峙峪、上沙嘴、新庙庄、西沟、板井、西白马营、大西梁南沟、豹峪、神泉寺、南磨、厦格、鱼儿洞、虎头梁、籍箕滩、油房、大西梁西沟等地点;山东的新太乌珠台,沂源土门镇一号洞、上崖洞,日照沿海丝山、丝山西沟、竹溪北沟、竹溪南沟、奎山、虎山、胡林村,临沂金雀山等地点;山西的丁村文化晚段(汾河

---

① 吕遵谔:《中国考古学研究的世纪回顾·旧石器时代考古卷》,北京:科学出版社,2004 年,第 134 页。

西岸地点)、凤凰岩、下川等地点；河南的洛阳凯旋路，安阳小南海，南召小空山，荥阳织机洞等遗址。

以下简要介绍华北地区峙峪遗址、山顶洞人遗址：

峙峪遗址位于山西省朔州城西北黑驼山，经放射性碳素断代为距今约2.8万年。时代晚于丁村文化遗址，比山顶洞人文化遗址早，属于旧石器时代晚期的细石器文化。在遗址中发现了15000多件石制品，具有更进步的打片与加工技术，发现了制作精细的小长石片，石料原料主要为脉石英、石英岩、硅制灰岩、石髓、火成岩，主要使用锤击法、砸击法制作，石器类型主要有刮削器、尖状器、端刮器、边刮器、雕刻器、石锯等。除石球外，粗大的石器很少见，各细小石器修理细致，加工精致，石片小而薄，刃缘规整。遗址中发现1件装饰品，由石墨制成，一面钻孔，侧面及边缘磨制而成。还发现了少量骨器，个别碎骨的局部表面有磨光，一些碎骨片有清楚的打制痕迹，认为是作为某种工具使用，还有数百件骨片表面分布着刻划的道痕。①

山顶洞人遗址位于周口店第1地点顶部，遗址分为洞口、上室、下室、下窨，距今约为1.9万年。遗址中发现大量山顶洞人化石，包括3具完整头骨，一些头骨碎片、下颌骨，部分躯干骨，零星牙齿。3个完整的头骨分别属于60岁左右的老年男性、40多岁的中年女性、20多岁的青年女性。头骨脑容量增大，有1300—1500毫升，矢状嵴趋于消失，头骨壁较薄，前额隆起和颅穹隆的圆隆程度与现代人一致；吻部后缩，有明显前突的下颌；牙齿缩小，与现代人的体制形态很接近，属于典型的晚期智人。鼻骨较窄，颧骨凸出，是典型现代蒙古人种的特征。下室中发掘出的老年男性头骨上方和附近发现有穿孔的介壳和穿孔的狐犬齿，尸骨上部发现1块赤铁矿，从遗物、遗迹和人骨的关系可以看出这是一处墓葬。②

---

① 贾兰坡、盖培、尤玉桂：《山西峙峪旧石器时代遗址发掘报告》，《考古学报》1972年第1期。
② 吕遵谔：《中国考古学研究的世纪回顾·旧石器时代考古卷》，北京：科学出版社，2004年，第64页。

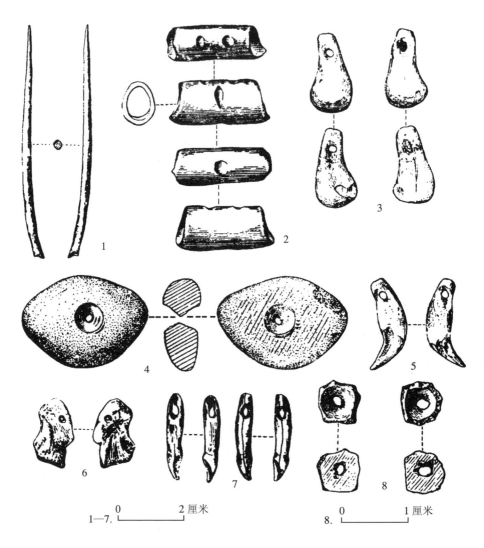

图 2-12 山顶洞遗址发掘的骨针与装饰品
1. 骨针；2. 有刻道骨饰；3. 穿孔的鹿上犬齿；4. 穿孔小砾石；5. 穿孔獾犬齿；6. 钻孔青鱼眶上骨；7. 穿孔斑鹿门齿；8. 穿孔石珠

山顶洞人遗址中发现了大量文化遗物，包括石制品，骨、角类制品和装饰品（图 2-12①）。石制品原料主要为石英，有少量的砂岩、燧石。使用锤击法和砸击法进行制作。石器类型有刮削器、砍砸器、尖状器。骨、角制品的加工技术成熟，发现骨针 1 件，采用刮、磨法制作，针孔用尖状器挖成。发现的装饰品包括钻孔砾石、穿孔石珠、海蚶壳、兽牙、鱼骨、有刻道的骨管等。装饰品上的钻孔精细，表明当时人类已掌握了一系列较为先进的技术。从发掘出的海蚶壳可以看出，海蚶壳为海产品，当时的人们活动范围扩大，开始远距离进行交换。在遗址中还发现了赤铁矿粉，表明山顶洞人已进行染色活动。山顶洞人的石器工业水平虽稍显逊色，但艺术文化有着极大的发展，兼具了精巧的工艺水平。在山顶洞周围的地点，发现了骨、角的渔叉和投射器头等，表明骨、角器已成为当时人类生产生活工具的一个重要制作材料。这些装饰品和墓葬的发现说明了当时人类抽象思维的发展状态。

东北地区主要有黑龙江的昂昂溪、顾乡屯、呼玛十八站、饶河小南山、漠河老沟河、阎家岗、学田村、清和屯、交界镇等地点；吉林的周家油坊、安图县、大桥屯、仙人洞、新乡砖场、九站西山、仙人桥洞、抚松仙人洞等地点；辽宁的建平镇、西八间房、小孤山、丹东前阳等地点。

以下简要介绍东北地区仙人洞遗址：

仙人洞遗址位于辽宁省海城市东南小孤山村附近。距今 4 万—2 万年间，仙人洞遗址发掘出的动物化石与萨拉乌苏的动物群较接近。仙人洞遗址中发现的石制品数量巨大，1983 年就发掘出上万件石制品。石料主要为脉石英砾石、岩块，少量的闪长岩、石英。使用锤击法、砸击法进行打片。石器类型主要有刮削器、尖状器、雕刻器、砍砸器、钻具、手斧、石球等。刮削器和钻具数量较多。

遗址中还发现了大量的骨、角制品（图 2-13②），有骨针、鱼镖、标枪头。骨针用象牙和动物肢骨制成，针孔使用对钻法。装饰品有穿孔牙齿、穿孔蚌壳等。

---

① 吕遵谔：《中国考古学研究的世纪回顾·旧石器时代考古卷》，北京：科学出版社，2004 年，第 66 页。

② 王幼平：《中国远古人类文化的源流》，北京：科学出版社，2005 年，第 213 页。

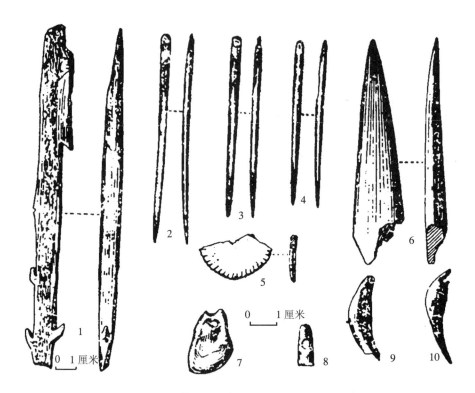

图 2-13 仙人洞发掘出的骨、角制品和装饰品
1. 鱼镖；2—4. 骨针；5. 穿孔蚌壳；6. 标枪头；7—10. 穿孔牙齿

西北地区主要有陕西的大荔（育红村）、黄龙等地点；甘肃的庆阳巨家塬、楼房子，环县刘家岔、泾川南峪沟、桃山嘴、牛角沟、合志沟，镇原黑土梁等地点；宁夏的灵武水洞沟遗址；青海的霍霍里西等地点；内蒙古的萨拉乌苏遗址、呼和浩特大窑村南梁沟等地点。

以下简要介绍西北地区水洞沟遗址：

水洞沟遗址位于宁夏自治区银川市东南方向的黄河东岸。距今 4 万—1.5 万年范围内，具有典型的石叶工业特征。石料主要为白云岩砾石、石英岩、燧石，少量为玛瑙块。使用预制石核的方法剥取石叶。石器类型有尖状器、端刮器、凹缺刮器、边刮器、雕刻器、钻具等。尖状器使用指垫法制作，形制规整，修理细致。各类石器的形状都有规整的特征。端刮器、修柄的尖状器表明当时这里的人类就进行了更为专业化的狩猎活动。发现的 1 件骨锥有磨制痕迹，1 件鸵鸟蛋皮装饰品的人工穿孔周围有残留的红色，表明当时存在磨制、穿孔、染色的技术。①

西南地区主要有贵州的观音洞 A 组、硝灰洞、马鞍山、马鞍山南洞、威宁草海、白岩脚洞、穿洞（早期）、猫猫洞等地点；云南的呈贡龙潭山第 2 地点；西藏的尼阿底遗址；四川的资阳、资阳 B 地点、资阳鲤鱼桥、富林等地点；重庆的铜梁、桃花溪、高家镇、老鹰嘴、和平村、范家河、冉家路口、池坝岭、井水湾、枣子坪、乌杨石、大地坪、藕塘等地点，具有旧石器向新石器时代过渡意义的地点有鱼复浦、宝塔坪、羊安渡、三坨、大周。

以下简要介绍西南地区资阳人遗址、富林遗址：

资阳人遗址位于四川省资阳县黄鳝溪大桥。资阳人化石属于晚期智人，经测定距今约 3 万年，资阳人化石包括颅骨大部分、1 块硬腭。头骨顶面呈卵圆形，额结节、顶结节显著，矢状嵴明显；额部饱满，眉弓发达；鼻部高而狭窄，该特征与欧洲尼安德特人较相似。资阳人头骨化石与现代人接近，具有蒙古人种特点。

富林遗址位于四川省雅安市汉源县富林镇，距今约 2 万年，1972 年发掘发现 5000 多件石制品，与四川盆地内的地点发现有所不同。遗址内发现的石料主要为燧石结核，少量为石英、水晶、石英砂岩等，使用锤击法、砸击法剥取石片。锤击石片占主要数量，石片短宽且薄，发现了一些形状规整的"似石叶"。石器主要类型有刮削器、端刮器、尖状器、雕刻器、砍砸器，边刮器较多，多为单刃。尖状器和端刮器加工细致。富林遗址的石器以使用刮削器为主，与北方草原地区狩猎者的工具组合接近，表明当地人们主要从事狩猎活动。而富林遗址中石器细小，可以推测是受到南方地区旧石器文化发展的影响。

长江中下游地区主要有湖北的鸡公山上文化层、樟脑洞（第 2、3、4 层）、张家营等地点；湖南的小河口、岩坪、乌鸦山、燕耳洞、十里岗等地点；江西的新余等地点；江苏的镇江莲花洞、建德乌龟洞等地点；安徽的五河西尤等地点。

以下简要介绍长江中下游地区鸡公山上文化层遗址：

---

① 王幼平：《中国远古人类文化的源流》，北京：科学出版社，2005 年，第 239 页。

鸡公山遗址位于湖北省荆州市纪南镇郢北村，可分为上文化层和下文化层，下文化层距今 5 万—4 万年，属于旧石器时代中期；上文化层距今 2 万—1 万年，属于旧石器时代晚期。鸡公山上文化层遗址属于石片石器工业，石料主要有燧石、石英、泥岩，其中燧石不是当地附近河滩所产，推测为运送而来。石器制作多用锤击法进行打片，但修理技术提高，修理疤痕细小。石器主要有刮削器，分为单直刃与单凹刃，以及小型尖状器，鸡公山上文化层遗址的石器工业以小型利刃工具为主，与北方草原旧石器时代晚期接近。

此外，旧石器时代晚期遗址在两广及福建台湾地区主要有广西的柳江甘前、宝积岩、百色田东定模洞、白莲洞、鲤鱼嘴等地点；广东的封开罗沙岩洞（第 2 层）等地点；福建的漳州莲花池等地点；台湾的长滨八仙洞、肯丁鹅銮鼻Ⅱ、龙坑、芝山岩、伯公岭、左镇菜寮溪等地点。

旧石器时代晚期的晚期智人接近于现代人，且具有典型的原始蒙古人种的特点，目前在较多旧石器时代晚期遗址中都能发现晚期智人的化石，晚期遗址数量增多，范围扩大，也表明当时的人类活动范围扩大，从部分地点石器类型和制作的相近程度来看，文化区域性的特征更加明显，如富林文化的小型石器与华北地区的"周口店第 1 地点—峙峪系"旧石器文化传统有密切关联。

旧石器时代晚期的石器制造技术有了极大的发展，工具更加多样化，种类清晰，石器开始向细小方向发展，以北方华北地区为多，如峙峪、萨拉乌苏、小南海等地。晚期部分地区出现石叶工业，如水洞沟，有明显的先进性，且具有向新石器时代的过渡性。华南地区如广西百色遗址群，在旧石器时代晚期则具有三个阶段的变化，早期主要是大型砾石工业，中期转而小型化出现石片工业，后期以砾石工业为主，与西南地区以小型石器为主的细石器工业如富林文化有极大不同，因此在南方地区，形成了与华北"周口店第 1 地点—峙峪系"小型石器、"匼河—丁村系"大型石器的旧石器文化传统相关联的石器工业。

这一时期，骨、角器的制作有了很大发展，类型较多。装饰品在这一时期也大量出现，装饰品的工艺精致，有先进的工艺制作水平。骨针的发现表明了人类已使用兽皮缝衣御寒，人类的生产生活的活动范围进一步扩大。

旧石器时代晚期人类在以洞穴、岩厦为主的居住处外，还建造了以半地穴式为主的房屋，如哈尔滨的阎家岗遗址。晚期各地普遍出现埋葬死者的现象，如山顶洞遗址中的下室部分，墓葬中有生产工具、装饰品等随葬品，并洒红色颜料，原始宗教观念已逐渐萌芽。人工取火相对旧石器时代中期已得到普遍推广与发展。

二、西藏旧石器采集点、遗址分布

西藏地区的旧石器时代考古工作，始于1956年的第一次青藏高原科学考察。1956年七八月间，中国科学院地质研究所赵宗溥等在青藏高原普查地质时，在藏北那曲采集到细石核1件，是西藏地区首次发现的细石器。[1]随后，中国科学院青藏高原综合科学考察队在那曲和阿里等区域内，相继发现了5个旧石器地点和几十个细石器采集点。20世纪90年代，在进行第二次全国文物普查中，又发现了旧石器地点3处。到2010年年底，西藏发现的旧石器地点共有8处[2]，分别分布在西藏的北部、南部和西部。然而，遗憾的是这8处旧石器地点，其石器标本均为地表采集，缺乏原生地层证据。直到2016年，西藏自治区文物保护研究所、中国科学院古脊椎动物与古人类研究所对西藏那曲申扎县的尼阿底遗址进行了考古发掘，该遗址是西藏首次发现的具有确切地层和年代学依据的旧石器时代遗址，其研究结果表明，至少在三四万年前，先民们就已进入西藏高海拔地区活动。[3]现就西藏8处旧石器地点及尼阿底遗址的分布情况叙述如下：

1. 阿里地区2处

阿里地区2处石器地点均在日土县。

①日土县扎布石器地点。该地海拔4400米，石器采自冲积、洪积砾石层组成的阶地斜坡上，高出附近古班公湖湖相沉积面3—5米，共有石器26件，种类

---

[1] 邱中郎：《青藏高原旧石器的发现》，《古脊椎动物学报》第2卷第2、3期合刊，1958年，第157—163页。

[2] 《西藏自治区志·文物志》编纂委员会：《西藏自治区志·文物志》，北京：中国藏学出版社，2012年，第5页。

[3] 国家文物局主编：《2018年中国重要考古发现·西藏申扎尼阿底旧石器时代遗址》，北京：文物出版社，2019年，第7—9页。

包括石片、石核各 1 件,石器工具 24 件。①

②日土县夏达错东北岸石器地点。该地海拔 4400 米,石器发现地属夏达错东北岸的湖滨坡地,距离湖面约 300 米,高出湖面 5—10 米(图 2-14②),在约 5000 平方米范围内采集石器 92 件,种类包括石核、石片、石器、废料(片)等。③

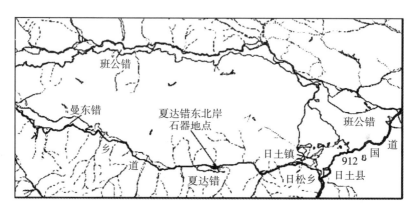

图 2-14　夏达错东北岸石器地点位置示意图

2. 那曲地区 4 处

(1) 申扎县 3 处

①申扎县多格则石器地点。该地海拔高度 4830 米,石器分布在多热藏布河左岸二级阶地上,高出河床约 15 米,采集到石器和碎石块 76 件,种类包括石核、石片、石器。④

---

① 刘泽纯、王富葆、蒋赞初等:《西藏高原多格则与扎布地点的旧石器——兼论高原古环境对石器文化分布的影响》,《考古》1986 年第 4 期;另参见李永宪、霍巍、更堆:《阿里地区文物志》,拉萨:西藏人民出版社,1993 年,第 31—32 页。

② 吕红亮:《西藏旧石器时代的再认识——以阿里日土县夏达错东北岸地点为中心》,《考古》2011 年第 3 期。

③ 李永宪、霍巍、更堆:《阿里地区文物志》,拉萨:西藏人民出版社,1993 年,第 16—20 页。

④ 刘泽纯、王富葆、蒋赞初等:《西藏高原多格则与扎布地点的旧石器——兼论高原古环境对石器文化分布的影响》,《考古》1986 年第 4 期。

②申扎县珠洛勒石器地点。该地海拔 4800 米，1976 年中国科学院青藏高原综合科学考察队发现，石器均采集于错鄂湖盆地东南、沿珠洛勒河口附近的河谷中，共有石器 14 件。①

③申扎县尼阿底遗址。该遗址位于申扎县雄梅镇多热六村南约 3 公里处的尼阿底山西北麓，琼俄藏布（永珠藏布）从遗址前自南向北流过，汇入色林错西南隅的错鄂（图 2-15②）。该遗址属青藏高原的核心区域，海拔 4600 米，在 2013 年夏天的调查中被发现，于 2016 年进行了考古发掘，发掘出土石制品 3683 件，包括石核、石叶、石片和刮削器、尖状器、雕刻器、凹缺器等，经过对埋藏文化遗物地层中的石英砂开展光释光测定，该遗址距今 4 万—3 万年。学者研究后认为尼阿底遗址是一处规模宏大、石制品分布密集、地层堆积连续的旧

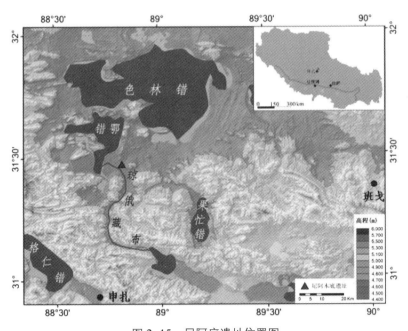

图 2-15 尼阿底遗址位置图

---

① 安志敏、尹泽生、李炳元：《藏北申扎、双湖的旧石器和细石器》，《考古》1979 年第 6 期。
② 王社江、张晓凌、陈祖军等：《藏北尼阿木底遗址发现的似阿舍利石——兼论晚更新世人类向青藏高原的扩张》，《人类学学报》2018 年 5 月第 37 卷第 2 期。

石器时代遗址。①

（2）班戈县 1 处

班戈县各听石器地点。该地海拔 4663 米，石器采自色林错东南岸古湖滨岗丘上。1983 年夏秋之间，钱方、吴锡浩在青藏高原进行第四纪地质和环境考察时发现，采集石器 109 件，种类包括石核、石片和石器。②

3. 日喀则地区 3 处

（1）定日县 1 处

定日县苏热石器地点。该地海拔 4500 米，是 1966 年中国科学院西藏科学考察队发现，石器采自高出河面 20 米的苏热山南坡第二阶地地面，共采集打制石器 40 件，种类包括石片、石器等。③

（2）吉隆县 2 处

①吉隆县哈东淌石器地点：该地海拔 4070 米，是 1990 年 6 月西藏自治区文管会文物普查队调查时发现。该石器地点位于吉隆盆地北部的二级阶地上，在哈东淌中部偏南靠近阶地前缘约 2000 平方米范围内，采集到以砾石为主的石器和少量石片等。④

②吉隆县却得淌石器地点：该地海拔 4120 米左右，亦是 1990 年 6 月西藏自治区文管会文物普查队调查时发现。该石器地点属吉隆藏布上游二级阶地，阶地高出现河床约 60 米，在约 1000 平方米范围内采集石器 11 件，包括石器、石片

---

① 国家文物局主编：《2018 年中国重要考古发现·西藏申扎尼阿底旧石器时代遗址》，北京：文物出版社，2019 年，第 7—9 页。另参见王社江、张晓凌、陈祖军等：《藏北尼阿木底遗址发现的似阿舍利石——兼论晚更新世人类向青藏高原的扩张》，《人类学学报》2018 年 5 月第 37 卷第 2 期。

② 钱方、吴锡浩、黄慰文：《藏北高原各听石器初步观察》，《人类学学报》1988 年 2 月第 7 卷第 1 期。

③ 张森水：《西藏定日新发现的旧石器》，《珠穆朗玛峰地区科学考察报告（1966—1968）第四纪地质》，北京：科学出版社，1976 年，第 105—109 页。

④ 霍巍、李永宪、尼玛：《吉隆县文物志》，拉萨：西藏人民出版社，1993 年，第 15—18 页。

及有人工打击痕迹的砾石。①

三、西藏旧石器文化的特征与内涵

阿里地区日土县扎布发现的 26 件石器,有石核、石片各 1 件,其余 24 件为各种类型的石器工具,如刮削器、尖状器等(图 2-16②)。石器绝大部分用黑色硅质岩(燧石)打制,用灰长岩、玛瑙和碧玉原料的各 1 件。这些石器台面大部分打击过,加工的方向以单面为主,但有 15 件在不同边上具有错向修理。此外有 1 件石器似乎也具有雕刻器打法,其打法有些类似许家窑遗址中的斜刃雕刻器。③

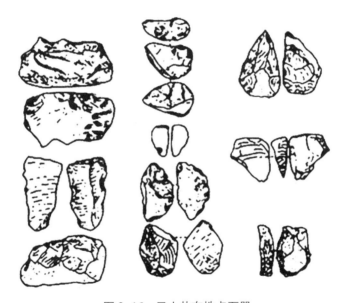

图 2-16 日土扎布地点石器

---

① 霍巍、李永宪、尼玛:《吉隆县文物志》,拉萨:西藏人民出版社,1993 年,第 19—21 页。
②《西藏自治区志·文物志》编纂委员会:《西藏自治区志·文物志》,北京:中国藏学出版社,2012 年,第 109 页。
③ 刘泽纯、王富葆、蒋赞初等:《西藏高原多格则与扎布地点的旧石器——兼论高原古环境对石器文化分布的影响》,《考古》1986 年第 4 期。

夏达错东北岸发现的92件石器，除1件标本原料为棕色的硅质岩外，其余标本原料均为一种黑色或黑灰色的硅质岩。石器种类包括石核、石片、石器、废料（片）等，石片数量较多，约占石制品总数50%，可分为长石片和短石片两种；石器约占石制品总数的三分之一，主要有刮削器、切割器、尖状器、砍砸器、手斧等类型（图2-17、图2-18①）。

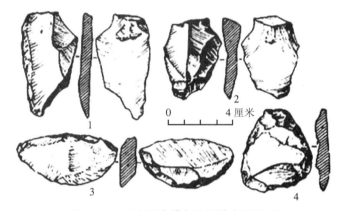

图2-17　日土夏达错东北岸地点石器图
1—2. 石片；3. 切割器；4. 刮削器

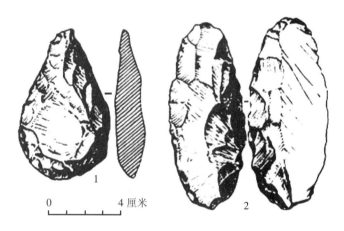

图2-18　日土夏达错东北岸地点石器
1. 手斧；2. 砍砸器

---

① 《西藏自治区志·文物志》编纂委员会：《西藏自治区志·文物志》，北京：中国藏学出版社，2012年，第104页。

该处石器地点是西藏地区具有典型意义的一处打制石器遗存，石制品不仅数量较多、工具类型丰富，而且形制稳定、技术特征十分明显。打片技术主要采用的是斜向的直接锤击法，第二步加工采用了多种修理技术，石片、石器以单面修理为主，而砾石或石核、石器则多见两面修理的交互加工及错向加工。夏达错东北岸石器工艺特征有别于迄今为止发现的西藏地区其他地点的旧石器遗存，也与属于新石器时代的打制石器遗存不同，有较强的地域特征。①

那曲地区申扎县多格则发现的76件石器，石核7件，石片15件，经过第二步加工而制成的长刮器、短利器、尖状器以及砍砸器54件，石器原料大部分是燧石，其次是火山岩和碧玉岩以及玛瑙、石英岩等。

多格则和日土扎布发现的石器主要都是由石片加工而成，主要用锤击法剥片，个别使用碰砧法，并以单面反向修理为多，在不同刃缘或少数在同一边也有错面加工（图2-19）。②

图2-19 申扎多格则和日土扎布地点出土的旧石器
1、4、7、9. 尖状器；2、8. 凹刃刮削器；3. 复刃刮削器；
5. 圆盘形刮削器；6. 凸刃刮削器；8. 半圆形刮削器；
10. 卵圆形刮削器；11. 石片；12. 长刮器

---

① 李永宪、霍巍、更堆：《阿里地区文物志》，拉萨：西藏人民出版社，1993年，第16—20页。
② 刘泽纯、王富葆、蒋赞初等：《西藏高原多格则与扎布地点的旧石器——兼论高原古环境对石器文化分布的影响》，《考古》1986年第4期。

申扎县珠洛勒发现的 14 件石片石器,器形有长刮器、圆头刮器、双边刮器和尖状器 4 种(图 2-20①),质料均为角岩,其特点是石片厚大,从石器的形制上看,体积较大,多由狭长的石片或宽大于长的石片制成。石器的修整比较细致,一般都从劈裂面向背面沿着边缘锤击加工,但在局部需要的地方也采取交互修整的方法。②

尼阿底遗址出土的石制品原料来自遗址旁边尼阿底山,是变质程度较深、质地细腻的板岩。石器组合工具数量较少,以石片、石叶和石核等为主体(图 2-21、图 2-22③)。

根据出土遗物类型、石制品组合特征以及遗址和原料产地的距离判断,尼阿底遗址

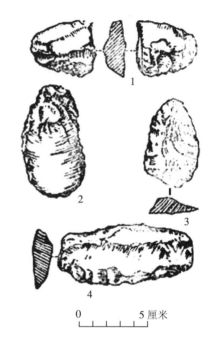

图 2-20 申扎珠洛勒地点石器
1. 单刃刮削器;2. 端刮器;
3. 尖状器;4. 复刃刮削器

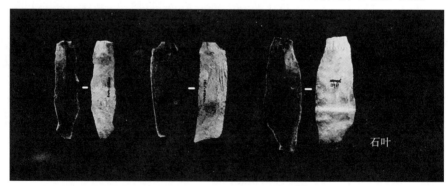

图 2-21 尼阿底遗址出土的石叶

---

① 侯石柱编著:《西藏考古大纲》,拉萨:西藏人民出版社,1991 年,第 17 页。
② 安志敏、尹泽生、李炳元:《藏北申扎、双湖的旧石器和细石器》,《考古》1979 年第 6 期。
③ 国家文物局主编:《2018 年中国重要考古发现·西藏申扎尼阿底旧石器时代遗址》,北京:文物出版社,2019 年,第 7—9 页。

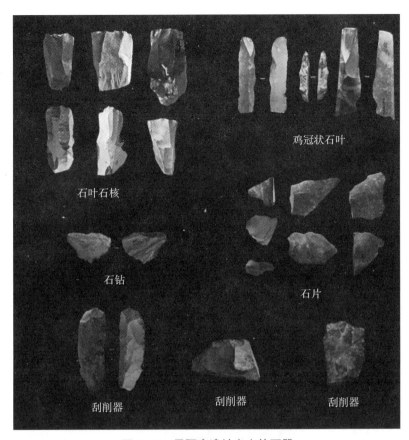

图 2-22 尼阿底遗址出土的石器

应是一处大型的石器制造场,古人在此开采原料,就地加工石器,然后将成品带走,留下大量制作过程中产生的石核、石片等副产品。考古学家对在尼阿底发掘出土的几千件石器进行研究,发现棱柱状石叶石核和长薄、规范的石叶数量较多且特征明确。石叶技术是旧石器时代晚期的一种独特的石器制作技术,具有预制石核—定向剥片—系统加工等固定的操作链流程,其产品规范、精致、锋利,代表了人类石器技术和认知能力的一座高峰。[①]这说明 4 万—3 万年的尼阿底人已经具有了高超的石器制作技术。

[①] 国家文物局主编:《2018 年中国重要考古发现·西藏申扎尼阿底旧石器时代遗址》,北京:文物出版社,2019 年,第 7—9 页。

班戈县各听发现的109件石器，石片64件，石核6件，包括边刮器、凹缺刮器和端刮器3个类型的石器39件（图2-23①）。这些石器采用当地湖泽上的硅质岩砾石为原料，打片使用锤击法，石器用石锤直接打击而成，修整工作简单、粗糙。②

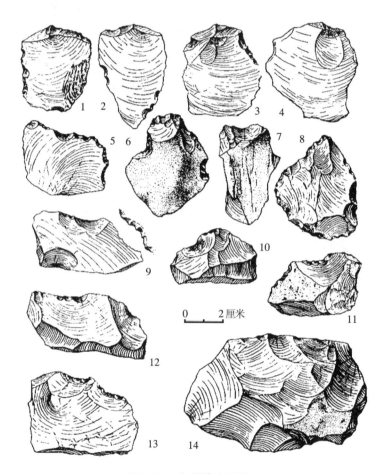

图2-23　各听地点石器

1—4.石片；5、6、9、11—13.边刮器；7—10.凹缺刮器；8.端刮器；14.石核

①② 钱方、吴锡浩、黄慰文：《藏北高原各听石器初步观察》，《人类学学报》1988年2月第7卷第1期。

日喀则地区定日县苏热发现的 40 件石器，包括石片、边刮器、尖状器等（图 2-24①），原料以片麻岩为主、石英砂岩和石英岩为辅。石片多数用锤击法打出，石器加工多由破裂面向背面打击，有单项加工和错向加工两种，错向加工系相邻两边相反方向进行。②从时代上看，定日苏热的旧石器时代可能比申扎一带的早一些，表现在后者的器形和加工工具比前者有更进步的性质。③

吉隆县哈东淌发现的石器主要以砾石石器为主，石片石器较少。砾石石器分为砍器（包括砍砸器与砍斫器）和刮削器，石片石器均为刮削器，不见尖状器（图 2-25④）。石器原料绝大部分为黑色板岩，主要采用锤击法在扁平砾石的侧面上纵向打击产生石片，打下的石片中以宽大于长者占多数，石器的修理方法也是采用直接锤击法进行两面加工或单面修理。⑤

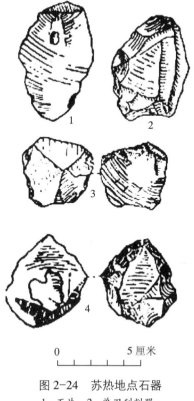

图 2-24　苏热地点石器
1. 石片；2. 单刃刮削器；
3. 双刃刮削器；4. 心形尖状器

---

① 侯石柱编著：《西藏考古大纲》，拉萨：西藏人民出版社，1991 年，第 15 页。
② 张森水《西藏定日新发现的旧石器》，《珠穆朗玛峰地区科学考察报告·第四纪地质》，北京：科学出版社，1976 年，第 105—109 页。
③ 安志敏、尹泽生、李炳元：《藏北申扎、双湖的旧石器和细石器》，《考古》1979 年第 6 期。
④ 霍巍、李永宪、尼玛：《吉隆县文物志》，拉萨：西藏人民出版社，1993 年，第 18 页。
⑤ 霍巍、李永宪、尼玛：《吉隆县文物志》，拉萨：西藏人民出版社，1993 年，第 15—17 页。

吉隆县却得淌发现石器 11件，包括砍器、切割器、刮削器、石片及有打制痕迹的砾石，不见石核，原料绝大部分为砾石，岩性为黑色板岩、青灰色花岗岩及火成岩，也是用直接锤击法加工而成（图2-26①）。哈东淌和却得淌的石器具有很大的相似性。②

总体来看，西藏境内发现的旧石器以石片石器为最多，其中又以各类的刮削器为大宗。石器器形均小，一般在2—6厘米之间，超过10厘米的很少。石器原料以角岩、硅质岩（燧石）、石英岩、板岩为主，此外还有玛瑙、辉岩、碧玉等。石器大多采用直接锤击法加工而成，偶见砸击法。二次加工以劈裂面向背面的单向加工为主，次为反向和错向加工。错向加工以两个邻边的交互打击为特色。旧石器器形也较为单一，其文化内涵关系也比较明确。

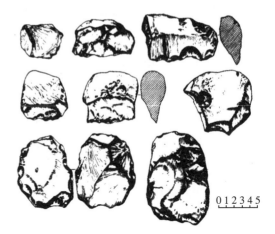

图2-25 哈东淌地点石器

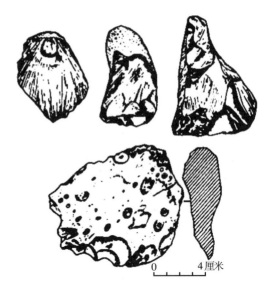

图2-26 却得淌地点石器

---

① 《西藏自治区志·文物志》编纂委员会：《西藏自治区志·文物志》，北京：中国藏学出版社，2012年，第111页。

② 霍巍、李永宪、尼玛：《吉隆县文物志》，拉萨：西藏人民出版社，1993年，第15—18页。

四、西藏旧石器文化与我国其他地区旧石器文化的联系与交流

考古学者对西藏陆续发现的旧石器进行了深入研究,并与其周边地区如我国的华北、华南、西北等地区,以及印度的聂瓦斯文化、巴基斯坦的梭安文化的石器特征等进行了比对分析,认为西藏的旧石器文化在石器类型、制作工艺方面与我国华北、华南以及西北地区旧石器文化存在着若干共性,具有密切的联系,这主要体现在以下两个方面:

一是在石器类型方面,西藏除尼阿底遗址外的 8 处旧石器遗存中,石片石器在发现的石器中占有绝对多的数量,而且保留砾石面,石器工具的组合则以砍器、边刮器和尖状器这三种器形最为普遍,这些都是我国华北旧石器时代常见的特征。

二是西藏旧石器的制作工艺源于我国的华北、华南地区,文化内涵的一致性相当明确。安志敏等学者研究认为,藏北申扎珠洛勒发现的旧石器在制作工艺上与藏南定日苏热的旧石器有共同之处,"它们同华北旧石器时代晚期遗存有着密切联系,例如,椭圆形的长刮器、长条形圆头刮器和尖状器等,均与宁夏水洞沟遗址出土的遗物相近似或基本一致,同时相似的器形也见于河北阳原虎头梁和山西沁水下川遗址,另外,类似的椭圆形长刮器还见于云南宜良板桥遗址,根据这些特点表明,它们当属于旧石器晚期的遗存,并同华北和华南的旧石器文化有着不可分割的联系"[1];学者一丁认为定日苏热"旧石器的类型和加工方式,与我国内地旧石器比较相近,与华北旧石器时代中期和晚期的石器尤为近似,而与毗邻的印度的聂瓦斯早期或晚期文化均不相同……定日旧石器中某些类型,可以从中国猿人文化中找到其类型,因此,可以设想,定日旧石器源于内地"[2];班戈县各听采集到的打制石器与定日、珠洛勒采集的打制石器,"虽然原料不同,但

---

[1] 安志敏、尹泽生、李炳元:《藏北申扎双湖的旧石器和细石器》,《考古》1979 年第 6 期。
[2] 一丁:《从近年新发现看西藏的原始文化》,《化石》1982 年第 2 期。

技术和类型基本一样。特别是处于同一地区的珠洛勒和各听，可以认为是同一工业的制品"①；刘泽纯等人研究认为，申扎多格则和日土扎布发现的旧石器的制作技术都是中国旧石器文化所共有的特点，并特别指出"在石器材料中比较突出的是类似楔状石核的扁锥和船底形刮削器。楔状石核为亚洲东部、日本和北美大陆细石器文化所特有，称为洲际石核。最近几年在华北旧石器时代晚期遗址中有重要发现……无论从它的出土层位或从这项技术的发生和发展来说，中国华北地区无疑是起源的中心，然后向远处扩散，向东和东北传播到日本和北美阿拉斯加，向西到新疆维吾尔自治区以西，并可能通过黄河上游达到西藏高原"②；吉隆县哈东淌与却得淌两个地点发现的旧石器标本与中国南方盛行的以砾石作为原料制造石器的旧石器传统之间存在一定联系，相关学者认为："在打片技术上以直接锤击法为主，工具以重型砍砸器为主，加工方法上不见棒击法的压制技术等方面，都显示出与中国西南地区旧石器文化的相似性。从空间关系上讲，西藏的东北部临近四川盆地，东南部与云贵高原相毗连，因而从最遥远的古代开始在文化的发展上便已有着时空上的联系性，也不是不可能的。"③由此可见，西藏的旧石器文化在石器制作工艺方面与中国华北、华南及西南、西北地区的文化属于同一系统的文化，具有不可分割的密切联系，"至于巴基斯坦的梭安文化和印度的聂瓦斯文化都和西藏的发现有着显著的不同"④。

尼阿底遗址发现的数量较多的棱柱状石叶石核和长薄、规范的石叶，虽然主要流行于非洲、欧洲、西亚和西伯利亚等地区，在中国甚至是东亚旧石器文化传统中比较少见，但在我国北方一些遗址中仍有发现，比如新疆、宁夏和内蒙古⑤，

---

① 钱方、吴锡浩、黄慰文：《藏北高原各听石器初步观察》，《人类学学报》1988年2月第7卷第1期。
② 刘泽纯、王富葆、蒋赞初等：《西藏高原多格则与扎布地点的旧石器——兼论高原古环境对石器文化分布的影响》，《考古》1986年第4期。
③ 索朗旺堆：《西藏考古新发现》，《南方民族考古》四川大学博物馆、西藏自治区文物管理委员会编，成都：四川科学技术出版社，1994年，第10页。
④ H. D Sankalia, Prehistroy and Protohistroy in India and Pakistan.pp. 1—124, 1962.
⑤ 国家文物局主编：《2018年中国重要考古发现·西藏申扎尼阿底旧石器时代遗址》，北京：文物出版社，2019年，第7—9页。

这说明尼阿底人应该与我国北方人群发生过文化与技术的交流。

从地理分布上看，西藏的旧石器文化主要分布在高原西部、北部及南部地区，而高原南邻的印度恒河平原地区目前均未发现有与西藏旧石器文化相似的同期文化遗存，因此可以推断，西藏旧石器文化主要与我国北方（包含华北地区）、西南地区旧石器文化发生交流的主要通道应是高原西部的外流河流域、东部的三江河谷以及东北部黄河、长江源头的高原地区。这3个地区都具有海拔高差相对较小、水源丰富、河谷畅通等易于人类迁徙和文化传播的地理条件，因此在生产力水平和通行能力相对低下的旧石器时代，可以成为西藏高原与相邻地区进行文化交流的主要通道。

此外，根据人类起源研究取得的新成果，石硕先生研究认为，"华北地区旧石器人群向周边地区尤其向黄河上游青藏高原地区的迁徙与扩散，极可能是造成西藏高原旧石器面貌呈现与华北旧石器相似的特征与文化传统的重要原因……既然在旧石器时代晚期，使用华北小石器传统的北方人群已由黄河上游甘青高原南迁进入青藏高原东南横断山脉地区，那么华北地区旧石器人群经黄河上游甘青地区向西进入西藏高原的可能性就难以避免"①。

综上所述，西藏旧石器文化面貌虽然呈现出多样性与区域性特点，但无论是从旧石器所呈现出的总体面貌，还是文化交流的地理通道和人类起源研究成果的指向方面，西藏旧石器文化主要与我国华北地区旧石器时代传统相联系，也与我国西南地区、华南地区旧石器时代有着不可分割的关系，而与西面印度及巴基斯坦的旧石器比较整体存在较大差异，两者基本属于不同的文化系统，虽然在藏西阿里夏达措东北岸发现了手斧等器类，在目前所知的西藏打制石器遗存中没有见到同类标本，考古学家分析其与分布在南亚西北部的"索安文化"中某些标本大体相似，可能暗示着西藏西部地区与南亚西北部的某些石器时代文化有一定的关联。②但总体而言，西藏旧石器文化总体面貌、经贸交流等均与我国华北地区旧石器文化传统密切相连，同时也与我国西南地区、华南地区旧石器文化有着不可分割的联系，是中华远古文化的重要组成部分。

---

① 石硕：《从人类起源的新观点看西藏的旧石器时代文化遗存》，《中国藏学》2008年第1期。
② 李永宪、霍巍、更堆：《阿里地区文物志》，拉萨：西藏人民出版社，1993年，第19页。

第三章　中华文化视域下的西藏新石器文化

西藏新石器时代的考古遗存主体上处于中国新石器时代的晚期、末期，与甘青地区、西南地区的新石器时代晚期、末期的考古学文化（遗存）关系紧密，是中国新石器文化的重要组成部分。

一、中国新石器文化概述

（一）发现与研究

20世纪以来，中国考古学经历了传入、诞生、形成、发展、继续发展5个阶段。[①]中国新石器时代考古也同样经历了这5个阶段。

第一阶段，20世纪初前后，是近代考古学传入阶段。

英法日俄等外国"探险队"到中国"寻宝"，在西北地区甘肃等地，新石器时代遗存偶有发现，但未正式发掘。

第二阶段，20世纪20—30年代，是中国考古学诞生时期。

河南渑池仰韶村、山东历城龙山镇城子崖等新石器时代遗存的科学发掘，标志着中国考古学的诞生。

第三阶段，20世纪30—40年代，是中国考古学形成时期。

河南安阳后冈三叠层的发现，为建立黄河中下游史前文化考古学文化框架奠

---

① 中国社会科学院考古研究所：《中国考古学·新石器时代卷》，北京：中国社会科学出版社，2015年，第1页。

定了基础。中国考古学在这一时期形成。

第四阶段，20世纪50—70年代，是中国考古学的发展时期。

半坡、姜寨聚落的发掘，成为中国史前聚落考古方法、理论最早的成功探索；大汶口文化的发现为龙山文化（龙山时代）找到了源头；裴李岗文化、庙底沟二期文化、北辛文化、岳石文化的发现，完善了黄河中下游史前文化考古学文化框架。

长江下游河姆渡、良渚遗址的发掘，引起了中国考古学文化多元理论认识的飞跃。

第五阶段，20世纪80年代至今，是中国考古学继续发展时期。

在广西、湖南、江西、河北、北京等地发现了距今1万年左右的早期新石器时代文化。内蒙古兴隆洼、河南舞阳贾湖遗址等新石器时代中期大型史前聚落的发掘，丰富了有关认识。辽宁、四川、安徽、湖南等地新石器时代晚期聚落遗址、祭祀遗址或城址的发掘，对探索中华民族多元考古学文化和中国古代文明形成有着重要意义。

历经百余年的发展，中国考古学学科框架、谱系基本建立起来了，形成了以地层学、类型学为基本方法，以田野考古学为基础，大量吸纳自然科学技术，使考古学研究更为科学、现代。①

（二）分布与类型

我国新石器时代遗存分布在全国各地，先后经历了4个发展阶段，即早期阶段、中期阶段、晚期阶段和末期阶段。下文按早、晚顺序，介绍我国新石器时代遗存的分布与类型。

1. 新石器时代早期文化

新石器时代早期文化遗存的年代距今1.2万年至1万年间。

---

① 中国社会科学院考古研究所：《中国考古学·新石器时代卷》，北京：中国社会科学出版社，2015年，第2—5页。

新石器时代早期文化遗存并不多,但其与陶器、农业的起源等一系列重要学术课题密切相关。包括所谓的中石器时代文化遗存、华北地区的东胡林遗存等,长江以南及华南地区的甑皮岩遗存和玉蟾岩遗存等。

(1) 旧石器时代向新石器时代的过渡

旧石器时代向新石器时代的过渡遗存,即所谓的中石器时代文化遗存。包括陕西大荔沙苑文化、河南许昌灵井、内蒙古海拉尔松山、满洲里扎赉诺尔、青海贵南拉乙亥、山西吉县柿子滩、河北阳原于家沟遗址、广东阳春独石仔、广东封开黄岩洞、广东英德牛栏洞遗址等细石器时代遗存。①

这些遗存,数量并不多,但具有旧石器时代向新石器时代过渡的性质。

(2) 华北地区

包括有东胡林遗存、转年遗存、于家沟遗存、南庄头遗存。②下面简要介绍东胡林遗存:

东胡林遗址位于北京市门头沟区东胡林西。1966年,曾发现一座墓葬,出土三具人骨、骨器等文化遗物。③ 2011年,北京大学等单位对东胡林进行了发掘,厘清了遗址文化堆积的层位关系,出土了陶器、石器、残存人骨、动物骨骼等,还发现有人类烧火遗迹。④东胡林人的经济活动仍以采集狩猎为主。

(3) 长江以南及华南地区

包括仙人洞和吊桶环遗存、玉蟾岩遗存、顶狮山一期遗存、甑皮岩一期至四期遗存、庙岩遗存、大岩三期遗存。⑤下面简要介绍甑皮岩一期至四期遗存:

甑皮岩遗存位于广西桂林市南郊独山西南麓。1965年、1973年、2001年

---

① 中国社会科学院考古研究所:《中国考古学·新石器时代卷》,北京:中国社会科学出版社,2015年,第83—86页。
② 中国社会科学院考古研究所:《中国考古学·新石器时代卷》,北京:中国社会科学出版社,2015年,第86页。
③ 周国兴、尤玉柱:《北京东胡林村的新石器时代墓葬》,《考古》1972年第6期。
④ 赵朝洪:《北京门头沟区东胡林史前遗址》,《考古》2006年第7期。
⑤ 中国社会科学院考古研究所:《中国考古学·新石器时代卷》,北京:中国社会科学出版社,2015年,第92页。

分别对其进行过试掘、发掘。甑皮岩一期遗存,处于新石器时代早期前段。甑皮岩二至四期遗存,分为三段,处于新石器时代早期后段。文化遗物包括陶器、打制石器、骨器、蚌器。甑皮岩人的经济活动仍以渔猎和采集经济为主。尚未发现水稻栽培。①

玉蟾岩遗存、仙人洞和吊桶环遗存发现有野生稻和栽培稻。这一时期陶器生产还较为原始。块茎类植物也是当时人类的食物来源。②

2. 新石器时代中期文化

新石器时代中期文化的年代距今9500年或9000年至7000年间,在全国出现了一些面貌不同的较早农业文化。

(1) 黄河流域

黄河流域分布有大地湾文化、裴李岗文化、磁山文化、后李文化四支新石器时代中期文化。③下面简要介绍裴李岗文化的情况:

裴李岗文化,主要位于豫中地区,1977年首先发现于河南新郑裴李岗而命名。④主要分布在河南境内,年代距今8000年至7000年间。居民的生业经济以农业为主,同时种植粟、稻等农作物,主要农具有磨制石镰、石锄和鞋底形石磨盘与石磨棒。制陶业比较原始,采用手制。房址平面形状分方形和圆形,均为半地穴式建筑。该文化填补了河南及中国早中期新石器文化的空白。⑤

(2) 东北地区

东北地区仅分布兴隆洼文化一支新石器时代中期文化。

---

① 中国社会科学院考古研究所:《桂林甑皮岩》,北京:文物出版社,2003年,第5—100页。

② 中国社会科学院考古研究所:《中国考古学·新石器时代卷》,北京:中国社会科学出版社,2015年,第110页。

③ 中国社会科学院考古研究所:《中国考古学·新石器时代卷》,北京:中国社会科学出版社,2015年,第11页。

④ 中国社会科学院考古研究所:《中国考古学·新石器时代卷》,北京:中国社会科学出版社,2015年,第126—141页。

⑤ 严文明:《黄河流域新石器时代早期文化的新发现》,《考古》1979年第1期。

兴隆洼文化，1982年发现于敖汉旗兴隆洼遗址而得名。① 主要分布在老哈河、大凌河流域，北到西拉木伦河以北的克什克腾旗、南抵燕山南麓、东达通辽市的范围内也有发现。兴隆洼遗址周围发现壕沟。房子都是半地穴式，平面呈圆角方形，居住面经夯打，柱洞在房子内部，未见门道。灶为近圆形土坑，个别底部铺石块。陶器均为夹砂陶，有红褐、灰褐和黄褐等，陶色不均，火候低，陶质疏松，均手制。器形以筒状罐数量最多。石器有打制、磨制、琢制、压制4种，以打制石器数量最多。骨器的种类较多，有骨锥、骨匕、骨镞、鱼镖等。兴隆洼文化与后来的红山文化和富河文化都有直接的影响。②

（3）长江流域

长江流域包括彭头山文化、皂市下层文化、城背溪文化、跨湖桥文化等新石器时代中期文化。③

（4）华南地区

华南地区包括顶狮山文化、甑皮岩五期类文化遗存、大岩五期等新石器时代中期文化。④

新石器时代中期文化的原始农业已经成为经济的主要部分，出现了粮食作物和栽培蔬菜两类。在北方地区主要是粟和稷，在南方地区主要是水稻。在秦安大地湾一期遗存还发现有油菜。原始饲养业已开始，主要有鸡、猪、牛、羊等家畜家禽，成为原始农业的重要补充。农业生产工具已进入耜耕阶段。

原始建筑业已出现，村落及环壕较为常见。原始手工业日趋发展，包括制陶、制石、制骨、制玉等种类。以刻画符号、骨笛等为代表的，反映了精神文化

---

① 中国社会科学院考古研究所：《中国考古学·新石器时代卷》，北京：中国社会科学出版社，2015年，第156页。

② 中国社会科学院考古研究所：《中国考古学·新石器时代卷》，北京：中国社会科学出版社，2015年，第165页。

③ 中国社会科学院考古研究所：《中国考古学·新石器时代卷》，北京：中国社会科学出版社，2015年，第116页。

④ 中国社会科学院考古研究所：《中国考古学·新石器时代卷》，北京：中国社会科学出版社，2015年，第92页。

发展的遗存多有发现。社会财富积累开始丰富，但还不见分层。

3. 新石器时代晚期文化

新石器时代晚期文化的年代距今 7000 年至 5000 年间，全国各地的考古学文化呈现繁荣发展态势，各考古学文化的交往和融合日益增进。形成了黄河流域和北方地区、长江流域和华南地区两大板块。

（1）黄河流域和北方地区

新石器时代晚期黄河流域和北方地区形成了黄河中游、黄河下游、黄河上游、燕山南北和东北地区、辽东半岛、吉黑地区、内蒙古中南部和冀晋陕地区等区域文化系统。

黄河中游仰韶文化群，包括半坡文化、庙底沟文化、西王村文化、后冈一期文化、大司空文化、大河村文化、下王岗（一、二、三期）文化等。[①]下面简要介绍半坡文化、庙底沟文化：

半坡文化，以西安半坡遗址而得名[②]，代表性遗址有临潼姜寨、西安半坡、宝鸡北首岭等。影响南达西汉水和汉江上游，北达河套地区，西抵洮河流域。[③]生产工具有石器、骨器，生活用具主要是陶器。石器以磨制为主，但少见通体磨光。陶器主要有泥质红陶和夹砂红陶。多采用泥条盘筑，小型器物为手捏制。器形多为圜底器、平底器和尖底器，缺少三足器和圈足器。[④]半坡文化关中东部先民以农业和渔业为主，而关中西部地区除农业以外，狩猎经济占的比重较大。半坡文化的聚落布局，一般分为居住区、制陶区和墓葬区。半坡文化的房屋多为半地穴式，少数为平地起建。房屋形制为圆形和方形两种。半坡类型的房屋的墙壁和居住面都经过处理，有些窖穴涂草拌泥并经火焙烧，可防潮。姜寨遗址的窖穴

[①] 中国社会科学院考古研究所：《中国考古学·新石器时代卷》，北京：中国社会科学出版社，2015 年，第 206 页。

[②] 中国科学考古研究所、陕西省西安半坡博物馆编：《西安半坡》，北京：文物出版社，1963 年，第 6—120 页。

[③] 赵宾福：《半坡文化研究》，《华夏考古》1992 年第 2 期。

[④] 孙祖初：《半坡文化再研究》，《考古学报》1998 年第 3 期。

多设有台阶。①半坡文化墓葬为土坑墓和瓮棺葬两种。土坑墓一般距居址不远，为氏族公共墓地；瓮棺葬多在房屋附近，埋葬多为幼儿。②半坡遗址出土的刻画符号有27种、113件；姜寨遗址出土的刻画符号27种、129件。关中地区共发现刻画符号52种。③

庙底沟文化，代表性遗址为1956年发现于河南陕县庙底沟。④庙底沟文化分布中心区是渭河流域、豫西和晋南地区，但传播的范围极广，西到洮河流域和青海东部，东到黄河下游地区，北抵内蒙古南部，南到汉水上游和西汉水流域。⑤庙底沟类型是仰韶文化发展的鼎盛期。⑥石器以磨制为主，打制极少；通体磨光石器增加，钻孔技术比较普遍。陶工具有数量较多的陶刀和纺轮；陶器以细泥红陶为主，次为夹砂红陶，有少量泥质灰陶；制作主要为泥条盘筑，慢轮修整口沿已经普遍出现。庙底沟类型的房屋除半地穴式外，有一定数量的地面式建筑，房屋平面多为方形、长方形和圆形。部分房屋内出现一排木柱，说明已开始出现分间。出现人字形屋顶。窖穴容积大，形制较为一致，绝大多数为袋状窖穴，坑壁及坑底经过处理。墓葬中出现少量二层台，没有同性合葬和多人二次合葬现象。瓮棺均埋葬儿童，多用亚腰尖底瓶做葬具。⑦

黄河下游，包括北辛文化、大汶口文化等。下面简要介绍大汶口文化：

大汶口文化，1959年发现于山东省泰安市大汶口遗址而得名。⑧该文化主要分布于鲁中、鲁南和苏北、皖北，以鲁中、鲁南地区分布较为集中。晚期分布西

---

① 王炜林：《半坡与半坡文化的相关问题》，《中国史前考古学研究——祝贺石兴邦先生考古半世纪暨八秩华诞文集》，2004年。

②④ 中国科学院考古研究所编：《庙底沟与三里桥》，北京：科学出版社，1959年，第2—101页。

③ 中国科学考古研究所、陕西省西安半坡博物馆编：《西安半坡》，北京：文物出版社，1963年，第3—142页。

⑤ 樊温泉：《河南三门峡市庙底沟遗址仰韶文化H9发掘简报》，《考古》2011年第12期。

⑥ 陕西省考古研究院等：《陕西高陵杨官寨遗址庙底沟文化墓地发掘简报》，《考古与文物》2008年第12期。

⑦ 戴向明：《庙底沟文化的聚落与社会》，《古代文明》2004年第0期，第15—39页。

⑧ 山东省文物管理处、济南市博物馆编：《大汶口》，北京：文物出版社，1974年，第1—78页。

第三章 中华文化视域下的西藏新石器文化

可达豫中、豫西，北到鲁北。大汶口文化可分为早、中、晚三期：早期阶段，分布地域比北辛文化略广泛，胶东半岛和淮北地区也有发现。定居农业生活，以粟为主，饲养家畜有猪、狗、牛、羊等。生产工具有石器、骨器、角器及少量陶质工具。石器均磨制，器形小而精致，穿孔技术发达。骨器中的代表器物为獐牙勾形器，骨器制作出现了透雕和镶嵌技术。大量制作水平高超的骨角牙器是大汶口文化的特色之一。陶器以夹砂红陶和泥质红陶为主，灰陶和黑陶的数量较少，但较北辛文化增多。制作以手制为主，轮修技术已普遍使用。出现了礼器性质的三足觚形杯和平底觚形杯。大汶口早期的墓葬，墓主人头向一般朝东，也有部分朝北。以单人葬为主，也有较多合葬。合葬以同性合葬和多人二次合葬为主，年龄相当的男女合葬墓在该期的后段才出现。该期后段的墓葬随葬品多寡不一的现象比较显著，多的达四五十件，少的一无所有。男性多随葬生产工具和手工工具，女性多随葬陶纺轮。男性墓葬多有殉狗。普遍存在成年男女拔除侧门齿和头骨人工变形的现象。开始拔牙的年龄在 15—20 周岁。① 中期阶段，分布大体和早期一致。中期的生产工具制作比较精致，石器棱角齐整，通体磨制。穿孔有琢穿和管穿两种。有段石锛和石镐是新出现的器形。中期的房屋一般由火烤的地面、墙壁、屋顶三部分组成。形制多为长方形，柱洞底部有石板作为柱础。陶器以夹砂红陶数量最多，次为泥质黑陶和灰陶，泥质红陶和夹砂灰陶的数量最少。手制为主，轮修已普遍，小陶器已开始轮制。以素面为主，部分器形表面磨光。中期墓葬发现较多，多数墓主人头向朝东或东北，以单人仰身直肢葬为主，有一定数量的合葬墓。二次葬和同性合葬墓数量减少，同龄成年男女合葬墓数量增多。成年男女合葬墓的葬式为男性仰身直肢，女性侧身屈肢面向男性，随葬品大都在男性一侧。大墓和中型墓设有二层台和木质葬具。晚期阶段，分布地域扩展到鲁北、皖北、豫东和豫中地区。② 大汶口晚期的生产工具与中期区别不大。晚期阶段制陶技术发达，可以轮制大件器物。以灰陶居多，次为黑陶和白陶。带有防御设施

---

① 吴汝祚：《论大汶口文化的类型与分期》，《考古学报》1982 年第 3 期。
② 山东省博物馆：《谈谈大汶口文化》，《文物》1978 年第 4 期。

的城堡开始出现,如山东滕州市官桥镇西康留、阳谷县阿城镇王家庄等。大汶口晚期出现了比较复杂的意符刻文或刻画符号。①该期墓葬以单人仰身直肢葬为主,有少量合葬墓。合葬墓以一对成年男女合葬为主,也有成年男女和小孩合葬,同性合葬消失。随葬品多寡不一的现象严重。②大汶口文化早期后段,母系氏族开始解体,逐步向父系氏族过渡。大汶口中期,财富分化严重,为争夺财富而进行的斗争较多出现。大汶口晚期,陶器制作水平超过了同时期任何一种文化,玉器制作精良。女性社会地位较低。③

黄河上游,包括马家窑文化早期、中期遗存等;马家窑文化与西藏东部新石器时代末期卡若文化关系密切,后文再详细介绍。

燕山南北和东北地区,包括赵宝沟文化、红山文化、富河文化、小河沿文化、上宅文化、新乐文化等。④下面简要介绍红山文化:

红山文化,1935年首先发现于赤峰红山后遗址。⑤分布地域包括内蒙古昭乌达盟,吉林省的哲里木盟南部,辽宁朝阳和锦州地区,河北燕山一带。⑥文化遗物方面,出土的石器包括有打制石器、磨制石器和细石器三类,其中磨制石器有耜、桂叶形双孔石刀、梯形石斧、梭形石镞等,磨制石器中的叶形石耜最为典型;⑦打制石器有砍砸器、斧状器、桂叶形双孔石刀、磨盘、磨棒等;细石器有条形石片、窄小石叶、石镞、圆刮器等⑧,细石器典型器有等腰或等边三角形镞,石器中细石器占到了三分之一。社会经济方面,石耜、石刀、磨盘、磨棒

---

① 李学勤:《论新出大汶口文化陶器符号》,《文物》1987年第12期。
② 高广仁:《试论大汶口文化的分期》,《考古学报》1978年第4期。
③ 山东省文物管理处、济南市博物馆编:《大汶口》,北京:文物出版社,1974年,第1页。
④ 中国社会科学院考古研究所:《中国考古学·新石器时代卷》,北京:中国社会科学出版社,2015年,第332页。
⑤ 辽宁省文物考古研究所:《牛河梁》,北京:文物出版社,2012年,第2—103页。
⑥ 张星德:《红山文化研究》,北京:中国社会科学出版社,2005年,第3—102页。
⑦ 刘国祥:《红山文化研究》,北京:科学出版社,2015年,第3—102页。
⑧ 郭大顺:《红山文化》,北京:文物出版社,2005年,第1—85页。

等工具反映出红山文化以原始农业为主;①石镞等细石器及打制石器,鹿、獐等兽骨的发现反映出渔猎业在红山文化中占有相当比重。②生活器具方面,陶器有夹砂褐陶、泥质红陶两种,以夹砂褐陶较多③,皆为手制;压印纹、划纹、附加堆纹、彩陶;彩陶多平行线纹、菱形纹、鳞形纹等,器形有大口深腹平底罐、斜口深腹罐、长颈筒状深腹罐,折腹钵。④房址均为方形半地穴式建筑,平面呈长方形,门向东南。陶窑址为横穴式,由窑室、火道、火膛三部分组成,有单室窑和连室窑两种,窑室内皆有窑柱。出现祭坛——女神庙。⑤

辽东半岛,包括小珠山下层文化、后洼文化、小珠山上层文化、偏堡子文化等。⑥

吉黑地区,包括昂昂溪文化、新开流文化、左家山和元宝沟遗址、西断梁山遗址、金谷遗址等。⑦

内蒙古中南部和冀晋陕地区,包括海生不浪文化、阿善文化、义井类文化遗存、雪山一期文化等。⑧

新石器时代晚期黄河流域和北方地区粟作农业大量推广,在一些有条件的地方,还新出现了稻作农业,以及新出现了大麻、蔬菜等作物。家畜饲养业较为发达,出现了用猪献祭或祭祀的现象。

这一时期,地面建筑大量增加,中轴观念、前堂后室的内部格局,是中国传

---

① 索秀芬、李少兵:《红山文化研究》,《考古学报》2011年第3期。
② 姜仕炜:《红山文化社会复杂化研究》,山东大学博士学位论文,2018年,第1—138页。
③ 赵宾福、薛振华:《以陶器为视角的红山文化发展阶段研究》,《考古学报》2012年第1期。
④ 熊增珑:《红山文化墓葬制度及相关问题研究》,吉林大学博士学位论文,2005年,第1页。
⑤ 周晓晶:《红山文化玉器研究》,吉林大学硕士学位论文,2014年,第2页。
⑥ 中国社会科学院考古研究所:《中国考古学·新石器时代卷》,北京:中国社会科学出版社,2015年,第644页。
⑦ 中国社会科学院考古研究所:《中国考古学·新石器时代卷》,北京:中国社会科学出版社,2015年,第380页。
⑧ 中国社会科学院考古研究所:《中国考古学·新石器时代卷》,北京:中国社会科学出版社,2015年,第388页。

统建筑思想的源泉。土木建筑大量增加，主要为木骨泥墙发展到成熟的屋顶制作技术。手工业发展迅速，陶窑普遍出现，陶器制作精美、轮制技术推广。铜器开始出现，主要在陕甘一带，但技术还十分原始。玉石器等加工技术日趋成熟。

这一时期出现了原始宗教，以及艺术作品、符号。这一时期社会发生了较大的变化，大遗址群大量出现，中心聚落多有祭祀性质，出现了贵族墓地，社会财富逐步分化，父权大力发展。

（2）长江流域和华南地区

长江流域和华南地区形成了长江中游、长江三角洲地区、长江下游西部地区、华南地区四大文化区。

长江中游，包括大溪文化、屈家岭文化、雕龙碑三期文化遗存等。①下面简要介绍大溪文化：

大溪文化，最早发现于1925年，至1959年正式发掘后提出大溪文化的概念。②分布范围西达川东的三峡地区，东抵汉水，南至洞庭湖北岸，北至荆州地区。③经济生活以农业为主，种植水稻④，饲养家畜（猪、牛、羊），大溪文化的生产工具以石器为主，有少量骨器和木器。⑤大溪文化石器制作因地域不同出现一些差别。长江三峡的石器多打制，磨制的器形很少；三峡以东的地区石器多磨制，但通体精磨，棱角分明的器形很少。大溪文化早期石器器形较大，磨制粗糙，几乎不见钻孔石器；中期器形变小，磨制精致，钻孔普遍出现，出现有肩和有段石器。⑥大溪文化陶器早期以红陶为主，灰、黑陶数量很少。晚期以黑陶为主，灰陶次之。器形以圈足器为主，次为平底器和圜底器，三足器最少。大溪文

---

① 中国社会科学院考古研究所：《中国考古学·新石器时代卷》，北京：中国社会科学出版社，2015年，第414页。

② 孟华平：《论大溪文化》，《考古学报》1992年第4期。

③ 张之恒：《试论大溪文化》，《江汉考古》1982年第1期。

④ 王杰：《大溪文化的农业》，《农业考古》1987年第1期。

⑤ 王杰：《试论大溪文化的发展和社会形态》，《华夏考古》1990年第4期。

⑥ 徐祖祥：《试论大溪文化的变迁》，《四川文物》1997年第2期。

化早期彩陶数量很少，中期数量增多，晚期衰退。①大溪文化的房屋有圆形半地穴式，也有圆形、方形、长方形式地面建筑。墓葬绝大多数为一次葬，少数二次葬，墓主人头向多数朝南。葬式包括直肢葬、屈肢葬、俯身葬。其中屈肢葬分为仰身、侧身、俯身屈肢3种。屈肢葬是大溪文化的特色。②大溪文化的渊源，目前有两种观点：一种认为可能吸收了汉江上游的李家村文化的因素，并受到仰韶文化的影响而发展起来的；另一种观点认为可能源于长江中游的皂市下层一类的文化遗存。③

长江三角洲地区，包括河姆渡文化、马家浜文化、崧泽文化等。④下面简要介绍河姆渡文化。

河姆渡文化，1973年因在浙江省余姚县的河姆渡遗址首先发现而得名。⑤年代范围为公元前5000至公元前3300年之间。主要分布在杭州湾南岸的宁波—绍兴平原。⑥发达的稻作农业⑦，典型遗存有稻谷、骨耜⑧、家畜猪等；陶器主要是夹炭黑陶、夹砂红陶、红灰陶；干栏式建筑的制作方式为栽桩架板高于地面，大批榫卯木构件，以上特点是河姆渡文化的住房特点。依据地层关系，河姆渡文化可分为早晚两阶段。⑨早期，生产工具有石、骨、角、牙、木、陶等，骨器是河姆渡文化生产工具的主体，其中骨耜的数量最多，是主要的农业生产工具。骨器数量达600余件，占生产工具总数的70%以上。木器数量也较多，并有一定数

---

① 张绪球、何德珍、王运新：《试论大溪文化陶器的特点》，《江汉考古》1982年第2期。
② 李文杰：《大溪文化的类型和分期》，《考古学报》1986年第2期。
③ 向绪成：《从关庙山遗址看大溪文化分期——兼评目前大溪文化的几种分期》，《江汉考古》1983年第3期。
④ 中国社会科学院考古研究所：《中国考古学·新石器时代卷》，北京：中国社会科学出版社，2015年，第451页。
⑤ 浙江省考古研究所：《河姆渡遗址第一期发掘报告》，《考古学报》1978年第1期。
⑥ 浙江省文物考古研究所：《河姆渡》，北京：文物出版社，2003年，第1—107页。
⑦ 浙江省博物馆自然组：《河姆渡遗址动植物遗存的鉴定研究》，《考古学报》1978年第1期。
⑧ 黄渭金：《河姆渡文化骨耜新探》，《考古与文物》1992年第4期。
⑨ 郭梦雨：《河姆渡文化分期研究》，吉林大学硕士学位论文，2017年，第1—105页。

量的木桨出现。陶器有夹砂和夹炭的黑陶和灰陶，夹炭黑陶的数量最多。皆手制，泥条盘筑为主。有一定数量的彩陶。器形以釜和罐的数量最多，有专门储存火种的贮火尊。①出现干栏式房屋，有高干栏和低干栏两种。干栏式房屋的基础桩木分为圆桩木、方桩木、板桩。榫卯结构有柱头榫及柱脚榫、梁头榫、带梢头钉孔榫。普遍发现稻谷、谷壳、稻干等堆积，最厚处达七八十厘米，我国是世界上栽培稻的起源之一。②墓葬皆无葬坑和葬具，皆为单人侧卧屈肢葬，头向东，面向北。多数无随葬品。晚期包括前段和后段，晚期前段石器磨制规整，管钻技术发达，新出现穿孔石斧、双孔石刀和石纺轮等。陶器以夹砂红陶为主，泥质红陶次之，泥质黑陶最少。手制为主，少数器物经慢轮修整。器形以釜和鼎的数量最多，罐、豆次之，盉很少。晚期后段，石器中石锛数量最多，出现石质装饰品。陶器分夹砂红灰陶、泥质灰陶、泥质红陶三类，以夹砂红灰陶的数量最多。陶器制法以手制为主，出现轮制器物。器形以鼎的数量最多，釜作为主要的炊器分为敞口釜和高颈盘口釜两种。晚段前期房子的柱洞底垫木板，晚期后段房子的柱洞底垫沙砾和陶片。③河姆渡文化的发现与确立，扩大了中国新石器时代（晚期）考古研究的领域，说明在长江流域（与黄河流域）同样存在着灿烂和古老的新石器文化。④

长江下游西部地区，包括北阴阳营文化、薛家岗文化、凌家滩类文化遗存等。⑤

华南地区，包括咸头岭文化、顶蛳山四期类文化遗存等。

这一时期，长江流域和华南地区稻作生产的水平显著提高，粳稻、籼稻逐步过渡到以粳稻为主，水田等农业设施多经过规划。农业工具较为成熟。杆栏式建筑最具特征。榫卯技术已广泛运用。纺织技术较为发达，出现了丝织技术，并推

---

① 王海明：《河姆渡遗址与河姆渡文化》，《东南文化》2000 年第 7 期。
② 汪宁生：《河姆渡文化的"骨耜"及相关问题》，《东南文化》1991 年第 1 期。
③ 刘军：《河姆渡文化》，北京：文物出版社，2006 年，第 1 页。
④ 宋建：《河姆渡文化的冠冕及鸟鱼纹饰》，《东方考古》，2011 年。
⑤ 中国社会科学院考古研究所：《中国考古学·新石器时代卷》，北京：中国社会科学出版社，2015 年，第 485 页。

广到黄河中游地区。漆器发明,是一大成就。白陶、玉石加工技术较为发达。水上交通工具出现了独木舟和木桨。

这一时期,原始宗教、原始艺术较为发达,成为中国史前文化的重要组成部分。以城址为中心的聚落群较为普遍,社会结构开始出现显著变化,世俗和宗教上层集团已开始出现。

4. 新石器时代末期文化

新石器时代末期文化的年代,距今5000年至4000年间,形成黄河流域和北方地区,长江流域和华南、西南地区两大文化系统。这一时期,西南地区的新石器时代遗存大量增加,西南地区文化面貌较为复杂。

(1)黄河流域和北方地区

黄河流域和北方地区形成了黄河中游、黄河下游、黄河上游、蒙新地区和辽东半岛等文化区。

黄河中游,包括庙底沟二期文化,以及大河村五期类遗存、台口一期类遗存等。①下面简要介绍庙底沟二期文化:

庙底沟二期文化,主要分布在关中、豫西和晋南。在河南陕县庙底沟村新石器时代遗址中,发现有仰韶文化向河南龙山文化过渡的遗存,称庙底沟二期文化。②年代为公元前2900年至公元前2500年。③房屋以半地穴式建筑为主,居住面上常铺白灰面。以圆形袋状窖穴为主。陶器以灰陶为主,红陶极少。陶器的特征是器形多大型厚重,作风粗犷;有些器形的周壁有数道条带式附加堆纹。斝是新出现的袋足炊器,也是中原地区最早的炊器。陶器具有从仰韶文化向龙山文化过渡的特点。④该遗址的发现,为确定仰韶文化与龙山文化的继承关系提供了重要证

---

① 中国社会科学院考古研究所:《中国考古学·新石器时代卷》,北京:中国社会科学出版社,2015年,第510页。
② 罗新、田建文:《庙底沟二期文化研究》,《文物季刊》1994年第6期。
③ 魏兴涛:《庙底沟二期文化再研究——以豫西晋西南地区为中心》,《考古与文物》2016年第5期。
④ 卜工:《庙底沟二期文化的几个问题》,《文物》1990年第2期。

据，在中国史前考古中是一项重要突破。①庙底沟二期时，父系制早已确立，并逐步向阶级社会过渡。②

中原龙山时期诸文化，包括王湾三期文化、后冈二期文化、王油坊类文化遗存、陶寺文化、客省庄文化等。③下面简要介绍陶寺文化、客省庄二期文化：

陶寺文化，主要分布在山西临汾盆地，代表遗址陶寺遗址位于山西襄汾陶寺村南部，年代为公元前2500年至公元前1900年。④陶寺遗址是一处大型聚落遗址，包括陶寺墓地，墓葬可分为大、中、小型墓3种等级。大墓长、宽分别为约3米、2米，有木棺，随葬品多达一二百件，包括鼍鼓、磬等礼器。小墓无葬具，部分甚无随葬品。陶寺遗址发现有许多精美器物，分别有彩绘蟠龙纹陶盘、铃形红铜器及玉石礼器等。⑤陶寺遗址的性质，有学者认为是尧都平阳，该遗址对探讨中国国家起源问题有重要学术价值。陶寺早期陶器器形以平底和小平底器为主，有少量圈足器和三足器，圜底器很少。陶寺晚期陶器常见的"釜灶"、鼎、缸等逐渐消失，甗成为新出现的炊器，鬲的数量逐渐增多。陶寺晚期出现蚌刀和有肩石铲。陶寺遗址可分为居住区、城址和墓葬区。⑥陶寺文化早期大约相当于庙底沟二期文化时代或稍晚，晚期与三里桥二期文化时代相当。陶寺文化处于社会转型阶段，社会矛盾严重激化。⑦

客省庄二期文化，1956年从统称的龙山文化中区分出来予以命名。①又因1955年发现于陕西省西安市客省庄，也称客省庄二期文化，或客省庄文化。主要

---

① 高天麟：《关于庙底沟二期文化及相关的几个问题——兼与卜工同志商榷》，《文物》1992年第3期。
② 靳松安：《庙底沟遗址第二期遗存再分析》，《江汉考古》2000年第4期。
③ 中国社会科学院考古研究所：《中国考古学·新石器时代卷》，北京：中国社会科学出版社，2015年，第528页。
④⑦ 中国社会科学院考古研究所：《中国考古学·新石器时代卷》，北京：中国社会科学出版社，2015年，第561—576页。
⑤⑥ 中国社会科学研究院考古研究所山西工作队等：《山西襄汾陶寺遗址发掘简报》，《考古》1980年第1期。
⑧ 梁星彭：《试论客省庄二期文化》，《考古学报》1994年第4期。

分布于渭河、泾河流域。代表性的遗址有西安客省庄、米家崖、长乐坡、岐山双庵，兴平张耳村，武功赵家来等。年代为公元前2300年至公元前2000年。①陶器的陶系以灰陶为主，有少量黑陶和红陶。陶器的制法有手制、轮制和模制。陶鬲是数量最多的一种炊器，且多为模制，陶鬲上均有一个把手。②横阵村发现成年男女合葬墓，客省庄发现废弃灰坑埋人的现象。用羊肩胛骨做的卜骨，只灼不凿。③

黄河下游，包括龙山文化等。下面简要介绍龙山文化：

龙山文化，1928年发现于山东省历城县龙山镇城子崖村。④主要分布在今山东省全境、江苏和安徽的淮河以北地区。其影响所及西达豫中和豫北，东北达辽东半岛南端。⑤龙山文化由大汶口文化发展而来，表现有拔除侧门齿，枕骨人工变形，随葬獐牙。陶器的主要特征为轮制极为发达，器形浑圆、胎壁厚薄均匀，器身各部分比例匀称、和谐，造型规整、优美；陶色纯正，表里透黑，火候高。生产工具以石器为主，骨、角、蚌器仅占少数。石器绝大多数为磨制，钻孔多为对钻，少用管钻。出现金属冶炼，在山东胶县三里河发现铜锥、铜炼渣及孔雀石等炼铜原料，甚为罕见。⑥墓葬均为土坑竖穴墓，少有几种的墓葬群，葬式为仰身直肢葬，有极少数的屈肢葬、俯身葬，无二次葬。⑦

龙山文化因地域分布较广，出现了一些地域文化差别，可分为3个类型：城子崖类型、两城类型、青堌堆类型。龙山文化按照地层关系，可分为早、中、晚三期。⑧早期的陶器以夹砂黑陶和褐陶为主，泥质黑陶的数量较少，制作有手制

---

① 高煦、吴宁：《也谈客省庄二期文化的性质及其年代》，《史前研究》1984年第1期。
② 姜捷：《客省庄二期文化遗存分析》，《史前研究》2004年第1期。
③ 张天恩、刘军社：《关于客省庄二期文化几个问题的探讨》，《考古与文物》1995年第1期。
④ 韩榕：《试论城子崖类型》，《考古学报》1989年第2期。
⑤ 靳桂云：《龙山文化城子崖类型分期》，《北方文物》1994年第4期。
⑥ 何德亮：《山东龙山文化的类型与分期》，《考古》1996年第4期。
⑦ 何德亮：《山东龙山文化聚落与经济形态之考察》，《岱海考古》2016年第1期。
⑧ 高蒙河：《龙山文化的时空框架》，《上海大学学报》（社会科学版）1989年第5期。

和轮制。器形以平底器为主，次为三足器和圈足器。中期的陶器泥质黑陶数量增多，以轮制为主，龙山文化典型器形均已出现。晚期陶器以泥质和夹砂的黑陶为主，细泥黑陶和灰陶次之，有少量的橙红陶和黄白陶。普遍采用轮制。典型器物发展到极致。①山东邹县丁公1件平底陶盆底部残片上刻有6行12字。②此外，阳谷县景阳冈龙山文化城址内也发现刻文陶片。③

黄河上游，包括马家窑文化晚期遗存，④即半山、马厂类型，详见后文阐述。

蒙新地区和辽东半岛，包括老虎山文化、大口一期类文化遗存、新疆地区新石器遗存、小珠山上层文化等。⑤

公元前3000年至公元前2000年的新石器时代末期文化，是一个铜石并用时代，以龙山时期文化为代表，⑥也称之为龙山时代。各地、各文化圈的考古学文化并不是孤立、与世隔离的，相互间有着紧密的联系。各考古学文化的共性越来越多，形成了"中国相互作用圈"⑦。

这一时期，经济技术成就斐然。黍、粟、稻、麦、豆"五谷"已实现大面积种植。刀耕火种已普遍发展到使用农具耕种阶段。猪、牛、羊、犬、鸡、马"六畜"，除马之外，都已成为稳定的家畜品种。

这一时期，手工业发达，制陶、制玉、木器加工、烧制石灰、纺织、冶铜等方面都有了全方位的发展。石灰、土坯等新型建筑材料，广泛运用，夯筑、打

---

① 栾丰实：《试析海岱龙山文化东、西部遗址分布的区域差异》，《岱海考古》2016年第1期。
② 栾丰实、许宏、方辉等：《山东邹平丁公遗址第二、三次发掘简报》，《考古》1992年第6期。
③ 李伊萍：《考古学文化的层次划分——以龙山文化为例》，《中原文物》2003年第6期。
④ 中国社会科学院考古研究所：《中国考古学·新石器时代卷》，北京：中国社会科学出版社，2015年，第612—632页。
⑤ 中国社会科学院考古研究所：《中国考古学·新石器时代卷》，北京：中国社会科学出版社，2015年，第632页。
⑥ 中国社会科学院考古研究所：《中国考古学·新石器时代卷》，北京：中国社会科学出版社，2015年，第648—650页。
⑦ 张光直：《中国相互作用圈与文明的形成》，《庆祝苏秉琦考古五十五年论文集》，北京：文物出版社，1989年。

第三章 中华文化视域下的西藏新石器文化

井、管道排水技术有了很大提高。大型建筑尤其是城址、中心聚落增多。

文化艺术、原始宗教与礼制取得巨大进步,为讨论文明起源提供了宝贵资料。

(2) 长江流域和华南、西南地区

长江流域和华南、西南地区在这一时期,史前文化空前发达。形成了长江中游、长江三角洲、赣鄱流域、长江上游、三峡峡西、川西南、云南、西藏、华南等文化区。

长江中游,主要是石家河文化。

长江三角洲,主要是良渚文化。下面简要介绍良渚文化:

良渚文化,1936年首次发现于浙江余杭良渚镇而得名。①年代范围为公元前3300年至公元前2000年。主要分布在环太湖地区,重要遗址有江苏吴县草鞋山、武进寺墩,上海青浦福泉山,浙江余杭反山、安溪瑶山等。②良渚文化的陶器以泥质黑皮陶和夹砂灰黑陶为主,有少量夹砂红陶和泥质红陶,以泥质黑皮陶最为典型。石器磨制精致,穿孔发达,以耘田器、三角形穿孔石犁、有肩穿孔石斧最具典型。③发现水井、干栏式建筑。稻作农业十分发达,出土了粳稻和籼稻的实物遗存。此外,还有其他作物,包括花生、蚕豆、甜瓜子等,代表性遗存为湖州钱山漾。编织、纺织业发达,其中在钱山漾出土整、残竹编器物200多件,还发现目前中国史前时期最重要的丝织品实物,经鉴定原料都是家蚕丝。④良渚文化依据地层关系可分为早、中、晚三期。⑤早期,陶器以泥质黑皮陶和泥质灰陶为主,有少量夹砂红陶和夹砂红褐陶。轮制为主,有的器物兼用手制和模制。器形以圈足器和三足器最多,平底器次之,圜底器很少。石器通体磨光,多为管钻法。墓葬多为单人仰身直肢葬,少数有木棺。多数头向朝南或东南。出现玉敛

---

①② 王明达:《浙江余杭反山良渚墓地发掘简报》,《文物》1988年第1期。
③ 程世华:《刍议石质"耘田器"——兼议食盐对良渚文化社会经济方面的作用》,《农业考古》2009年第2期。
④ 林华东:《良渚文化研究》,杭州:浙江教育出版社,1998年,第1页。
⑤ 陈国庆:《良渚文化分期及相关问题》,《东南文化》1989年第6期。

葬。①中期，陶器中泥质黑皮陶数量较前期增多，泥质灰陶的数量减少。轮制技术发达，器形规整。出现袋足炊器和子母扣的器皿。石器较早期变化不大。墓葬以玉器随葬多见。②晚期，陶器以泥质黑皮陶为主，有少量的泥质灰陶和夹砂灰陶。轮制规整，出现蛋壳黑陶。晚期的陶器和中期的区别是：袋足陶鬶较中期肥大，贯耳壶和贯耳罐增加。草鞋山 M198 墓，出现一男两女合葬，男性为主体，女性为附庸。③史前时代的玉中心，制玉工艺处于领先地位，玉器种类在 20 种以上，以礼玉为主，有钺、琮等，纹饰有饕餮纹、云雷纹、鸟纹等，主题图像是具有神灵崇拜含义的神人兽面复合像，似"神徽"④。在浙江余杭反山墓地、瑶山遗址和上海青浦福泉山遗址发现显贵专用墓地。⑤反山墓地是土方达 2 万立方米的"土筑金字塔"，随葬品 1200 余件套，有玉琮、玉璧、玉钺等，有的还出现了人殉。应当是当时的"王陵"⑥。瑶山发现祭坛遗址，祭坛平面呈方形，由三部分组成：最里面一部分是一座红土台，平面呈方形；第二部分是红土台四周的围沟。在围沟西、北、南三面，分别为黄褐色土筑成的土台。台面上为人工铺筑的砾石。整个祭坛外围有 12 座墓葬分布在祭坛的范围内，随葬品多为精美的玉器。⑦一般认为，在良渚文化时期原始氏族制度瓦解，并向文明时代过渡。甚至有学者认为已处在酋邦或古国，处在中国古文明的始创时期。⑧

赣鄱流域，主要是樊城堆文化。

长江上游，主要是宝墩文化、营盘山文化。

三峡峡西，主要是峡西新石器时代遗存。

川西南，主要是西昌礼州文化。

云南新石器遗存有白羊村类型、大墩子类型、戈登村类型、石佛洞类型、忙

---

① 李新伟：《良渚文化的分期研究》，《考古学集刊》1999 年第 1 期。

②③ 林华东：《良渚文化研究》，杭州：浙江教育出版社，1998 年，第 2 页。

④ 林华东：《论良渚文化玉琮》，《东南文化》1991 年第 6 期。

⑤⑥ 郭明建：《良渚文化微观聚落研究》，《古代文明》2018 年第 1 期。

⑦ 芮国耀：《余杭瑶山良渚文化祭坛遗址发掘简报》，《文物》1988 年第 1 期。

⑧ 吴诗池：《试论良渚文化与山东龙山文化的关系》，《东南文化》1989 年第 6 期。

怀类型、石寨山类型等。①

西藏地区，包括卡若文化、曲贡文化。西藏新石器时代遗存，详见后文阐述。

华南地区，包括石峡文化、涌浪类文化遗存、昙石山文化、牛鼻山文化、圆山文化等。②

这一时期，西南地区发现大量新石器时代遗存，是最大的特点。

这一时期，在长江流域，稻作农业仍是其主要的生计方式，出现了石犁等先进农具。家畜饲养业十分发达，水牛可能已在农业中发挥了重要作用。手工业普遍十分发达，其中制玉业最为发达，以良渚文化发现最多，做工也最为精细，品种有琮、璧、钺、瑗、环、冠形器等。礼器、装饰品往往成套出现。良渚玉器在这一时期，扩散到了中国各地，对后世礼制文化的形成，产生了深远的影响。漆器、木器、纺织业、竹器编织业也十分发达。长江中游也出现了最早的冶铜手工业。

这一时期，夯筑技术、红烧土材料使用较为常见，干栏式建筑也有了新的发展。

这一时期，文化艺术、原始宗教成就最为显著，刻画符号为文字的起源提供了宝贵材料。礼制玉器等，既是财富象征，也是祭祀礼器。

这一时期，社会发生了深刻变化，在长江中下游出现了一批邦国，进入了初级文明社会。③

5. 黄河上游马家窑文化

黄河上游马家窑文化，处于中国新石器时代的晚期、末期两个阶段。因其和本章讨论的主题——西藏新石器时代卡若文化关系密切，予以重点介绍。

---

① 中国社会科学院考古研究所：《中国考古学·新石器时代卷》，北京：中国社会科学出版社，2015年，第719页。

② 中国社会科学院考古研究所：《中国考古学·新石器时代卷》，北京：中国社会科学出版社，2015年，第704页。

③ 中国社会科学院考古研究所：《中国考古学·新石器时代卷》，北京：中国社会科学出版社，2015年，第740页。

马家窑文化处于公元前4000年至公元前2000年。延续时间很长,经历了石岭下、马家窑、半山、马厂四个阶段。①

1923—1924年,安特生发现了甘肃临洮马家窑遗址、广河齐家坪遗址,一般认为这是马家窑文化田野考古的肇始。②1949年,夏鼐在《临洮寺洼山发掘记》一文首次提出马家窑文化的命名。③进入20世纪50—60年代,在黄河上游及其支流渭河、洮河、大夏河、湟水和西汉水等流域,发现百余处遗址。20世纪70年代以来,发掘近千座墓葬,研究更为深入。总之,马家窑文化是一支主要分布在甘、青、宁地区,东起甘肃平凉,西至甘肃酒泉,北入宁夏中卫,南抵四川汶川县。

(1)马家窑文化早期、中期

在新石器时代晚期,马家窑文化处于早期、中期。

典型遗存有兰州曹家嘴,东乡林家,临洮马家窑,天水师赵村、西山坪,甘谷毛家坪、民和阳洼坡、核桃庄,大通上孙家寨,贵南尕马台,同德宗日等。

这一时期,彩陶最为发达,纹样有漩涡纹、圆圈纹等几何纹,以及蛙、鸟、鱼纹及人像纹等。器形主要有罐、瓮、甑、锅等。石器有方形穿孔石刀、磨盘等。

这一时期,按照地域分区,可把马家窑文化分为东、中、西三区。

东区,主要指渭河上游地区,包括石岭下类型和马家窑类型。

中区,主要指兰州附近及洮河、大夏河流域,均为马家窑类型。

西区,主要指湟水流域,包括石岭下类型和马家窑类型。石岭下类型处于公元前3980至公元前3264年前后;马家窑类型处于公元前3369至公元前2882年前后。

在渭河上游地区,聚落遗址保存较好。包括房屋、窖穴、陶窑、墓葬等。房屋多为半地穴式,面积在10—50平方米。一般主室内有灶坑,地面及墙壁使用

---

① 中国社会科学院考古研究所:《中国考古学·新石器时代卷》,北京:中国社会科学出版社,2015年,第312—612页。
② 安特生:《甘肃考古记》,农商部地质调查所刊行,1925年。
③ 夏鼐:《临洮寺洼山发掘记》,《考古学论文集》,北京:科学出版社,1961年。

草拌泥。窖穴多位于房屋附近，用于储存物品，多为粮食。林家遗址所见公元前2900年的稷，是目前出土最为丰富多样的稷类遗存。师赵村F30遗存可复原为"蒙古包式"建筑。

马家窑文化早、中期，以原始农业为主，兼营饲养业。种植稷、粟、大麻等作物，以稷最为常见。同时，饲养家畜，家畜的种类有狗、猪、牛、羊、鸡等。还有狩猎活动，野生动物主要有鹿、野猪、羚羊等。生产工具复杂多样，石刀、锛、凿是主要工具，骨、石等复合工具具有明显的地域特色，仅见于西北及北方地区。还偶见铜刀。

制陶业十分发达，彩陶最为精美，其不仅仅是实用品，更是艺术品。其窑炉结构完善，达到了较高水平。纺织业已达到较高水平，大麻的纤维可以用来织布。

彩陶器是最能反映马家窑人群的文化与艺术，上孙家寨舞蹈纹盆内画着三组5人连臂的舞者，宗日也有类似舞蹈纹陶盆。人物神态生动，富有生活情趣，舞蹈动作富有节奏感。蛙纹也十分常见。

陶塑十分精致，种类有人面、蜥蜴、兽面等。装饰品丰富多彩，陶环最为常见。

这一时期，马家窑文化人群，已出现占卜习俗，卜骨较为常见。武山傅家门遗址同时发现了卜骨和祭祀坑，尤为重要。

这一时期，墓葬和居址分开。多为竖穴土坑墓，葬式多为单人葬，姿势复杂多样。随葬品最为丰富。宗日墓地，是马家窑文化时期墓葬种类最为丰富的地点。宗日墓地，以竖穴土坑为主，同时包括石棺墓、瓮棺墓、火葬墓等。其中石棺墓尤为值得关注，可能对河湟地区、西南地区的石棺墓有着深远的影响。

马家窑文化与仰韶文化关系密切，在师赵村有地层依托。马家窑文化早期石岭下类型，源于师赵村三期文化。①

马家窑文化还向川西高原岷江上游发展，形成了营盘山文化。②

---

① 丁见祥：《马家窑文化的分期、分布、来源及其与周边文化的关系》，《古代文明》2010年第1期。
② 何锟宇：《甘肃东乡林家遗址分期的再认识——兼论营盘山遗址的分期、年代与文化属性》，《四川文物》2011年第4期。

(2) 马家窑文化晚期

包括半山、马厂类型。

半山、马厂类型，仍分布于陕甘青宁地区。东起陇山，西至酒泉，北入景泰，南入康乐。主要分布在河湟地区。

在甘青宁地区共发现半山、马厂类型遗址达 800 余处。其中半山类型 200 余处、马厂类型 600 余处。典型遗址有广河地巴坪、永昌鸳鸯池、景泰张家台，乐都柳湾、循化苏呼撒、同德宗日，海原菜园村等。[①]

半山类型可分为 3 个区：

湟水下游、黄河北部、洮河。各区典型器物不同。[②]

从近年的资料来看，可分为东、中、西三区：

东区，包括甘肃东部、宁夏南部和陕西西部，主要指渭河上游及其支流葫芦河流域，以师赵村六期文化为代表；

中区，甘肃中部，主要是黄河上游及洮河、大夏河流域，以地巴坪为代表；

西区，青海东部，湟水中下游，以柳湾墓地为代表。[③]

马厂类型，分为东、西两区。

东区，甘肃中、西部，青海东部；

西区，河西走廊古浪到酒泉一带。

半山类型的年代，为公元前 2500 年至公元前 2300 年之间。

马厂类型的年代，为公元前 2453 年至公元前 2000 年之间。

半山、马厂各分为早、中、晚三期。

半山类型三期分别为：

早期，柳湾早期；

中期，地巴坪；

---

① 李水城：《半山与马厂彩陶研究》，北京：北京大学出版社，1998 年，第 1 页。
② 青海省文物考古研究所：《民和阳山》，北京：文物出版社，1990 年，第 55—120 页。
③ 中国社会科学院考古研究所：《中国考古学·新石器时代卷》，北京：中国社会科学出版社，2015 年，第 618—619 页。

晚期，土谷台中期。

马厂类型三期分别为：

早期，柳湾早期；

中期，柳湾中期；

晚期，柳湾晚期。

马厂晚期，彩陶已少见。高领双耳罐、双大耳罐已具有齐家文化的特点。

新石器时代末期，马家窑文化的聚落多分布在河旁台地上。聚落面积大者20万平方米，小者几千平方米。聚落遗址，一般包括房址、窑址、窖穴、墓葬等。

氏族公共墓地与住地分开。以半地穴式房屋为主。菜园子林子梁遗址还发现有窑洞式房屋。

这一时期，经济仍以原始农业为主，主要种植粟、糜子。生产工具多为磨制，还出现了带銎柄的石斧。饲养业较为发达，主要有猪、狗、羊等。同时，狩猎活动仍在延续。

这一时期，马家窑文化制陶业发达，出土了大量完整陶器。彩陶器数量仍较多，部分遗址的彩陶器数量达总量的三分之二之多。制陶作坊较前期更为复杂，兰州白道沟坪遗址发现有完整的12座陶窑，反映了制陶、施彩的生产过程。陶器器类丰富，多达30余种。除了平底器之外，还有圈足器。

半山类型不见铜器。马厂类型出土3件铜刀，为红铜器。

纺织工具较为常见，反映了纺织业较为发达。

彩陶是马家窑文化半山、马厂类型的代表性器物，全面反映了马家窑文化晚期人群的文化、艺术面貌。造型别致新颖，如人像彩陶壶、提梁罐、彩陶鼓、葫芦形罐、鸭形壶等。

彩陶器上还有各类彩绘符号。

此外，马家窑文化晚期人群存在灵魂和祖先崇拜习俗。阳山墓地的祭祀坑内，随葬品丰富。师赵村发现有人像彩陶，鸳鸯池M51墓出现了石雕人面像。

马家窑文化晚期，墓地多为氏族公共墓地。墓葬形制包括土坑墓、土洞墓、石棺墓、瓮棺葬等。土洞墓是新出现的一种墓葬形制。石棺墓见于半山类型和同德宗日遗存。①土坑墓仍占主要。

葬具多为木棺和垫板。葬式复杂多样。

与马家窑文化关系最为密切者，当属马家窑类型晚期小坪子类型和齐家文化。②

6. 中国新石器时代文化总体进程和中国文明起源

（1）中国新石器时代文化总体进程

中国新石器时代文化总体进程，主要与农业及农业工具的发展密切相关。包括了两个大的阶段：

第一阶段，食物生产的开始与农业起源。主要集中在南方地区初始期栽培稻遗存的发现、中国稻作农业起源问题、华北新石器时代早期遗址探寻初始期栽培粟等问题上的讨论。

第二阶段，史前农业文化的发展和氏族社会的繁荣。主要反映在新石器时代中期聚落的增多和扩大、物质生产和精神文化的高涨、农业文化全面大发展、母系氏族社会的繁盛等方面。

（2）中国新石器时代与中国文明起源

中国早期文明的构成要素，主要有文字、青铜器、都邑和礼仪遗存（主要是建筑）。③这些要素是从中国早期文明——夏、商、周三代文明的考古遗存中归纳出来的。

中国文明起源的发展包括两个阶段：

第一阶段，文明起源的开始和演进。主要体现在聚落和建筑结构发生重大变化、经济技术领域的新进展、父权制度的确立和加强、私有制导致社会分化等方面。

第二阶段，初级文明社会的建立。主要体现在聚落分化与城址的涌现、经济

---

① 陈洪海、格桑本、李国林：《试论宗日遗址的文化性质》，《考古》1998 年第 5 期。

② 中国社会科学院考古研究所：《中国考古学·新石器时代卷》，北京：中国社会科学出版社，2015 年，第 631—632 页。

③ 张宏彦编著：《中国史前考古学导论》，北京：科学出版社，2017 年，第 386 页。

技术的进一步发展、从符号记事到原始文字、社会分层和阶级分化、具有阶级压迫性质的人殉人祭现象、初级文明社会与邦国型国家等方面。

具体而言,关于中国文明起源的理论,存在"一元说"——"中原中心论""多元一体论"两种说法。"多元一体论"已成为主流观点。

中国关于国家起源与早期发展理论与模式,有"三阶段""三部曲",即古文化——古城——古国三阶段模式,古国——方国——帝国三部曲模式。以及从聚落到国家的演进模式,有聚落三形态演进说、都邑聚金字塔形层级结构说。

中国文明起源与形成的探索,包括三个方面:

一是文字的起源——从符号、陶文到甲骨文。经历了新石器时代早期、中期(仰韶文化、马家窑文化、大汶口文化、大溪文化)的刻画符号、龙山时代—二里头文化的陶文(龙山文化—岳石文化的陶文和卜骨文字,良渚—马桥文化的陶文,黄河中游的陶文和卜骨)两个阶段。

二是青铜器的起源——从小型铜工具到兵器和礼器。经历了史前铜器(黄河上游、中下游)、二里头文化铜器两个阶段。

三是都邑的起源——从聚落到城邑。经历了史前的城址、二里头文化都城的出现两个阶段。

中国新石器时代末期文化,已可见文字符号、青铜器、都邑、礼仪建筑等与文明有关的遗存。新石器时代末期,已处于文明初期阶段。中原文明起源探讨的模式,对西藏文明起源探讨也有借鉴意义。

二、西藏新石器时代文化遗存分布

雪域高原西藏,在中国新石器时代的末期,分布着两大类考古遗存。一类是分布在江河沿岸台地的固定性聚落遗存,一类是分布在藏北、藏西南草原地带的以细石器为代表的遗存。

（一）发现与研究

1. 既往调查与研究概要

（1）既往调查

1926—1928 年，俄籍瑞典人劳瑞茨对藏北大石遗迹的考察；

1929—1948 年，意大利人杜齐对西藏西部和中部的考察，也涉及新石器时代遗存；

1940 年，英国人黎吉生对藏王陵的考察以及对山南市的考察；

1950 年，意大利人奥夫斯特莱与德国人哈雷在拉萨附近的考古发掘；

1956 年，地质学家赵宗溥在西藏采集到细石器；

1959 年，文化部文物调查组的调查。西藏工作委员会成立了"文物古迹、文件档案管理委员会"；

1964 年，西藏科考队在定日发现打制石器；

1966—1976 年，西藏科考队在那曲、阿里、日喀则发现打制石器地点；

1973—1975 年，安新、王恒杰在林芝、墨脱发现新石器；

1977—1979 年，卡若遗址的调查与发掘，西藏文物管理委员会、国家文物局、社科院考古所、四川大学、云南博物馆参加；

1984—1992 年，西藏第一次文物普查（全国第二次），发现若干新石器时代遗存；

1990 年，拉萨曲贡遗址发掘；

1994 年，昌果沟遗址调查；

1997—1999 年，阿里文物抢救保护工程，托林寺发掘。与此同时，四川大学考古系与西藏文物局联合调查东嘎、皮央遗址，发现若干新石器时代遗存；

2003 年，青藏铁路西藏段考古调查，发现大量石器地点，新石器时代遗址；[1]

---

[1] 西藏自治区文物局、四川大学考古系、陕西省考古研究所编著：《青藏铁路西藏段田野考古报告》，北京：科学出版社，2005 年，第 1 页。

2004年，象泉河流域考古调查、阿里文物复查，发现若干新石器时代遗存；

2006年，芒康县古水电站淹没区考古调查，发现若干新石器时代遗存；

2007—2008年，西藏第二次文物普查（全国第三次文物普查），发现若干新石器时代遗存；

2012—2019年，中国科学院双古所在西藏西部做旧石器遗存调查，发现若干新石器时代遗存；

2012—2019年，西藏自治区文物保护研究所等单位，在西藏各地发现系列新石器时代重要遗存，成果显著。

（2）既往研究概要

西藏新石器时代遗存，是西藏考古的重中之重，既往研究中主要是对卡若文化、曲贡文化以及西藏原始文化研究，细石器遗存也有少量研究。

霍巍、李永宪根据考古新发现，介绍了雅鲁藏布江中下游流域的原始文化，介绍了系列新发现，属概论性研究。李永宪就西藏新石器时代遗存提出了包含3个发展阶段、4个文化类型，并讨论了文化源流问题。石硕提出西藏史前石器时代的"三大原始文化"，是后世藏民族的三个基本的来源。杨曦就西藏新石器时代文化进行了综合论述，涉及区划类型、分期年代、经济类型等方面。[1]霍巍就西藏史前的交通、贸易进行了宏观论述。[2]

关于细石器遗存，研究者不太多。李永宪就西藏的石器，尤其是细石器遗存进行系统研究，认为不一定是传播的结果，有相当部分源自本土。[3]段清波对西

---

[1] 杨曦：《西藏高原新石器时代文化简论》，《西藏研究》2006年第3期。

[2] 霍巍：《从考古发现看西藏史前的交通与贸易》，《中国藏学》2013年第2期。

[3] 李永宪：《略论西藏的细石器遗存》，《西藏研究》1992年第1期。另参见李永宪：《雅鲁藏布江中上游流域的石器遗存——兼论西藏细石器的相关问题》，《南方民族考古》第4辑，四川科技出版社，1992年；李永宪：《中国西南细石器与石器时代文化的几个问题》，《四川大学考古专业创建四十周年暨冯汉骥教授百年诞辰纪念文集》，成都：四川大学出版社，2001年。

藏细石器遗存也进行了系列有益的讨论。①

限于田野考古资料的缺乏，西藏新石器时代文化的谱系还不完整。

2. 2016—2019 年研究团队田野调查概况

根据研究调查计划，2016 年 7—8 月，研究团队对陕西境内的新石器时代遗存进行了考察，赴半坡遗址博物馆、陕西历史博物馆、西安博物院、陕西省考古研究院文物陈列室、杨官寨遗址等，重点调查了半坡文化、庙底沟文化。

2016 年 9 月，研究团队对甘肃境内的新石器时代遗存进行了考察，赴甘肃省博物馆、甘肃省文物考古研究院标本室、磨沟遗址、大地湾遗址、四坝遗址，重点调查马家窑文化遗存。

2016 年 11 月，研究团队对青海境内的新石器时代遗存进行了考察，赴青海省博物馆、青海省文物考古研究院标本室、柳湾遗址、宗日遗址，重点调查马家窑文化、齐家文化遗存。

2017 年 1—2 月，研究团队对四川、云南境内的新石器时代遗存进行了考察，赴四川省博物馆、四川省文物考古研究院标本室、成都文物考古研究院工作站、云南省博物馆、云南省文物考古研究所、营盘山遗址、宝墩遗址、大墩子遗址、忙怀遗址，重点调查宝墩文化、营盘山文化、大墩子文化遗存。

2017 年 5 月，研究团队对河南境内的新石器时代遗存进行了考察，赴河南博物院、河南省文物考古研究院、郑州文物考古研究院、郑州博物馆、裴李岗遗址、大河村遗址、贾湖遗址、王湾遗址，重点调查裴李岗文化、王湾一期文化等遗存。

2017 年 7—8 月，研究团队对西藏境内的新石器时代遗存进行了考察，赴西藏博物馆、西藏文物保护研究所、卡若遗址、曲贡遗址、邦嘎遗址、昌果沟遗址，重点调查卡若文化、曲贡文化等遗存。

---

① 段清波：《西藏细石器遗存》，《考古与文物》1989 年第 5 期。另参见段清波、吴春：《藏北细石器遗存分析——兼论西藏细石器的起源、工艺及年代》，《西藏民族学院学报》1990 年第 3 期；段清波、吴春：《藏北细石器遗存分析年第续期——兼论西藏细石器的起源、工艺及年代》，《西藏民族学院学报》1990 年第 4 期。

2017年10月，研究团队赴陕西石峁遗址考察。

2018年7—8月，研究团队赴西藏阿里曲龙遗址调查、发掘工作。

2018年10月，研究团队赴青海省文物考古研究所，重点考察河湟地区马家窑文化、齐家文化馆藏文物，以及赴喇家遗址考察。

2019年4月，研究团队赴青海省文物考古研究所，重点考察青海湖沿岸齐家文化、卡约文化遗存。

2019年5月，研究团队赴延安芦山峁遗址考察。

2019年7月，研究团队赴西藏邦嘎遗址考察。

通过在陕西、河南、甘肃、青海、四川、云南、西藏等地区的田野调查、发掘工作，对中国中原、西北、西南地区新石器时代的文化面貌形成了整体认识。对西藏地区新石器时代的最新考古发现进行了跟踪调查，基本掌握了最新的第一手资料，加深了对西藏新石器时代考古遗存的认识。

（二）分区介绍

西藏新石器时代遗存，分布广泛。藏东、雅鲁藏布江流域，多为遗址。藏北、藏西南高原多为石器采集点。近年在西藏西部格布赛鲁墓地，也有新石器时代遗存的发现，不过资料尚未正式公布。

西藏新石器时代遗存主要包括遗址和石器采集点两类。据公开资料披露，截至2018年[①]，在西藏共发现142处新石器时代遗址或石器采集点。其中，昌都市遗址3处；林芝市共17处，包括遗址5处、石器采集点12处；山南市共5处，包括遗址4处、石器采集点1处；拉萨市共17处，包括遗址5处、石器采集点12处；日喀则市共24处，包括遗址1处、石器采集点23处；那曲市共50处，包括遗址4处、石器采集点46处；阿里地区共26处，均为石器采集点。

西藏新石器遗址共计22处，其中正式发掘的仅6处，其余均为调查发现。

---

① 2010年以来，国家第三次文物普查以来新发现的新石器时代遗存，数量较已公布的142处增加了近一倍左右。但国家第三次文物普查的资料未正式公布，无法使用，本书数据仅涉及调研团队掌握的部分新材料。

具体有昌都卡若、小恩达遗址、察雅烟多江钦遗址，林芝波密拉颇遗址、林芝云星、居木、都普、加拉马遗址，山南贡嘎昌果沟、琼结邦嘎、桑日程巴、乃东钦巴遗址，拉萨曲贡遗址、当雄加日塘遗址、堆龙德庆达龙查遗址、嘎冲遗址、昌东遗址，日喀则拉孜廓雄遗址，那曲班戈布日那东遗址、安多错那湖东岸遗址、尼玛帕度错遗址。

石器采集点 120 处，除林芝境内 12 处多为磨制石器，其余多为细石器。详见表 3-1。

表 3-1　西藏新石器时代遗址、石器采集点①

市/地区	县域	遗址或石器采集点名称	年代
昌都市（遗址 3 处）	昌都县（今卡若区）	卡若遗址	距今 5000 年至 4000 年，下限大约距今 3000 年
	昌都县（今卡若区）	小恩达遗址	距今约 4000 年
	察雅县	江钦遗址	
林芝市 17 处（遗址 5 处，石器采集点 12 处）	林芝县	云星遗址	
	林芝县	居木遗址	
	林芝县	都普遗址	
	林芝县	加拉马遗址	

---

① 张建林、旦扎：《西藏乃东县发现新石器时代遗存》，《文物》1985 年第 9 期。王望生：《西藏穷结发现新石器时期遗址》，《文博》1987 年第 6 期；李茜：《西藏拉萨市发掘一处海拔最高的新石器时代遗址》，《西藏艺术研究》1990 年第 4 期；哈比布：《古水水电站西藏境内淹没区考古调查简报》，《西藏研究》2010 年第 2 期；李永宪：《西藏新石器时代考古学文化的几个问题》，《中国西南的古代交通与文化》，成都：四川大学出版社，1994 年；杨曦：《西藏高原新石器时代文化简论》，《西藏研究》2006 年第 3 期；杨曦：《浅说西藏新石器时代陶器》，《西藏大学学报》2001 年第 1 期；夏格旺堆、李林辉：《西藏林芝市林芝村古墓葬调查简报》，《西藏大学学报年》（汉文版）2006 年第 2 期；李林辉：《山南邦嘎新石器时代遗址考古新发现与初步认识》，《西藏大学学报》2001 年第 4 期；徐朝龙：《喜玛拉雅山南麓所见的中国北方新石器时代文化因素》，《农业考古》1988 年第 2 期。

续表

市/地区	县域	遗址或石器采集点名称	年代
林芝市17处（遗址5处，石器采集点12处）	波密县	拉颇遗址	
	墨脱县	墨脱村石器地点	
	墨脱县	卡布村石器地点	
	墨脱县	背崩村石器地点	
	墨脱县	格林村石器地点	
	墨脱县	地东村石器地点	
	墨脱县	西让村石器地点	
	墨脱县	亚东村石器地点	
	墨脱县	马迪村石器地点	
	墨脱县	达木村石器地点	
	墨脱县	格当村石器地点	
	墨脱县	上布龙村石器地点	
	墨脱县	马尼翁石器地点	
山南市5处（遗址4处，石器采集点1处）	贡嘎县	昌果沟遗址	距今约3600年
	贡嘎县	昌果沟多吉扎石器点	
	琼结县	邦嘎遗址	距今3000年至2400年
	桑日县	程巴遗址	
	乃东县	钦巴遗址	
拉萨市17处（遗址5处，石器采集点12处）	拉萨市	曲贡遗址	距今3750年至3500年
	达孜县	城南石器地点或德庆石器地点	
	达孜县	邦乌村石器地点	
	达孜县	宁康村石器地点	
	达孜县	曲龙沟或曲隆石器地点	
	达孜县	朱西沟石器地点或主西沟石器地点	

续表

市/地区	县域	遗址或石器采集点名称	年代
拉萨市17处（遗址5处，石器采集点12处）	当雄县	加日塘遗址	距今3200年至2900年
	当雄县	格达乡石器地点	
	当雄县	吐追纳卡石器地点	
	当雄县	俄布石器地点	
	当雄县	龙仁石器地点	
	当雄县	马乡石器地点	
	曲水县	协荣村石器地点	
	堆龙德庆县	拉觉石器地点	
	堆龙德庆县	达龙查遗址	
	堆龙德庆县	嘎冲遗址	
	堆龙德庆县	昌东遗址	
日喀则市24处（遗址1处，石器采集点23处）	拉孜县	廓雄遗址	距今约3200年
	南木林县	囊孜石器地点	
	昂仁县	桑桑乡145公桩细石器地点A点	
	昂仁县	桑桑乡145公桩细石器地点B点	
	昂仁县	索布亚拉细石器地点	
	昂仁县	阿日细石器地点	
	昂仁县	扎西岗细石器地点	
	昂仁县	隆干岗多细石器地点	
	昂仁县	亚木细石器地点	
	昂仁县	朗错北岸细石器地点	
	吉隆县	错戳龙湖石器地点	
	吉隆县	勒勒石器地点	
	吉隆县	罗垄沟石器地点	
	萨迦县	帕萨珠石器地点	

续表

市/地区	县域	遗址或石器采集点名称	年代
日喀则市 24 处（遗址 1 处，石器采集点 23 处）	萨迦县	仲珠谷石器地点	
	萨迦县	加乌拉石器地点	
	萨迦县	路马孔石器地点	
	萨迦县	莫个那弄石器地点	
	萨迦县	洛棍石器地点	
	萨迦县	旦嘎石器地点	
	萨迦县	然嘎达桑石器地点	
	萨迦县	达吉岭石器地点	
	萨迦县	萨嘎石器地点	
	萨迦县	加加石器地点	
那曲市 50 处（遗址 4 处，石器采集点 46 处）	那曲县	康次石器地点	
	那曲县	罗玛石器地点	
	那曲县	香茂石器地点	
	那曲县	江格波纳石器地点	
	那曲县	措则石器地点	
	那曲县	空地石器地点	
	那曲县	仲仲石器地点	
	安多县	塘甘木石器地点	
	安多县	卡果沟北石器地点	
	安多县	卡果沟石器地点	
	安多县	雁石坪石器地点	
	安多县	雁石坪南石器地点	
	安多县	布曲河西岸石器地点	
	安多县	朱库玛石器地点	
	安多县	错那湖东岸遗址	

续表

市/地区	县域	遗址或石器采集点名称	年代
那曲市50处（遗址4处，石器采集点46处）	安多县	错那湖东南岸石器地点	
	安多县	拨格弄石器地点	
	安多县	加傲东石器地点	
	安多县	加傲石器地点	
	安多县	那曲河北岸石器地点	
	班戈县	布日那东遗址	
	班戈县	纳木错湖西岸石器采集点	
	班戈县	保荣石器采集点	
	尼玛县	巴尔斯遗址	
	尼玛县	多格则石器地点	
	尼玛县	玛尼石器地点	
	尼玛县	色乌岗石器地点或色乌岗东北石器地点	
	双湖县	帕度错石器遗址	
	双湖县	嘎尔措石器地点	
	双湖县	绥绍拉石器地点或绥绍拉西侧石器地点	
	双湖县	绥绍拉西北石器地点	
	双湖县	措折强玛石器地点	
	双湖县	邦康石器采集点或捧康石器地点	
	双湖县	普布金雄石器采集点或扎不金雄石器地点	
	申扎县	珠洛勒石器地点	
	申扎县	罗马松石器地点	
	申扎县	加虾热嘎或加虾日阿嘎石器地点	
	申扎县	改扎石器采集点或巴扎石器地点	
	申扎县	雄梅石器地点	
	申扎县	亚司石器地点	

续表

市/地区	县域	遗址或石器采集点名称	年代
那曲市50处（遗址4处，石器采集点46处）	申扎县	查勒多石器地点	
	申扎县	巴扎塘石器采集点或洛扎石器地点	
	申扎县	巴加石器采集点或巴家、东乡、尼隆石器地点	
	申扎县	格仁错石器地点	
	申扎县	达卓山石器地点	
	申扎县	卢令石器地点	
	申扎县	乃那农石器地点	
	申扎县	秀隆沟石器地点	
	申扎县	普仲石器地点	
	申扎县	下过石器地点	
阿里地区26处，石器采集点26处	噶尔县	果廓垄石器地点	
	噶尔县	芒扎石器地点	
	噶尔县	泽蚌石器地点	
	噶尔县	曲松果石器地点	
	噶尔县	苏布热石器地点	
	噶尔县	塘卡玛尔顶石器A、B、C地点	
	普兰县	玛旁雍错石器地点	
	普兰县	念达石器地点	
	札达县	格尔嘎石器地点	
	札达县	天巴石器地点	
	革吉县	邦巴石器地点	
	革吉县	尤日的布石器地点	
	革吉县	雄巴石器地点	
	革吉县	列扎石器地点	
	日土县	帕也曲真沟石器地点	

续表

市/地区	县域	遗址或石器采集点名称	年代
阿里地区26处,石器采集点26处	日土县	热角石器地点	
	日土县	扎那曲加石器地点	
	日土县	下曲垄石器地点	
	日土县	崩姆江石器地点	
	日土县	布显石器地点	
	日土县	扎布石器地点	
	日土县	阿垄沟石器地点	旧晚新早
	日土县	夏达错北岸石器地点	旧晚新早
	措勤县	达雄香喀利石器地点	
	措勤县	曲洛石器地点	

选取若干遗存,简要介绍如下:

1. 昌都市 3 处

昌都市 3 处均为遗址。

(1)昌都县(今卡若区)2 处

①卡若遗址①

卡若遗址位于昌都市昌都县(今卡若区)东南 12 公里的昌都水泥厂,遗址分布在澜沧江江岸第二级台地上。遗址面积为 1 万平方米。现为国家重点文物保护单位,入选国家大遗址公园名单。

1977 年,昌都水泥厂工人在施工中偶然发现该遗址。1978 年 5 月至 8 月,

---

① 童恩正、冷健:《西藏昌都卡若新石器时代遗址的发掘及其相关问题》,《中国藏学》1994 年第 4 期;黄万波:《西藏昌都卡若新石器时代遗址动物群》,《古脊椎动物与古人类》1980 年第 2 期;江道元:《西藏卡若文化的居住建筑初探》,《西藏研究》1982 年第 3 期;霍巍:《论卡若遗址经济文化类型的发展演变》,《中国藏学》1993 年第 3 期;李永宪:《卡若遗址动物遗存与生业模式分析——横断山区史前农业观察之一》,《四川文物》2007 年第 5 期。

西藏自治区文物管理委员会对遗址进行首次发掘，揭露遗址面积230平方米，随即报道了这一重要发现。①

1979年5月至8月，西藏自治区文物管理委员会、中国社会科学研究院考古研究所、云南省博物馆、四川大学历史系考古专业联合组成考古队，对遗址进行第二次发掘，揭露遗址面积1570平方米。其间，国家文物局也派员参与、指导。1977年、1979年，两次发掘面积共为1800平方米。卡若遗址发现有房屋遗迹（图3-1②）、石墙、圆石台、石围圈、灰坑等；出土石器、陶器等各类标本11000余件（套）（图3-2③），石器以打制石器为主，细石器、磨制石器（图3-3④）次之，陶器不见三足器和圜底器，有少量彩陶，连体兽形罐独具特色；遗址还出土有装饰品（图3-4⑤），还发现有粟作农业。⑥卡若文化是一支与甘青马家窑文化、宗日遗存关系密切的文化。

卡若遗址分为早、晚两期，年代为距今5000—4000年前。以卡若遗址为代表的卡若文化，是西藏新石器时代藏东类型的代表。

21世纪以来，为配合国家大遗址公园的规划、建设，四川大学考古系等单位进行了调查，据未正式公布的测年标本显示，卡若遗址最晚可达距今3000年前。

---

① 西藏自治区文物管理委员会：《西藏昌都卡若遗址试掘简报》，《文物》1979年第9期。
② 西藏自治区文物管理委员会、四川大学历史系：《昌都卡若》，北京：文物出版社，1985年，第20页图八、图版五、彩版二。
③ 西藏自治区文物管理委员会、四川大学历史系：《昌都卡若》，北京：文物出版社，1985年，彩版三、彩版四、图版五六、第122页图六五、第124页图六六。
④ 西藏自治区文物管理委员会、四川大学历史系：《昌都卡若》，北京：文物出版社，1985年，彩版二、第108页图六一。
⑤ 西藏自治区文物管理委员会、四川大学历史系：《昌都卡若》，北京：文物出版社，1985年，图版六〇、第146页图七七。
⑥ 西藏自治区文物管理委员会、四川大学历史系：《昌都卡若》，北京：文物出版社，1985年，第1—200页。

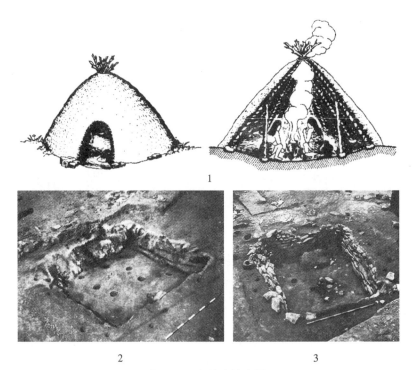

图 3-1 卡若遗址房屋
1. 复原房屋图；2. 早期房屋遗迹；3. 晚期房屋遗迹

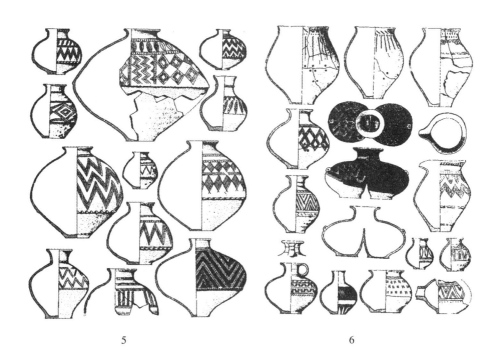

图 3-2 卡若遗址陶器
1. 小口平底鼓腹罐；2. 双体兽形罐；3. 陶罐、陶盆组合；
4. 陶盆；5. 陶罐及纹饰；6. 各型陶罐

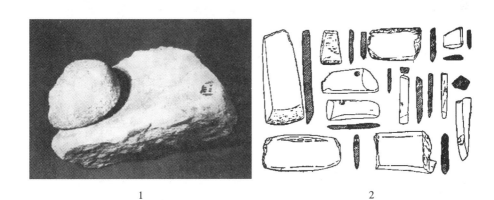

图 3-3 卡若遗址磨制石器
1. 磨制石器（石磨盘）；2. 磨制石器（石斧、石刀、石凿）

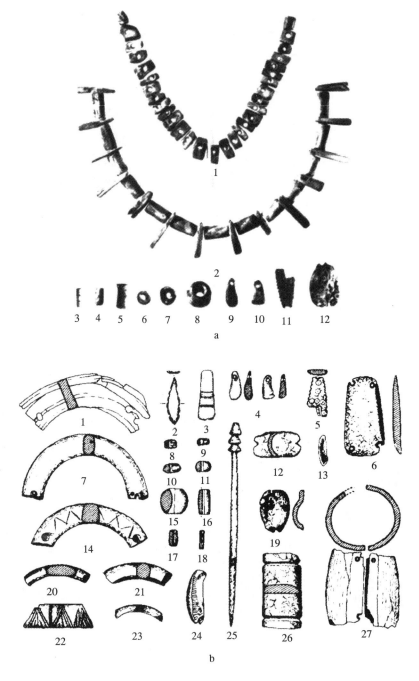

图 3-4 卡若遗址装饰品
a. 各类项链饰品；b. 骨笄等饰品

②小恩达遗址

小恩达遗址位于昌都市昌都县（今卡若区）北小恩达小学一带的第一、二级台地上。1986年夏，西藏自治区文物普查队发现该遗址，并试掘了小恩达遗址。发现较完整的方形房屋3座，椭圆形、袋状窖穴5处，灰坑1处，出土打制石器、细石器、磨制石器、骨器和陶片等。①

出土的石器，以打制石器为主，细石器、磨制石器次之。陶器不见圜底器，多为罐、盆等。从出土物来看，小恩达遗址的文化特征与卡若遗址近似，属卡若文化。小恩达遗址的年代经测定为距今3700年前左右，晚于卡若遗址。

2005年前后，小恩达遗址再次发掘。但资料未正式公布。

（2）察雅县1处

江钦遗址

江钦遗址位于察雅县烟多镇江钦村，今察雅县武装部中队院内，为西藏自治区级重点文物保护单位。遗址面积约7000平方米，文化层厚0.2—0.3米。采集有陶片、打制石器及动物骨块等。陶器以夹砂灰黄陶为主，可辨器形有罐、盆等，不见圜底器、三足器。采集的打制石器有石片切割器、砾石砍斫器、敲砸器等。②

一般认为江钦遗址与卡若文化关系密切，可能属卡若文化，但具体年代不详。

2. 林芝市17处

包括遗址5处，磨制石器采集点12处。

（1）波密县1处

拉颇遗址

拉颇遗址的详细资料未见正式公布，据西藏文物保护研究所副所长夏格旺堆研究员非正式披露，其文化面貌与卡若文化有联系，但也有区别，年代在距今5000年左右。

---

① 西藏文物管理委员会文物普查队：《西藏小恩达新石器时代遗址试掘简报》，《考古与文物》1990年第1期。

② 国家文物局：《中国文物地图集·西藏自治区分册》，北京：文物出版社，2010年，第262页。

（2）林芝县4处

包括云星遗址、居木遗址、都普遗址、加拉马遗址4处，均未正式发掘。

20世纪70年代中期，中央民族学院（现中央民族大学）王恒杰等首先发现，并撰写了调查报告。《西藏自治区志·文物志》《中国文物地图集·西藏自治区分册》等都收录有相关资料。

①云星遗址

云星遗址位于林芝市林芝县林芝镇云星村，尼洋河河阶台地。在施工留下的大沟中，散布有大量的陶器碎片、人头骨残片，还采集石凿1件。

根据沟壁断面观察，在北壁东部距地表深约1米，有一炭灰堆积层，未见任何遗物。在北壁西部距地表深1.1米左右，为一灰土层，宽约1.1米、厚0.2米，含有大量陶片以及经火烧过的动物残骨、石块和炭屑等。采集石器6件，包括盘状器、石凿、穿孔石器、疑似网坠。采集的陶器有泥质和夹砂两类，器形有碗、钵、罐、瓮、盖、盘，磨光黑陶较为典型。①

②居木遗址

居木遗址位于林芝县布久乡居木一、二村的林后山坡上，地处尼洋河西岸。据居木二队村后沟壁断面观察，距地表深0.9—1.5米处有文化层，采集到陶器残片和残石器等。采集的石器共有8件，其中可辨器形5件，敲砸器有2件，石刀2件，小凿1件。陶器主要为夹砂褐陶，夹砂红陶较少。多为手制，可辨器形有罐、瓮、盖、盘和器耳等。②陶器面貌与云星遗址近似。

③都普遗址

都普遗址位于林芝县八一镇都普村南150米，原林芝印刷厂内。1988年试掘25平方米，自上而下分为耕土层、灰土层（含陶片、灰烬等）、砂土层（黄褐色、无文化遗物）等。出土有磨制石锛，泥质黑陶、夹砂红陶，器形多

---

① 新安：《西藏墨脱县马尼翁发现磨制石》，《考古》1975年第5期；尚坚等：《西藏墨脱县又发现一批新石器时代遗物》，《考古》1978年第2期；王恒杰：《西藏自治区林芝县发现的新石器时代遗址》，《考古》1975年第5期。

② 国家文物局：《中国文物地图集·西藏自治区分册》，北京：文物出版社，2010年，第270页。

不可辨。①

④加拉马遗址

加拉马遗址位于林芝县林芝镇加拉马二村，地处尼洋河东岸。采集夹砂褐陶若干，可辨器形有罐、瓮等，纹饰有压印绳纹和锯齿纹。还采集打制石器1件。②

（3）墨脱县12处

墨脱县12处均为石器采集点，且石器均为磨制石器（图3-5）。

①墨脱村石器地点

墨脱村石器地点位于墨脱县墨脱乡墨脱村，地处雅鲁藏布江东南岸的河谷台地。面积约50万平方米。采集有若干陶器、磨制石器。采集磨制石器9件，其中石锛6件、石斧1件、石凿1件等。陶器以夹砂红陶和夹砂灰陶为主，饰绳纹、划纹等。③未正式发掘，无测年数据，推测为新石器时代。④

1　　　　　　　　　　　2

图3-5　墨脱县采集的磨制石器（照片由张建林提供）
1. 墨脱采集的各类磨制石器；2. 石斧、石凿

①②③ 国家文物局：《中国文物地图集·西藏自治区分册》，北京：文物出版社，2010年，第270页。

④ 国家文物局：《中国文物地图集·西藏自治区分册》，北京：文物出版社，2010年，第276页。

②卡布村石器地点

卡布村石器地点位于墨脱县达木乡卡布村，地处雅鲁藏布江东岸河谷台地。仅采集磨制石纺轮1件。①磨制石纺轮在墨脱县较为少见。未正式发掘，无测年数据，推测为新石器时代。

③背崩村石器地点

背崩村石器地点位于墨脱县背崩乡背崩村，地处雅鲁藏布江南岸台地。仅采集磨制石斧2件。②未正式发掘，无测年数据，推测为新石器时代。

④格林村石器地点

格林村石器地点位于墨脱县背崩乡格林村，地处雅鲁藏布江流域。仅采集石斧1件。③未正式发掘，无测年数据，推测为新石器时代。

⑤地东村石器地点

地东村石器地点位于墨脱县地东乡地东村，地处雅鲁藏布江北岸台地。仅采集石斧1件。未正式发掘，无测年数据，推测为新石器时代。

⑥西让村石器地点

西让村石器地点位于墨脱县地东乡西让村，地处雅鲁藏布江河岸台地上。仅采集石斧、石凿各1件。④未正式发掘，无测年数据，推测为新石器时代。

⑦亚东村石器地点

亚东村石器地点位于林芝市墨脱县亚东二村，今县医院东南。仅采集石斧1件，有明显的使用痕迹。⑤未正式发掘，无测年数据，推测为新石器时代。

⑧马迪村石器地点

马迪村石器地点位于墨脱县墨脱乡马迪村北，地处雅鲁藏布江西岸台地。仅采集石器3件，其中石斧1件、石锛2件。⑥未正式发掘，无测年数据，推测为新石器时代。

⑨达木村石器地点

达木村石器地点位于墨脱县达木乡达木村。采集石器12件，器形包括石斧

---

①②③④⑤⑥ 国家文物局：《中国文物地图集·西藏自治区分册》，北京：文物出版社，2010年，第276页。

和石锛,其中 1 件石锛为复合工具,反映石器制作水平较为先进。①未正式发掘,无测年数据,推测为新石器时代。

⑩格当村石器地点

格当村石器地点位于墨脱县格当乡政府所在地。采集梯形石斧 2 件。②未正式发掘,无测年数据,推测为新石器时代。

⑪上布龙村石器地点

上布龙村石器地点位于墨脱县格当乡上布龙村。采集石锛 1 件。③未正式发掘,无测年数据,推测为新石器时代。

⑫马尼翁石器地点

马尼翁石器地点位于墨脱县背崩乡马尼翁村。采集石锛 1 件。④未正式发掘,无测年数据,推测为新石器时代。

3. 山南市 5 处

包括遗址 4 处,石器采集点 1 处。

(1)贡嘎县 2 处

①昌果沟遗址

昌果沟遗址位于贡嘎县昌果乡政府所在地的昌果沟内,地处雅鲁藏布江北岸台地。遗址面积约 10 万余平方米,文化层厚约 0.3 米。昌果沟遗址是拉萨河流域第一个有地层的大型新石器时代遗址。遗址采集有打制石器、细石器、磨制石器和陶器。打制石器占绝大多数。磨制石器极少,可辨器形主要有斧、穿孔石球、研盆、石杵、磨棒等。陶器以夹砂灰黄陶和泥质灰黄陶为主,并有少量磨光泥质黑陶。器物类型主要有罐、盆、碗、豆等,陶器圈足和扳耳发达,不见平底器。陶器纹饰十分丰富,主要有细绳纹、弦纹、短直线纹、短斜线纹、折曲纹和锥点纹、堆塑纹,并将上述诸种纹饰通过多种组合形成十分烦琐的纹饰。饰纹方

---

①②③④ 国家文物局:《中国文物地图集·西藏自治区分册》,北京:文物出版社,2010 年,第 276 页。

法主要有压印、刻划和堆塑几种方法。①

遗址未正式发掘，一般认为昌果沟遗址属于曲贡文化，推测其年代为距今4000—3600年前左右。2018年，新发现有火塘遗迹，丰富了昌果沟遗址的遗存类型，为测年提供了重要标本。

②昌果沟多吉扎石器地点

多吉扎石器地点位于贡嘎县昌果乡昌果沟临雅鲁藏布江的沟口，距昌果沟新石器时代遗址2.5公里。多吉扎石器地点未发现文化堆积层，采集的石器标本主要为打制石器、石片石器和细石器，无磨制石器和陶器。石器没有磨蚀痕迹，是一处石器的原生地。采集的打制石器类型主要有砍器、敲砸器、刮削器。细石器有典型的扁体楔形细石核、长条三棱形细石叶和拇指盖状刮削器。多吉扎石器地点距昌果沟新石器时代遗址不远，石器的类型和制作加工方法均十分相似，推测多吉扎石器地点可能是昌果沟新石器时代遗址的一处石器制作场，或为昌果沟遗址不同的临时营地。②

（2）琼结县1处

邦嘎遗址

位于山南琼结县，是一处重要的遗址（图3-6）。现存遗址面积3000平方米，2000年9月至10月由中国社会科学院考古研究所、西藏自治区博物馆等组成的联合考古队对该遗址进行了考古发掘。出土陶器残片99件、石器186件，

---

① 中国社会科学院考古研究所西藏工作队、西藏自治区文物管理委员会：《西藏贡嘎县昌果沟新石器时代遗址》，《考古》1999年第4期；另参见傅大雄：《西藏昌果沟遗址新石器时代农作物遗存的发现、鉴定与研究》，《考古》2001年第3期；霍巍：《西藏史前农业的历史见证——山南昌果沟遗址踏查记》，《中国西藏》2010年第6期；张亚生等：《西藏高原地区麦作农业起源几个问题的探讨》，《西藏农业科技》1999年第4期；夏格旺堆：《初论西藏史前农业的几个问题——兼与张亚生先生商榷》，《西藏研究》2001年第3期。

② 《西藏自治区志·文物志》编纂委员会：《西藏自治区志·文物志》，北京：中国藏学出版社，2012年，第126页。

还有建筑、灰坑、石框等遗迹。出土了青稞。① 2015 年以来，四川大学考古学系与西藏自治区文物保护研究所对邦嘎遗址进行发掘，发现有房屋、陶器（图 3-7、图 3-8②）。主体年代处于距今 2600—2500 年前，上限达距今 3000 年前，可能是一处季节性游牧聚落。③

图 3-6　邦嘎遗址发掘现场（余小洪　摄）

---

① 《西藏自治区·文物志》编纂委员会：《西藏自治区志·文物志》，北京：中国藏学出版社，2012 年；另参见夏格旺堆：《邦嘎新石器时代遗址的考察及考古发掘》，《中国西藏》2001 年第 4 期；李林辉：《山南邦嘎新石器时代遗址考古新发现与初步认识》，《西藏大学学报》（社会科学版），2001 年第 4 期。
②③ 西藏自治区文物保护研究所、四川大学考古学系等：《西藏琼结县邦嘎遗址 2015 年的发掘》，《考古》2020 年第 1 期。

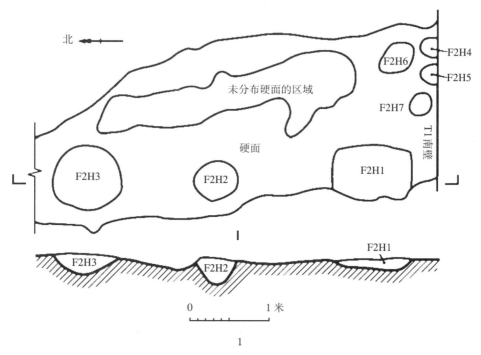

图3-7 邦嘎遗址房屋遗迹
1. 房屋基址示意图；2. 房屋基址照片

第三章 中华文化视域下的西藏新石器文化

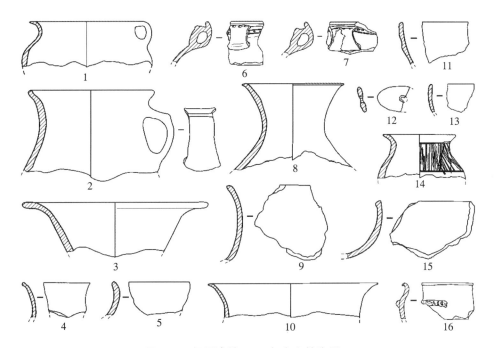

图 3-8 邦嘎遗址 2015 年出土的陶器
1—2、6—7. 带耳罐；3—5、8—11、13—16. 罐；12. 吊坠

（3）桑日县 1 处

程巴遗址

程巴遗址位于桑日县绒乡程巴村东南，地处雅鲁藏布江南岸二级阶地。遗址面积约 5 万平方米。采集斧、锛等磨制石器和 30 余片夹粗砂红褐色圜底陶器的残片等遗物。①采集的圜底陶器，与曲贡文化同类陶器近似，程巴遗址可能与曲贡文化关系密切。遗址未正式发掘，无测年数据，推测为新石器时代。

（4）乃东县 1 处

钦巴遗址

钦巴遗址位于乃东县结巴乡钦巴村北 100 米，地处雅鲁藏布江北岸温曲河河谷。遗址面积约 1800 平方米，断崖处可见灰土状文化层，地面采集磨制石锛 2

---

① 国家文物局：《中国文物地图集·西藏自治区分册》，北京：文物出版社，2010 年，第 292 页。

103

件。①遗址未正式发掘,无测年数据,推测为新石器时代。

4. 拉萨市 17 处

包括遗址 5 处,石器采集点 12 处。

(1)拉萨市 1 处

曲贡遗址

曲贡遗址位于拉萨市北郊娘热乡,主要分布在今曲贡村和西藏军区总医院北面的山坡下端,遗址总面积近 5000 平方米。②

通过发掘揭露出的遗迹有灰坑、窖穴、晚期石棺墓等,出土的遗物包括打制石器、磨制石器、骨器和大量陶片。石器中打制石器占绝大多数,灰色角岩。加工较粗、器形较规整,多为石片石器,台面和打击点清晰完好。往往不经二次加工而直接使用,一般都在局部需要的部位采用交互打击法修整刃部。打制石器种类较多,有双肩石铲、长刮器、双边刮器、三边刮器、弧刃刮器、尖状刮器、盘状敲砸器、柱状敲砸器、球状敲砸器、两侧打缺口的网坠等。磨制石器发现很少,完整的器物只有 1 件磨制玉锛,玉锛质地为墨绿色粗玉,通体光洁,刃部锐利,有使用痕迹,此外还有 1 种石磨盘(图 3-9、图 3-10③)。石器中以双肩石铲、柱状敲砸器、石磨盘为典型器物。④

遗址出土的陶片基本为手制,个别加慢轮修整,泥质陶、夹砂陶各占一半,火候一般较高。陶胎细密、坚实,灰褐为主;其次为磨光的黑、褐和红褐色陶。

---

① 国家文物局:《中国文物地图集·西藏自治区分册》,北京:文物出版社,2010 年,第 225 页。

②《西藏自治区志·文物志》编纂委员会:《西藏自治区志·文物志》,北京:中国藏学出版社,2012 年,第 141—142 页;另参见中国社会科学院考古研究所、西藏自治区文物局:《拉萨曲贡》,北京:中国大百科出版社,1999 年;马昇等:《西藏拉萨市曲贡村新石器时代遗址第一次发掘简报》,《考古》1991 年第 10 期;王仁湘:《拉萨曲贡遗址出土早期青铜器》,《中国文物报》1992 年 1 月 26 日第 1 版;王仁湘:《曲贡文化石器涂红现象》,《文物天地》1993 年第 6 期。

③ 中国社会科学院考古研究所、西藏自治区文物局:《拉萨曲贡》,北京:中国大百科出版社,1999 年,第 117、119 页。

④ 西藏文物管理委员会文物普查队:《拉萨曲贡村遗址调查试掘简报》,《文物》1985 年第 9 期。

第三章　中华文化视域下的西藏新石器文化

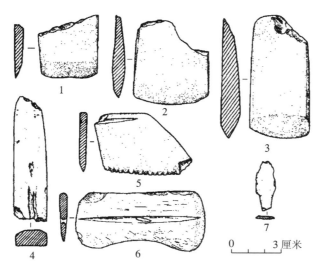

图 3-9　曲贡遗址磨制玉、石器

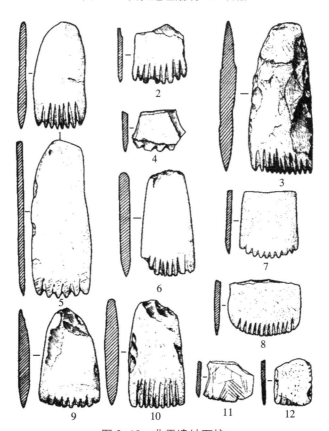

图 3-10　曲贡遗址石梳

105

泥质磨光黑陶器物是陶器中的精品,也最具特色,其器形较小,器壁薄、器表黑亮如釉。陶器饰纹较为丰富,以刻划纹为主,刻划有重菱纹、直线波折纹、直线几何纹、直线交错纹、蛇纹等。器表磨光后,多施于器腹,也有少数领、耳部饰刻划纹;锥刺点纹、锯齿纹、弦纹、附加堆纹,三角形假镂孔等也是常见的纹饰。器形以罐为主,器物组合还包括钵、豆等(图 3-11、图 3-12①)。器物多为圜底和圈足,不见平底和三足器,器耳较发达。②

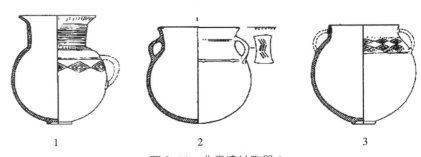

图 3-11　曲贡遗址陶器 1
1. 带耳壶;2. 圜底带耳罐;3. 平底带耳罐

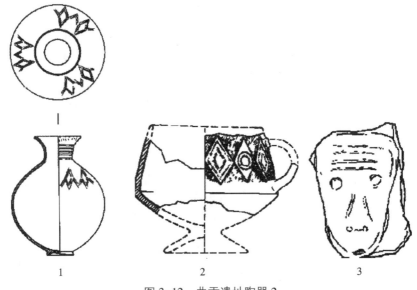

图 3-12　曲贡遗址陶器 2
1. 陶壶;2. 单耳杯;3. 猴面塑

---

① 西藏自治区文物局:《拉萨曲贡》,北京:中国大百科出版社,1999 年,第 157、161 页。
② 王仁湘:《拉萨曲贡:雪域远古的辉煌》,《中国西藏》2001 年第 3 期。

遗址出土骨器共有 15 件，有针、锥、匕、镞、刮削器等种类。但多数骨器系利用破裂骨片（条），根据需要，在局部磨出尖或刃，骨料的剖裂采用磨切工艺，在一件半成品上保留有磨切的痕迹。骨器中以出土的骨针最为精美，其形状与现代金属针基本一致，通体光洁，针尖锐利，针孔为里外等径的直孔。长 7.5 厘米、直径 0.25 厘米、针孔直径 0.12 厘米。①

曲贡遗址新石器时代遗存具有明显的特点，而与昌都卡若文化有较大的差异，可以基本确定为西藏新石器时代晚期的一种独特文化类型。②

（2）达孜县 5 处

达孜县 5 处均为石器采集点。

①城南石器地点

城南石器地点位于达孜县城南约 500 米沟口洪积扇上。共采集石器 26 件，以砾石石器为主，器形以砍砸器为主，少见尖状器，石片石器较少。推测为新石器时代。③

②邦乌村石器地点

邦乌村石器地点位于达孜县德庆乡邦乌村邦乌日山山麓坡地上。采集石制品标本 13 件，其中石片石器 4 件，砾石石器 4 件。值得注意的是，还采集石斧标本 1 件，稍经磨制而成。推测为新石器时代。④

③宁康村石器地点

宁康村石器地点位于达孜县德庆乡宁康村前冲积扇上。采集到砍砸器和半成品石制品各 1 件。推测为新石器时代。

④曲龙沟石器地点

曲龙沟石器地点位于达孜县桑珠林乡曲龙村西山前台地。采集石器标本 6 件，石片石器 2 件，盘状器 4 件。石片石器均为刮削器，盘状器在西藏其他石器

---

① 王仁湘：《拉萨河谷的新石器时代居民——曲贡遗址发掘记》，《西藏研究》1990 年第 4 期。
② 陈祖军：《略论曲贡文化的分期》，《四川文物》2012 年第 5 期。
③④《西藏自治区志·文物志》编纂委员会：《西藏自治区志·文物志》，北京：中国藏学出版社，2012 年，第 141 页。

地点中发现较少,具有典型性。推测为新石器时代。

⑤朱西沟石器地点

朱西沟石器地点位于达孜县塔吉乡朱西沟沟口冲积扇。采集砍砸器2件。为旧石器时代晚期至新石器时代早期遗存。

(3)当雄县6处

包括遗址1处,石器采集点5处。石器采集点简要介绍4处。

①加日塘遗址

遗址的年代为距今3200—2900年前。加日塘遗址是2003年青藏铁路西藏段考古调查时首次发现,并于2003—2004年间对遗址进行了3次发掘,共揭露遗址面积2902平方米,采集和出土遗物近2800件。其中石制品占绝大多数,陶片及其他遗物较少;发现并清理火塘遗迹、灰坑遗迹各1处。①

②格达乡石器地点

格达石器地点位于当雄县格达乡乡政府东约500米罗浪曲河支流阶地上。采集打制石器标本1件。推测为新石器时代。②

③吐追纳卡石器地点

吐追纳卡石器地点位于当雄县宁中乡六村南侧雄曲河西岸二级阶地前缘。采集有石制品125件、陶片5片。石制品包括石叶残段4件、石片24件、工具4件、断片及石料93件,石片工具中2件为"指甲盖"刮器、2件为尖状器。陶器陶为夹细砂红陶,其中一片压印细绳纹,余皆为素面,器形不辨。推测为新石器时代。③

④俄布石器地点

俄布石器地点位于当雄县宁中乡六村南1公里雄曲河西岸二级阶地前缘。采

---

① 国家文物局:《中国文物地图集·西藏自治区分册》,北京:文物出版社,2010年,第225页。
②《西藏自治区志·文物志》编纂委员会:《西藏自治区志文物志》,北京:中国藏学出版社,2012年,第142页。
③ 国家文物局:《中国文物地图集·西藏自治区分册》,北京:文物出版社,2010年,第225页。

集有石制品 15 件、陶片 6 片。石制品有石核 2 件、石片 3 件、断片及石料 10 件。陶片皆为夹细砂红褐陶，火候较高，器形不辨。①推测为新石器时代。

⑤龙仁石器地点

龙仁石器地点位于当雄县龙仁乡六村西南当雄盆地东缘的宽谷缓坡。采集石片石器 2 件，夹砂红陶片 4 片。石器分别为长尖尖状器、长刮器。陶器皆为夹粗砂红陶、素面，器形不辨。推测为新石器时代。

（4）曲水县 1 处

曲水县 1 处为石器采集点。

协荣村石器地点

协荣村石器地点位于曲水县才纳乡协荣五村北约 3 公里拉萨河东岸二级阶地上。采集石片石器 10 余件，以利削器和切割器为主。②推测为新石器时代。

石器采集点附近还有墓群，但墓葬年代不详。

（5）堆龙德庆县 4 处

包括遗址 3 处，石器采集点 1 处。

①达龙查遗址

达龙查遗址位于堆龙德庆县乃琼镇大龙札村，西藏自治区文物管理委员会文物普查队于 1990 年调查时发现。达龙查遗址面积约 5000 平方米，文化层厚约 50 厘米，采集有石锛、石臼、石球和陶片等。陶器的陶色多为红色、黑色，陶质为夹细砂陶，器表多磨光，还有少量泥质陶。陶器器表多装饰附加堆纹，陶器器形有罐、盆、钵等，制作工艺多为泥条盘筑达。③龙查遗址采集的陶器、石器特征与曲贡文化同类器物近似。

未经正式发掘。根据曲贡文化的年代，推测为距今 3500 年前左右。

---

① 国家文物局：《中国文物地图集·西藏自治区分册》，北京：文物出版社，2010 年，第 225 页。
② 《西藏自治区志·文物志》编纂委员会：《西藏自治区志文物志》，北京：中国藏学出版社，2012 年，第 134 页。
③ 国家文物局：《中国文物地图集·西藏自治区分册》，北京：文物出版社，2010 年，第 230 页。

②嘎冲遗址

嘎冲遗址位于堆龙德庆县古荣乡嘎冲村，西藏自治区博物馆考古队于2004年、2005年两次在遗址现场采集到夹砂红陶、黑皮陶、红褐陶、灰陶陶片，以及砾石砍砸器，炼渣、陶质鼓风管等遗物。①遗憾的是，遗址未正式发掘。一般认为，嘎冲遗址采集的陶器与曲贡文化陶器相似。经李映福、哈比布研究认为嘎冲遗址采集的"炼渣"为青铜炼渣，与西藏高原冶金技术的起源与传播关系密切。②

未经正式发掘。根据曲贡文化的年代，推测为距今3500年前左右。

③昌东遗址

昌东遗址位于堆龙德庆县羊达乡昌东村附近一处采砂点。2007年，西藏大学有关单位首先发现，随后西藏文物保护研究所、拉萨市文物局随即派员正式调查。该遗址文化堆积层距地表深3.7米，文化堆积厚约15—30厘米，出土有动物骨骼、陶片，以及未经二次加工的石器等。遗址附近有地下泉水，适宜居住。③遗址未正式发掘。从采集的陶器来看，与曲贡文化同类器近似。

未经正式发掘。根据曲贡文化的年代，推测为距今3500年前左右。

④拉觉石器地点

拉觉石器地点位于堆龙德庆县柳梧乡政府驻地西2.5公里，地处拉萨河南岸河谷地带。采集有石器、陶片等。采集石制品共31件，其中石核6件、石片9件、工具8件、断片及石料8件，器形可辨的石器砾石石斧1件、石饼2件、切割器3件、砍砸器2件（图3-13）。陶器绝大多数为夹砂红陶，仅1件为泥质陶，素面无纹；仅乳钉状器盖盖纽1件可辨器形。④拉觉地点采集有21片陶器，说明这一石器采集点，可能为一处遗址。

---

① 更堆：《西藏堆龙嘎冲村调查发现一处古遗址》，《中国文物报》2004年4月28日第8版。中国文物报社编：《2004年100个重要考古新发现》，北京：学苑出版社，2006年，第259页。
② 李映福、哈比布：《西藏堆龙德庆县嘎冲村遗址冶炼遗物的发现与初步研究》，《藏学学刊》第10辑，2014年。
③ 佚名：《西藏堆龙德庆县昌东村发现一处史前遗址》，《西藏研究》2007年第4期。
④ 国家文物局：《中国文物地图集·西藏自治区分册》，北京：文物出版社，2010年，第230页。

第三章　中华文化视域下的西藏新石器文化

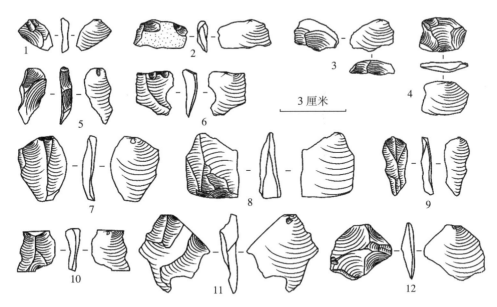

图 3-13　拉觉地点采集的细石器（杨焱绘）
1—8、10—12. 石片；9. 石核

5. 日喀则市 24 处

包括遗址 1 处，石器采集点 23 处。

（1）拉孜县 1 处

廓雄遗址

廓雄遗址位于曲玛乡昌庆村至藏村的公路北侧一处南北走向冲积扇的前缘。2013 年 9 月，西藏文物保护研究所偶然发现该遗址。根据断面推测，遗址分布面积约为 4000 平方米。西藏文物保护研究所专业人员对其中 1 座灰坑做了初步勘测，该灰坑堆积物厚达 1.2 米、最宽处达 1.1 米，可分 5 个层位的堆积，不同层位的土质、土色及包含物均有所不同，有些层位堆积中包含有灰陶残片、动物骨骸残块等。在该遗址地面采集 20 余件陶片。陶片以褐陶为主，多数为细砂陶，部分器物表面有磨光与烟熏痕迹。经检测，该遗址发现有青稞种子，经鉴定遗址的年代为距今 3200 年前。这是雅鲁藏布江中上游流域发现、科学测年的第一座

111

新石器时代晚期的遗址。①

（2）南木林县1处

囊孜石器地点

囊孜石器地点位于日喀则市南木林县孜东乡西南9公里的囊孜山南麓冲积扇上。仅采集到石斧1件，为黑灰色硅质岩，系石核石器。②推测为新石器时代。

（3）昂仁县8处

昂仁县8处均为石器采集点。

①桑桑乡145公桩细石器地点A点

桑桑乡145公桩细石器地点A点位于昂仁县拉（孜）普（兰）公路145公里附近多雄藏布河河岸一级台地。1990年7月，由西藏自治区文管会文物普查队调查发现。采集细石器标本共239件，包括石片、石核（图3-14）、长石叶，有二步加工痕迹或使用痕迹的细小石器。根据石片形态分析，该地点石器存在两种打片方法，一是直接锤击法，二是间接压剥法。石核分别为扁锥状、不规则的块状石核。石叶均系压剥法。细小石器有58件，器形有刮削器和雕刻器两种，刮削器可分三类：凸刃刮削器、凹刃刮削器、端刮器。

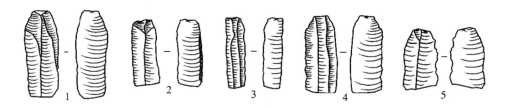

图3-14 桑桑乡采集的细石器（杨焱绘）
1—5. 石核

---

① 夏格旺堆：《西藏拉孜县发现新石器时代晚期遗址》，《西藏大学学报》2014年第2期。
② 《西藏自治区志·文物志》编纂委员会：《西藏自治区志·文物志》，北京：中国藏学出版社，2012年，第143—144页。

该地点标本的打片方法较为特别,既有典型的细石核和石叶,又存在着形体相对较大的细小石器①。

②桑桑乡 145 公桩细石器地点 B 点

桑桑乡 145 公桩细石器 B 点位于昂仁县桑桑乡 145 公桩细石器 A 点以东约 1.5 公里的公路南侧。采集砾石石器 23 件,有刮削器和雕刻器两种,其中刮削器 14 件、雕刻器 4 件。刮削器按形状和刃缘部位的不同可分为 5 种类型。雕刻器可分为两种类型:正尖雕刻器、角尖雕刻器。②

145 公桩细石器地点的 A、B 两点在文化性质上有着密切的联系。

③索布亚拉细石器地点

索布亚拉细石器地点位于昂仁县切热乡索布亚拉山口之东麓。1990 年 8 月,由西藏自治区文管会文物普查队调查发现。采集标本 71 件,包括石核、石片及石器。石核按其形态可分三类:龟背状石核、半锥状石核、板块状石核。石片均用间接法加工,多数均有二步加工痕迹或直接使用痕迹,器形均为刮削器,可分为 5 种类型:四边形复刃刮削器、扇形刮削器、长条形边刮器、三角形边刮器、不规则形刮削器。该地点石器形制大小差异悬殊。③

④阿日细石器地点

阿日细石器地点位于昂仁县拉普公路 114 公里附近多雄藏布南岸一级阶地。1990 年 8 月,由西藏自治区文管会文物普查队调查发现。采集标本 35 件,包括石叶、石片及石器。石叶共有 8 件,均系间接压剥法产生的长条形石叶。石片石器大多数为未经二步加工使用的石片,多为刮削器,可分为 4 种类型:三角形边

---

① 《西藏自治区志·文物志》编纂委员会:《西藏自治区志·文物志》,北京:中国藏学出版社,2012 年,第 143—145 页。

② 《西藏自治区志·文物志》编纂委员会:《西藏自治区志·文物志》,北京:中国藏学出版社,2012 年,第 145—147 页。

③ 《西藏自治区志·文物志》编纂委员会:《西藏自治区志·文物志》,北京:中国藏学出版社,2012 年,第 147—148 页。

刮器、双刃侧刮器、单刃侧刮器、四边形复刃刮削器。①

⑤扎西岗细石器地点

扎西岗细石器地点位于昂仁县雅鲁藏布江南岸日吾其村铁索桥西的二级阶地上，东距日吾其村约 1000 米。1990 年 7 月，由西藏自治区文管会文物普查队调查发现。采集标本 13 件，包括石核、石器及半成品（含废料），多数标本有冲磨痕迹。②

⑥隆干岗多细石器地点

隆干岗多细石器地点位于昂仁县昂仁金错东岸县城油库西侧。1990 年 7 月，由西藏自治区文管会文物普查队调查发现。采集标本 42 件，包括石核、石片、石器及有工人打制痕迹的废料。石核形状不甚规整，可分为 4 类：半柱状石核、短柱状石核、柱状石核、龟背状石核。石片石器主要包括刮削器和雕刻器两类，其中以刮削器为多数，按其形状可分为 4 类：三角形刮削器、舌形刮削器、端刮器、小石片刮削器。雕刻器依其形态可分为以下两类：心形雕刻器、棱状雕刻器。隆干岗多细石器地点最为显著的特点是刃部较钝厚，少见锋锐的边刃。标本无水流冲磨搬运痕迹，应为原生地点。③

⑦亚木细石器地点

亚木细石器地点位于昂仁县亚木乡政府所在地附近的梅曲河河岸二级阶地上。1990 年 9 月，由西藏自治区文管会文物普查队调查采集。采集细石器标本仅 1 件，为一石核刮削器。④

---

① 《西藏自治区志·文物志》编纂委员会：《西藏自治区志·文物志》，北京：中国藏学出版社，2012 年，第 148—149 页。
② 《西藏自治区志·文物志》编纂委员会：《西藏自治区志·文物志》，北京：中国藏学出版社，2012 年，第 149—150 页。
③ 《西藏自治区志·文物志》编纂委员会：《西藏自治区志·文物志》，北京：中国藏学出版社，2012 年，第 150 页。
④ 《西藏自治区志·文物志》编纂委员会：《西藏自治区志·文物志》，北京：中国藏学出版社，2012 年，第 151 页。

⑧朗错北岸细石器地点

朗错北岸细石器地点位于日喀则市昂仁县朗错北岸湖滨阶地。1990年8月，由西藏自治区文管会文物普查队调查发现。采集标本4件，种类包括石核2件、石片石器2件。①

（4）吉隆县3处

吉隆县3处均为石器采集点。

①错戳龙湖石器地点

错戳龙湖石器地点位于吉隆县折巴乡贡当村错戳龙湖西北岸高阶地。仅采集细石器1件。

②勒勒石器地点

勒勒石器地点位于吉隆县折巴乡勒勒沟口古湖盆盆缘地带。采集石器标本120件，种类有石核、石片、石叶、工具等。石核有块状、锥状、柱状之分，石片皆为直接法产生，石叶仅1件系间接法剥制；工具有石片刮削器、尖状器、雕刻器及石核刮器等类。②具有较原始的细石器技术特征。

③罗垄沟石器地点

罗垄沟石器地点位于吉隆县折巴乡勒勒沟口西1公里罗垄沟沟口冲积扇。采集石制品83件，种类有石核、石叶、石片、工具等。石核有锥状、半锥状、块状之分，石叶为断面呈三角形的长条形，石片均为小石片，工具以石片刮削器、切割器等类为主。③具有较成熟的细石器技术特征。

（5）萨嘎县11处

萨嘎县11处均为石器采集点。

①帕萨珠石器地点

帕萨珠石器地点位于萨嘎县如角乡驻地南如角藏布河右岸一级台地。采集石

---

① 《西藏自治区志·文物志》编纂委员会：《西藏自治区志·文物志》，北京：中国藏学出版社，2012年，第136页。

②③ 国家文物局：《中国文物地图集·西藏自治区分册》，北京：文物出版社，2010年，第344页。

制品 20 余件，种类有扁锥状细石核、刮削器、"指甲盖"形刮器、石片等。属典型细石器技术产品。①

②仲珠谷石器地点

仲珠谷石器地点位于萨嘎县拉藏乡驻地东门曲河东岸冲积扇。采集石制品 10 件，种类有石片切制器、刮削器等。属小石片石器传统。②

③加乌拉石器地点

加乌拉石器地点位于萨嘎县加加镇北 4 公里加乌拉山口北麓。采集石制品 15 件，种类有扁体细石核、细石叶、边刮器等。属细石器技术产品。③

④路马孔石器地点

路马孔石器地点位于萨嘎县加加镇甲村东雅鲁藏布江北岸冲积扇。采集石制品 13 件，种类有扁体细石核、小石片刮削器、刻器等。④

⑤莫个那弄石器地点

莫个那弄石器地点位于萨嘎县雄如乡驻地东加大藏布河南岸一级阶地。采集 20 余件石制品，种类有锥状、扁锥状的细石核、细石叶、石片、石片刮削器、圆形刮器等。石制品可分两类，一类为较典型的细石器标本，一类属小石片石器。⑤

⑥洛棍石器地点

洛棍石器地点位于萨嘎县旦嘎乡洛棍村西雅鲁藏布江北岸山前坡地。采集石制品 3 件，其中扁体石核 1 件、石片刮削器 1 件、石器残件 1 件。⑥

⑦旦嘎石器地点

旦嘎石器地点位于萨嘎县旦嘎乡旦嘎村西山前缓坡地带。采集石制品 2 件，1 件为"指甲盖"形石片刮器，1 件为石片刮削器。⑦

⑧然嘎达桑石器地点

然嘎达桑石器地点位于萨嘎县旦嘎乡达桑村西雅鲁藏布江北岸分水岭北坡山麓。采集石制品 3 件，其中锥状细石核 1 件、石片刻器 1 件、石片刮削器 1 件。⑧

---

①②③④⑤⑥⑦⑧ 国家文物局：《中国文物地图集·西藏自治区分册》，北京：文物出版社，2010 年，第 351 页。

⑨达吉岭石器地点

达吉岭石器地点位于萨嘎县达吉岭乡达吉岭寺南侧坡地。采集石制品 2 件，皆为石片修成的小刮削器。①

⑩萨嘎石器地点

萨嘎石器地点位于萨嘎县达吉岭乡萨嘎村西河流北岸一级阶地。采集石制品 2 件，1 件为扁体石核残件，1 件为细石叶。②

⑪加加石器地点

加加石器地点位于萨嘎县驻地加加镇原政府礼堂西侧台地。地面采集石制品 4 件，均为长条形石片修成的边刮器和刻器。③

6. 那曲市 50 处

包括遗址 4 处，石器采集点 46 处。

（1）那曲县 7 处

那曲县 7 处均为石器采集点。

①康次石器地点

康次石器地点位于那曲县那曲镇罗岗村南。采集细石核 2 件、石叶 1 件、石片工具 4 件，夹砂红陶片 5 片。细石核呈不规则块状，有单台面和双台面之分，石片工具为端刮器与边刮器各 2 件。陶片 5 件均为素面夹砂红陶，器形不辨。④

②罗玛石器地点

罗玛石器地点位于那曲县罗玛镇驻地西 600 米宽谷地带。采集石片工具 2 件、石片 2 件。石片工具皆为刮削器，有复刃和单刃之分，石片为条形石片残段，属小石型石片工具传统。⑤

③香茂石器地点

香茂石器地点位于那曲县香茂乡三村北侧母各曲河东岸一小土丘丘顶。采集

---

①②③ 国家文物局：《中国文物地图集·西藏自治区分册》，北京：文物出版社，2010 年，第 351 页。

④⑤ 国家文物局：《中国文物地图集·西藏自治区分册》，北京：文物出版社，2010 年，第 238 页。

石片工具 1 件、石叶 1 件、石片 3 件。工具为小石片修理的"指甲盖"形刮器，石片及石叶从修理台面技术和石叶特征分析，属细石器技术。另采集有夹细砂红皮陶片 1 件，器形不辨。①

④江格波纳石器地点

江格波纳石器地点位于那曲县古露镇五村南 1 公里桑曲河西岸一级阶地。采集细石核及半成品 3 件、石片 4 件、细石叶 2 件、石片工具 3 件，以及夹砂红、黄陶片 5 件。细石核及半成品有船底形、楔形、半锥形 3 种，石片工具以小型刮削器为多。②

⑤措则石器地点

措则石器地点位于那曲县那曲镇措扎七村村南山谷谷口台地。采集石核半成品 2 件、石片 12 件、工具 12 件。石核有楔形、漏斗形两种，小石片工具包括 10 件刮削器、2 件尖状器。③

⑥空地石器地点

空地石器地点位于那曲县香茂乡空地村西 300 米母各曲河东岸缓坡。采集石片 5 件、石片工具 2 件。石片多为长石片，小石片制成的工具为刮削器、刻划器各 1 件。④

⑦仲仲石器地点

仲仲石器地点位于那曲县香茂乡仲仲村东南 1 公里母各曲河东岸一级阶地。采集楔形细石核 1 件、细石叶 5 件、小石片 5 件、石片工具 3 件，陶片 15 片。陶片皆为夹砂红陶，刻饰有弦纹及三角折线纹。⑤

（2）安多县 13 处

包括遗址 1 处，石器采集点 12 处。

①错那湖东岸遗址

错那湖东岸遗址位于扎仁镇扎仁八村湖东岸一小高地。采集细石核及半成品 4 件、细石叶（及残段）22 件、石片 26 件、石片工具 27 件，制作石器时产生的

---

①②③④⑤ 国家文物局：《中国文物地图集·西藏自治区分册》，北京：文物出版社，2010 年，第 238 页。

断块废屑等近400件。细石核为扁锥形或楔形；石片以条形的长石片为主，工具分为两类："指甲盖"形小刮器、近长方形的直刃刮器、正尖刻划器等小石片工具，黑灰色角岩、细晶岩原料的厚体刮削器。两类工具特征区别明显，前者属典型细石器技术产品。①

②塘甘木石器地点

塘甘木石器地点位于安多县雁石坪镇塘甘木沟口布曲河西岸阶地。采集打制石器2件。②

③卡果沟北石器地点

卡果沟北石器地点位于安多县雁石坪镇北约5公里卡果沟北的布曲河西岸一级阶地前缘。采集石片5件、石片工具5件。石片工具以小型燧石石片修理的刮削器、切割器为主，另有大石片修理的砍砸器1件。③

④卡果沟石器地点

卡果沟石器地点位于安多县雁石坪镇卡果沟东口布曲河西岸一级阶地。采集石核及半成品6件、石片18件、石片工具8件。石核有扁楔形、船底形或半锥状几类，工具有"指甲盖"形刮器和刃缘较陡的边刮器两类。

⑤雁石坪石器地点

雁石坪石器地点位于安多县雁石坪镇北约1.5公里布曲河东岸一级阶地前缘。采集石片3件、石片刮削器4件。石片均为长石片，刮削器最大者略呈椭圆形。

⑥雁石坪南石器地点

雁石坪南石器地点位于安多县雁石坪镇南10公里布曲河西岸一级阶地前缘。采集细石核及半成品8件、石片6件、石叶残段1件、石片工具4件等。石制品主要是以楔形、扁锥形石核和石叶为代表的燧石质典型细石器。

---

① 国家文物局：《中国文物地图集·西藏自治区分册》，北京：文物出版社，2010年，第242—243页。
②③ 国家文物局：《中国文物地图集·西藏自治区分册》，北京：文物出版社，2010年，第242页。

⑦布曲河西岸石器地点

布曲河西岸石器地点位于安多县雁石坪镇南 14 公里布曲河西岸的浅阶地后缘。采集半锥状细石核 1 件、两端折断的石叶 1 件、条形小石片 1 件，属细石器技术产品。

⑧朱库玛石器地点

朱库玛石器地点位于安多县雁石坪镇温泉北 12 公里布曲河西岸一级阶地。在 500 平方米范围内采集细石核 1 件、石片 3 件、坯料等 3 件。石材皆为灰白色燧石，细石核略呈半锥状，台面经修理，核体高 25 毫米。①

⑨错那湖东南岸石器地点

错那湖东南岸石器地点位于安多县扎仁镇西 20 公里错那湖东南岸的坡地前缘。采集石制品 2 件、石片刮削器 1 件、长石片 1 件。②

⑩拨格弄石器地点

拨格弄石器地点位于安多县扎仁镇加傲村东南 2 公里那曲河东岸的宽谷缓坡。采集细石核半成品 2 件、石片 6 件，细石核半成品为扁体锥形和楔形，石片较小且以条形长石片居多，为较成熟的石叶技术产品。③

⑪加傲东石器地点

加傲东石器地点位于安多县扎仁镇加傲村东 1.5 公里那曲河东岸的低阶地前缘。采集石核 1 件、石片 12 件、石片工具 5 件。石核呈块状，工具以石片修成的刮削器为多，属小石片石器技术。④

⑫加傲石器地点

加傲石器地点位于安多县扎仁镇加傲村东侧那曲河东岸一级阶地。采集石核半成品 1 件、石片 5 件、石片工具 3 件。石材可分两类，一是黑色、黑灰色角岩与细晶岩；二是黄色、棕黄色燧石、水晶等。石核呈扁体块状；石片中两类石料各占一半；石片工具均为小型刮削器。⑤

---

① 国家文物局：《中国文物地图集·西藏自治区分册》，北京：文物出版社，2010 年，第 242 页。
②③④⑤ 国家文物局：《中国文物地图集·西藏自治区分册》，北京：文物出版社，2010 年，第 243 页。

⑬那曲河北岸石器地点

那曲河北岸石器地点位于安多县扎仁镇沃赤村西南那曲河西岸一级阶地。采集石核 1 件、石片 10 件、石片工具 1 件。石核呈扁柱状，工具为小石片刮削器。该地点有细石器技术，长石片—石叶技术突出。另采集有 1 片夹砂红陶陶片。①

（3）班戈县 3 处

包括遗址 1 处，石器采集点 2 处。

①布日那东遗址

布日那东遗址位于班戈县德庆镇四村乡驻地以北 2 公里的宽谷缓坡。遗址南北长约 200 米，东西宽约 100 米，面积约 2 万平方米。遗址采集有陶片、石器等遗物。陶片均为夹砂红陶，手制，部分陶片经磨光，饰有刻划的弦纹，可辨器形仅有罐一类。石器为石片刮削器和石核各 1 件。②

②纳木错湖西岸石器采集点

纳木错湖西岸石器采集点位于班戈县德庆镇东北湖滨平缓阶地。采集到石片 1 件、夹砂红陶片数件。石片为长条形，两侧缘有使用痕迹。③

③保荣石器采集点

保荣石器采集点位于班戈县德庆镇西北 400 米，地处宽谷的平缓谷坡，海拔 4470 米。采集石片刮削器 1 件，黑褐色硅质岩，长 42 毫米，宽 32 毫米，厚 12 毫米，单向修理出侧刃，可兼作切割之用。④

（4）尼玛县 4 处

包括遗址 1 处，石器采集点 3 处。

①巴尔斯遗址

巴尔斯遗址位于尼玛县卓尼乡驻地北 1 公里巴尔斯山南麓的山前台地，遗址面积约 300 平方米。采集小石片刮削器 5 件。遗址中部为南北向的长方形建筑遗迹，房屋建筑可能是晚期遗存。⑤

---

①②③④ 国家文物局：《中国文物地图集·西藏自治区分册》，北京：文物出版社，2010 年，第 243 页。

⑤ 国家文物局：《中国文物地图集·西藏自治区分册》，北京：文物出版社，2010 年，第 249 页。

②多格则石器地点

多格则石器地点位于尼玛县吉瓦乡驻地东南达热藏布河南岸二级阶地。采集到石核、石片和工具等石制品共 76 件。石核为船底形、扁锥形等，石片有长条形、长方形、三角形、扇形和梯形之分；工具有刮削器、端利器、尖状器和砍砸器之分。以小石片刮削器为多，亦存在典型的细石器技术。①

③玛尼石器地点

玛尼石器地点位于尼玛县荣玛乡驻地北约 160 公里山麓坡下的洼地。采集细石核 9 件、小石片 12 件、石片刮削器 12 件，属典型细石器技术产品。②

④色乌岗石器地点

色乌岗石器地点位于尼玛县荣玛乡驻地北约 90 公里山麓平缓的台形坡面。采集细石核 2 件、刮削器 1 件，属典型细石器技术产品。③

（5）双湖县 7 处

包括遗址 1 处，石器采集点 6 处，以下简要介绍 6 处。

①帕仁错石器遗址

帕仁错石器遗址位于那曲市双湖办事处嘎尔措乡（现为双湖县嘎措乡）桑孜则俄山南麓，东南距帕仁错湖约 1000 米。

大石遗址与石器并存，采集到石制品标本 50 余件，以石片石器居多，器形主要为切割器和刮削器，还有少量尖状器。建筑遗址为石砌墙基，平面呈长方形，遗址北端墙内竖立 8 个条形石柱，石柱暴露高度约 1 米。④为旧石器时代晚期至新石器时代早期遗址。

②嘎尔措石器地点

嘎尔措石器地点位于尼玛县（现为双湖县）嘎措乡嘎尔措湖西岸的湖滨高阶地。采集石片 4 件、石片刮削器 3 件。⑤

---

①②③⑤ 国家文物局：《中国文物地图集·西藏自治区分册》，北京：文物出版社，2010 年，第 249 页。

④《西藏自治区志·文物志》编纂委员会：《西藏自治区志·文物志》，北京：中国藏学出版社，2012 年，第 136—137 页。

③绥绍拉石器地点

绥绍拉石器地点位于尼玛县（现为双湖县）嘎措乡东北玛尔盖茶卡湖与错尼湖之间的毛穷宗山东麓。采集细石核3件、小石片30件、小石片刮削器1件，属细石器技术产品。①

④措折强玛石器地点

措折强玛石器地点位于双湖县措折强玛乡驻地北侧处湖滨宽谷侧缘台地。采集石片切割器6件、石片1件。②

⑤捧康石器地点

捧康石器地点位于那曲市双湖办事处嘎尔措乡（现为双湖县嘎措乡）格仁错北岸洪积扇表面。采集标本细石核2件。1990年文物普查时发现。③

⑥扎不金雄石器地点

扎不金雄石器地点位于那曲市双湖办事处嘎尔措乡（现为双湖县嘎错乡）格仁错北岸洪积扇表面，采集细石核1件。1990年文物普查时发现。④

（6）申扎县16处

申扎县石器采集点16处，以下简要介绍11处。

①格仁错石器地点

格仁错石器地点位于那曲市申扎县下果乡（现为下过乡）格仁错西南岸的湖畔山麓冲积扇上。地表共采集到石制品60余件，石片、石核、石器、石废料等，石器均为石片石器，器形以刮削器、切割器为主。为细石器时代遗存。⑤

②卢令石器地点

卢令石器地点位于申扎县雄梅乡（现为雄梅镇）林错湖盆地东南许弄谷地南

---

①② 国家文物局：《中国文物地图集·西藏自治区分册》，北京：文物出版社，2010年，第249页。

③④《西藏自治区志·文物志》编纂委员会：《西藏自治区志·文物志》，北京：中国藏学出版社，2012年，第139—140页。

⑤《西藏自治区志·文物志》编纂委员会：《西藏自治区志·文物志》，北京：中国藏学出版社，2012年，第137—138页。

坡马鲁马泉口周围平缓坡地上。采集石制品 23 件，其中细石核 21 件、石片 2 件。①

③珠洛勒石器地点

珠洛勒石器地点位于那曲市双湖办事处齐林乡（现为申扎县雄梅镇）错鄂湖盆地东南、沿珠洛河口附近的河谷中。细石器分布于珠洛河右岸的二级河流阶地上，石片石器分布于附近山麓洪积扇前沿地表。共采集细石核 45 件。②

④罗马松石器地点

罗马松石器地点位于那曲市双湖办事处多江乡（现为申扎县马跃乡）错鄂盆地西部山麓普种藏布左岸，采集细石核 1 件。③

⑤加虾日阿嘎石器地点

加虾日阿嘎石器地点位于那曲市双湖办事处嘎尔错乡（现为申扎县下过乡）格仁错与孜桂错之间的通道加虾藏布右岸山麓洪积扇上，采集细石核 1 件。④

⑥巴扎石器地点

巴扎石器地点位于那曲市双湖办事处巴扎乡（现为申扎县巴扎乡）越恰错盆地边缘，采集细石核 1 件。⑤

⑦雄梅石器地点

雄梅石器地点位于那曲市双湖办事处雄梅乡（现为申扎县雄梅镇）色林错盆地南端申中山麓，采集细石核 1 件。⑥

⑧亚司石器地点

亚司石器地点位于那曲市双湖办事处他尔马乡（现为申扎县塔尔马乡），采集细石核 1 件。⑦

---

① 《西藏自治区志·文物志》编纂委员会：《西藏自治区志·文物志》，北京：中国藏学出版社，2012 年，第 137—138 页。

②③ 《西藏自治区志·文物志》编纂委员会：《西藏自治区志·文物志》，北京：中国藏学出版社，2012 年，第 138 页。

④⑤⑥⑦ 《西藏自治区志·文物志》编纂委员会：《西藏自治区志·文物志》，北京：中国藏学出版社，2012 年，第 139—140 页。

⑨查勒多石器地点

查勒多石器地点位于那曲市双湖办事处巴扎区木地乡（现为申扎县巴扎乡）木地达拉书错西岸的湖滨阶地上，湖滨有大面积洪积平原，采集细石核1件。①

⑩洛扎石器地点

洛扎石器地点位于那曲市双湖办事处巴扎区加隆乡（现为申扎县巴扎乡）越恰错盆地东北巴扎塘牛宽谷中，采集细石核标本1件。②

⑪巴家、东乡、尼隆石器地点

巴家、东乡、尼隆石器地点位于那曲市双湖办事处恰乡（现为申扎县卡乡）多错南岸山麓洪积扇表面及缓坡地上，采集细石核标本1件。③

7. 阿里地区 26 处

石器采集点26处。

（1）噶尔县6处

噶尔县6处均为石器采集点。

①果廊垄石器地点

果廊垄石器地点位于噶尔县门士乡门士村四组西北曲那河西岸山前洪积扇。采集石片工具32件，其中端刮器7件、圆刮器20件、龟背状刮器2件、矛形器5件、长石片边刮器18件，以及石核6件、石片39件、石叶11件、细石核及半成品11件、细石叶6件和小石片石器12件，除细石叶为燧石、水晶等石料外，其余石料多取自附近。石片中以长石片为多，石核有修理台面和自然台面两种，地面有大量断块与废屑，为石器制造场所。④

②芒扎石器地点

芒扎石器地点位于噶尔县门士乡门士村四组西北曲那河西岸二级阶地前缘。

---

① 《西藏自治区志·文物志》编纂委员会：《西藏自治区志·文物志》，北京：中国藏学出版社，2012年，第139—140页。

②③ 《西藏自治区志·文物志》编纂委员会：《西藏自治区志·文物志》，北京：中国藏学出版社，2012年，第141页。

④ 国家文物局：《中国文物地图集·西藏自治区分册》，北京：文物出版社，2010年，第352页。

采集石片工具 82 件，其中端刮器 21 件、圆刮器 6 件、龟背状刮器 9 件、凹缺器 1 件、矛形器 7 件、琢背小刀 2 件、长石片边刮器 36 件，以及石核 2 件、石片 34 件、细石核及半成品 25 件、细石叶 4 件。石材多采自附近河滩砾石，石叶、长石片技术突出，工具修理多为向背面的单向修理，在西藏西部石器文化中具有典型性。①

③泽蚌石器地点

泽蚌石器地点位于噶尔县门士乡门士村四村西北曲那河西岸一级阶地后缘。采集石片 30 件、石核 4 件、石叶 1 件、小刮器 7 件、矛形器 1 件、刮削器 18 件。该地点成形工具大大少于断块废屑，应为 1 处石器制造场所。另采集陶片 1 片，灰黄色夹粗砂陶质，饰粗绳纹，器形不辨。②

④曲松果石器地点

曲松果石器地点位于噶尔县门士乡门士村五组西侧曲嘎河东岸二级阶地前缘。采集石片工具 35 件，其中端刮器 2 件、圆刮器 3 件、龟背状刮器 3 件、矛形器 4 件、琢背小刀 1 件、长石片边刮器 17 件、细石叶工具 5 件，以及石核 3 件、石片 16 件、细石叶断片 31 件、细石核 3 件、细石叶 5 件、细小石器 8 件。石材多采自附近河滩，石片中长石片为多，有成熟的石叶、细石叶技术，有典型的锥状细石核，修理多为向背面的单向修理，石器类型以长石片技术为主，石叶、细石叶技术为辅。③

⑤苏布热石器地点

苏布热石器地点位于噶尔县门士乡门士村五组西侧曲嘎河东岸二级阶地前缘。采集石片 12 件、长石片边刮器 2 件、圆刮器 2 件、龟背状刮削器 1 件。石材有灰白色细晶岩和角岩两种，石制品表面有钙质结核层，工具修理皆为向背面的单向修理，仅 1 件圆刮器从背面向腹面修理。④

⑥塘卡玛尔顶石器 A、B、C 地点

塘卡玛尔顶石器位于门士乡门士村第五组东南噶德河与象泉河交汇处的东岸

---

①②③④ 国家文物局：《中国文物地图集·西藏自治区分册》，北京：文物出版社，2010 年，第 352 页。

一级阶地。

A 地点采集石片刮削器 2 件、折断的长石片 1 件。石材分别为灰黑色细晶岩和角岩，打片及修理均用直接锤击法，属石片石器技术传统。

B 地点采集石片工具、石片、细石核及半成品共 100 件。石片工具以刮削器为主，有少量切制器；石片以长石片为多；细石核以楔形为多。此外在石器采集点一侧有南北并列的石构遗迹 2 处，其平面皆略呈长方形，由砾石在地表铺砌成双重石框。

C 地点采集石片工具、石片、石核共 90 件，不见细石器技术产品。工具以刮削器为主，次为切割器、尖状器，少数用石核修理成砍斫器、砍砸器，打片技术娴熟，有直接使用的石片，地表散布大量断块残片，可能是 1 处石器制作地点。在采集范围内发现石框遗迹 10 余处，平面多呈长方形，其长度均在 2 米以下，少数似有封堆痕迹，疑为墓葬。①

（2）普兰县 2 处

普兰县 2 处均为石器采集点。

①玛旁雍错石器地点

玛旁雍错石器地点位于普兰县霍尔乡驻地东南玛旁雍错湖东北岸湖滨阶地。采集细石核、细石叶、小石片、石片工具等共 60 件，细石核呈扁体块状，细石叶两侧缘平行且背面有纵脊，石片工具类型有刮削器、尖状器、雕刻器等，以刮削器为多。②

②念达石器地点

念达石器地点位于普兰县霍尔乡驻地东 120 公里雅鲁藏布江主源马攸藏布河南岸一级阶地前缘。采集石核、石片、石片工具等 23 件，石片工具多为小石片修理的刮削器。附近发现有砾石铺砌的长方形建筑遗迹 3 处。③

---

① 国家文物局：《中国文物地图集·西藏自治区分册》，北京：文物出版社，2010 年，第 352 页。
②③ 国家文物局：《中国文物地图集·西藏自治区分册》，北京：文物出版社，2010 年，第 355 页。

（3）札达县 2 处

札达县 2 处均为石器采集点。

①格尔嘎石器地点

格尔嘎石器地点位于隆嘎拉山口西 15 公里阿依拉山东麓的公路北侧缓坡。采集细石核 1 件、石片 3 件、工具 5 件，工具皆为小石片修成的圆头刮器、边刮器及刮削器等，其中小圆刮器特征突出。①

②天巴石器地点

天巴石器地点位于札达县札布让乡天巴村北象泉河北岸二级阶地前缘。采集石核、石片、工具等共 100 余件，石片中长石片较多，工具多为边刮器、端刮器，修理技术多用错向加工，属中型石片工具。②

（4）革吉县 4 处

革吉县 4 处，均为石器采集点，以下简要介绍 3 处。

①邦巴石器地点

邦巴石器地点位于革吉县革吉镇江巴村东南 15 公里宽谷缓坡地带。采集石片和工具 17 件，石片均为长石片，工具有石片刮削器、切割器、砍砸器等，属中型石片工具。③

②雄巴石器地点

雄巴石器地点位于革吉县雄巴乡驻地西北侧宽谷浅坡地带。采集石核、石片、工具等 12 件，石片多不规整，工具皆为石片刮削器，属小型石片石器。④

③列扎石器地点

列扎石器地点位于革吉县革吉镇西 15 公里狮泉河北岸一级阶地。采集石片、工具等共 42 件，工具皆为石片修成的切割器、端刮器、刮削器等，属小石片石器。⑤

---

①② 国家文物局：《中国文物地图集·西藏自治区分册》，北京：文物出版社，2010 年，第 356 页。

③④⑤ 国家文物局：《中国文物地图集·西藏自治区分册》，北京：文物出版社，2010 年，第 367 页。

（5）日土县9处

日土县9处，均为石器采集点，以下简要介绍6处。

①热角石器地点

热角石器地点位于日土县日土镇热角村南50米沟口洪积扇。采集石片10件和尖状器、刮削器、砍砸器等石片工具11件，工具多为小型石片石器。[①]

②扎那曲加石器地点

扎那曲加石器地点位于日土县日土镇上曲垄村东南1公里山谷南缘的低阶地。采集石核、石片、工具等69件，石核多呈锥状或楔状，石片以长石片为多，工具以端刮器为多，刮削器、切割器、尖状器较少。存在细石器技术产品。[②]

③下曲垄石器地点

下曲垄石器地点位于日土县日土镇下曲垄村南500米沟口洪积扇。采集石核、石片、工具等12件，石核多呈楔状或"漏斗"形，为细石器技术产品。工具有切割器和刻划器两类。[③]

④崩姆江石器地点

崩姆江石器地点位于日土县多玛乡驻地南20公里班公错东缘的湖盆谷地。采集石片、工具等27件，石片以短石片为多，工具有端刮器、切割器两类，剥片及修理均采用直接法技术。[④]

⑤布显石器地点

布显石器地点位于日土县扎普乡驻地南40公里湖盆谷地。采集石核、石片和工具等11件，其中的楔形石核及石叶属细石器技术产品，工具有刮削器和切割器两类。[⑤]

⑥扎布石器地点

扎布石器地点位于日土县扎普乡驻地东侧洪积坡地。采集石核1件、石片1件、工具24件。工具以小型石片刮削器为主，另有尖状器等类型。[⑥]

[①②③④⑤⑥] 国家文物局：《中国文物地图集·西藏自治区分册》，北京：文物出版社，2010年，第365页。

（6）措勤县 2 处

措勤县 2 处，均为石器采集点，以下简要介绍 1 处。

曲洛石器地点

曲洛石器地点位于措勤县曲洛乡驻地南 10 公里措勤藏布河（玉察藏布河）西岸一级阶地。采集细石核 6 件、条形石片 7 件、石片工具 7 件、残断石片 13 件，细石核为扁体的楔形或半锥形，石片工具有尖状器、刮削器等。①

三、西藏新石器时代文化遗存的特征

西藏高原拥有独特的自然和地理环境，地形复杂，其地形自然形成了 3 个不同的自然区：西部是藏北高原，南部是藏南谷地，东部是高山峡谷。不同区域的文化特征在新石器时代已体现出来。

（一）西藏新石器时代聚落遗存的区域性特征

西藏高原国土面积广大，按生态类型划分，包括草甸与草原生态区，广泛分布于藏南、藏北、藏西，面积达 82 万平方公里；荒漠生态区，狮泉河、象泉河、班公湖一带及藏北高原、藏西湖盆、宽谷，面积达 26 万平方公里；灌丛生态区，喜马拉雅山麓、藏东"三江流域"、雅鲁藏布江河谷地带、高原河谷和亚高山地带，面积达 48 万平方公里；森林生态系统，藏东、藏东南及喜马拉雅山南坡山地与河谷地带，面积达 19.3 万平方公里；湖泊——湿地生态系统，羌塘草原、藏东及藏南大部及古冰川活动地区，面积 8.4 万平方公里②。

河流有雅鲁藏布江（喜马拉雅山北麓）、澜沧江（发源于唐古拉山）、怒江（发源于唐古拉山）、狮泉河（发源于冈仁波齐北峰）、恩梅开江（发源于察隅县）、帕吉勒提河（发源于喜马拉雅山麓）。每一生态区域，形成了独特的文化景观。在人类历史的早期阶段，对自然环境的依赖性很强。

---

① 国家文物局：《中国文物地图集·西藏自治区分册》，北京：文物出版社，2010 年，第 367 页。
② 资料源自西藏自然博物馆，2018 年 7 月，西藏大学夏吾卡先提供。

卡若文化、曲贡文化、加日塘文化（类型）分别位于峡谷区、河谷平原区和高原区3个不同的地理单元。西藏新石器时代文化地区性特征突出，构成多种地域性文化。

因此，西藏新石器时代文化表现出极强的地域化特征。西藏新石器时代文化类型产生的原因，与地理和生态的差异性关系密切。

（二）西藏新石器时代细石器遗存的特征

总体而言，西藏高原细石器分布范围广、内涵丰富、延续时间长。

细石器在西藏新石器时代空间分布相当广，林芝市未发现外，其他地区均有大量的发现。

西藏新石器时代的细石器主要有3种存在形式：

①典型、较单纯的细石器遗存；

②与石片石器共存的细石器遗存；

③与磨制石器、打制石器、陶器共存的细石器遗存。[①]

西藏细石器的工艺技法较全面，内涵丰富。西藏细石器的分布范围和存在形式表明，它延续了一个较长的时期。

首先，在新石器时代聚落类遗址中，细石器是一种十分常见的遗存，并且数量较多，在遗物中所占比例较大。

其次，在藏北、藏西、藏西南等地，还有大量单纯的细石器遗存点。这一类遗存多未经科学发掘，多属采集品。这些细石器点，是否可称之为细石器遗址尚无明确的证据。不过从青海玉树参雄嘎朔细石器遗址点的发掘来看，西藏的细石器采集点应该是有遗址点的。

再次，细石器遗存的年代延续时间特别长，上迄旧石器时代晚期新石器时代初期，延续至新石器时代晚期。从琼结邦嘎遗址来看，其年代下限可能已到西藏早期金属时代（前吐蕃时代）。

---

① 杨曦：《西藏高原新石器时代文化简论》，《西藏研究》2006年第3期。

最后，细石器采集点的大量发现，反映了西藏史前居民采取了复杂而多样的生计模式，既可能与采集、游猎、狩猎、游牧经济有关，也可能与农牧混合经济形态有关。藏北、藏西、藏西南等地的细石器采集点，多与农业关系不甚紧密；河谷地带的细石器遗址、采集点，多与农业关系紧密。

西藏细石器遗存的复杂面貌，与西藏高原复杂的生态环境是相对应的，体现了西藏史前居民较好的适应能力。

（三）西藏新石器时代打制石器遗存的特征

首先，打制石器一直占主导地位，是西藏新石器时代相较于其他地区的独特特征。按照中国内地及世界其他区域来看，新石器时代是一个磨制石器的出现与广泛使用的时代。西藏新石器时代诸考古学文化中，也常见制作精美、技术成熟的磨制石器，但无论是较早阶段的卡若文化，还是较晚阶段的曲贡文化，磨制石器都只居于次要的地位，而打制石器一直占据主导地位。

其次，打制石器大量发现，反映农业在西藏高原发展得相对"滞后"。一般认为磨制石器和农业直接相关，不过西藏高原的大量打制石器也是典型的农业工具，如石铲等。从卡若遗址的材料来看，西藏农业经济到新石器时代晚期有了一定程度的发展，到新石器时代末期才得到大规模发展。即使是到了新石器时代末期，游牧狩猎经济所占比重仍然比较高。这也能从曲贡遗址仍见大量与牧业有关的出土物方面得到印证。

最后，打制石器的大量发现，与西藏高原多沙质、砾石土壤结构也有关。小型磨制石器，可能无法开垦原生态环境的耕地，故而使用较为大型的打制石器来开荒。

（四）西藏新石器时代经济类型的多样性特征

西藏高原复杂的地形，多样的生态环境，较低的生产力水平，决定了早期人群必须采取多样的食物获取方式。

据考古发现，藏东地区的卡若文化，经济形态是以农业经济为主，兼营狩猎和饲养业，采集经济比重最小。手工经济方面，包括制作石器、骨角器和陶

第三章　中华文化视域下的西藏新石器文化

器，以及纺织等。农业经济和手工经济出现了一定程度上的分离，但明显未彻底独立。从现代民族学调查资料来看，即使是现代，制陶业也是在农闲时节才能开展。①

拉萨河流域的曲贡文化，农业经济所占比重较大。曲贡文化的遗址，主要分布于雅鲁藏布江中游及其支流的河谷平原地区，首先是地形条件较好，易于耕种；其次是水热较为充足，易于成活。从曲贡遗址、昌果沟遗址等的出土物来看，曲贡文化主要种植青稞、粟等，曲贡遗址还出土了大量与农业有关的石磨盘、石磨棒。据《拉萨曲贡》报告介绍：曲贡遗址还驯养牦牛、绵羊和狗3种家畜，其中以牦牛和绵羊数量最多。此外，狩猎活动作为一种辅助经济手段，猎获物品种主要有马鹿或白唇鹿、麝、野猪、藏野驴和涉禽等。②综合来看，曲贡文化主要从事农业生产，畜牧业占有较大的比重，还存在少量狩猎业。

藏北高原向拉萨河过渡地带的加日塘文化（类型），采取游牧、渔猎、畜牧狩猎、采集等方式。

值得格外提及的是，西藏高原新石器时代聚落类遗址中，至少在卡若、曲贡、邦嘎遗址已发现有鱼骨，是西藏高原史前居民食鱼的重要证据。而非以往所认为的——西藏高原的居民自古以来都有不食鱼的习俗。

四、西藏新石器时代文化遗存的分期与年代

前文已提及，西藏新石器时代遗存包括以细石器代表的遗存、出土陶器的聚落类遗存两大类。细石器遗存几乎全部为采集品，既往研究，多属类比推测，无确切年代可供参考。聚落类遗存多经过科学考古发掘，既有地层依据，也有测年数据，是讨论西藏新石器时代遗存的年代最为可靠的遗存。故我们讨论西藏新石器时代遗存的时代，主要是讨论聚落类遗存。

---

① 墨竹工卡塔巴村，2017年7月，余小洪调查。
② 中国社会科学院考古研究所、西藏自治区文物局：《拉萨曲贡》，北京：中国大百科出版社，1999年，第1—120页。

(一)卡若、曲贡、加日塘诸文化类型的分期与年代

卡若遗址、曲贡遗址的分期与年代意见并不一致。下文分别讨论：

1. 卡若文化的分期与年代

卡若文化的分期，有两种意见：

第一种意见：《昌都卡若》报告根据卡若遗址地层关系和遗存特征，认为卡若文化有早、晚二期之分。

第二种意见：认为卡若文化应分为早、中、晚三期。

王仁湘认为卡若文化的下限不晚于公元前 2400 年，上限达到公元前 3340 年，年度跨度在距今 4300—5300 年前之间，延续达 1000 年左右。①石应平据此认为："早期的年代范围约在距今 5300 年前或更早；中期在距今 5300—4400 年前之间；晚期在距今 4400—4200 年前之间。"

王仁湘与石应平的看法基本相同，故霍巍认为："划分为早中晚三期更为科学合理一些，王仁湘和石应平先生提出的建议值得加以重视和采纳。"②此外，霍巍披露了四川大学考古学系 2002 年在卡若遗址的新收获，6 个测年标本的数据集中在距今 4000 年前后。

陈苇认为："卡若文化自早至晚可分为三期五段，年代为距今 5300—4100 年前。"③

2. 曲贡文化的分期与年代

关于曲贡文化的分期，《拉萨曲贡》④报告认为：

西藏文物保护研究所陈祖军研究员基于曲贡遗址早期遗存，着重对出土陶器重新进行了分析，根据陶器组合及器物演变规律，结合测年数据，将曲贡文化划

---

①④ 中国社会科学院考古研究所、西藏自治区文物局：《拉萨曲贡》，北京：中国大百科出版社，1999 年，第 1—120 页。

② 霍巍：《昌都卡若：西藏史前社会研究的新起点——纪念昌都卡若遗址科学考古发掘 30 周年》，《中国藏学》2010 年第 3 期。

③ 陈苇：《先秦时期青藏高原东麓》，北京：科学出版社，2012 年，第 279 页。

分为两期三段：

第一期，包括曲贡遗址第 3 层下遗迹、4 层及 4 层下遗迹，年代为公元前 1740—1460 年。第一段，4 层及 4 层下遗迹；第二段，第 3 层下遗迹；两段间相差约 280 年。第二期，包括曲贡遗址第 3 地层，即第三段，年代为公元前 1520—1320 年[①]。

一般认为昌果沟遗址、拉孜廓雄遗址属于曲贡文化，昌果沟遗址测年为距今 3600 年前左右，当处于曲贡文化第二期。拉孜廓雄遗址，年代为距今 3200 年前左右，可能处于曲贡文化的末期，这还需要更加完整的出土材料来说明。

此外，当雄加日塘遗址测年为距今 3200—2900 年前，可能更晚，属游牧遗存。琼结邦嘎遗址早期遗存，年代在距今 3000 年前左右，主体遗存处于距今 2600—2500 年前，据目前掌握的资料来看，这是一处季节性游牧聚落。这两处是目前相对可靠的早期游牧遗存，可能代表了西藏高原的早期游牧文化。

（二）西藏新石器时代遗存的分期与年代

目前，西藏经科学考古发掘，具有明确地层关系和可靠年代界限的遗址，有昌都卡若、昌都小恩达、拉萨曲贡、贡嘎昌果沟、山南邦嘎、当雄加日塘等 6 处，这些遗址的年代集中在中国新石器时代晚期、末期，部分遗址的年代已进入早期金属时代或前吐蕃时代。

西藏新石器时代遗址中，有 8 处有测年数据，测年标本主要为碳，少量植物、动物标本，具体如下：

昌都卡若遗址，年代为距今 5000—4000 年前，下限达 3000 年[②]；

昌都小恩达遗址，年代为距今 4000 年前左右；

波密拉颇遗址，年代为距今 5000 年前左右[③]；

贡嘎昌果沟遗址，年代为距今 3600 年前左右；

---

① 陈祖军：《略论曲贡文化的分期》，《四川文物》2012 年第 5 期。
② 四川大学考古学系非正式披露。
③ 西藏文物保护研究所非正式披露。

琼结邦嘎遗址，年代为距今 3000 年前左右，主体遗存年代为距今 2600 年前、2500 年前左右[①]；

拉萨曲贡遗址，年代为距今 3750—3500 年前；

当雄加日塘遗址，年代为距今 3200—2900 年前；

拉孜廓雄遗址，年代为距今 3200 年前左右。

从测年数据来看，昌都卡若遗址为代表的卡若文化年代最早，拉萨曲贡遗址为代表的曲贡文化次之，以当雄加日塘遗存为代表的季节性游牧遗存的年代最晚。邦嘎遗址主体遗存已进入早期金属时代（前吐蕃时代），可能不属于新石器时代文化遗存。

从各遗址文化面貌，结合测年数据来看，西藏新石器时代遗存可分为三期：

第一期，以卡若文化为代表，年代在距今 5000—4000 年前之间；

这一时期，出现了形态较为成熟的磨制石器，穿孔石刀等工具可运用在粟作农业生产活动中，经济形态是多样的，采取混合经济策略，采集渔猎所占比重仍较高。聚落形态成熟，布局较为完善，半地穴房屋、石砌房屋先后出现，蔚为壮观。陶器多为平底器，不见三足器，双兽体陶罐十分珍贵，流行三角折线纹，还可见彩陶，陶器风格与甘青、川滇地区新石器时代马家窑文化、大墩子文化等有诸多相似之处。

第二期，以曲贡文化为代表，年代在距今 4000—3600 年、3500 年前之间；

这一时期，大量磨制石器出现，石磨盘、石磨棒等运用在食物加工领域，农业经济所占比重较大，粟作农业、青稞种植较为常见。聚落形态不甚清晰。陶器多为圜底器，不见三足器，陶器器表多为磨光黑陶，十分精美，代表了西藏新石器时代陶器制作技术的最高水平。

第三期，以邦嘎、加日塘遗存为代表，年代在距今 3000 年前后，部分遗存的下限已进入早期铁器时代（早期金属时代、前吐蕃时代），广泛分布于西藏高原。

---

① 四川大学考古学系非正式披露。

这一时期，季节性游牧遗存大增，阿里丁东遗址也应属于此类。这类季节性游牧遗存的年代下限，尚难以确定。

此外，近年来在阿里格布赛鲁墓地发现有公元前1600年前后的遗存，与第二期的年代较为接近，代表了西藏新石器时代遗存的西部类型。不过遗憾的是，发掘资料尚未正式公布。

我们相信，随着西藏田野考古工作的逐渐深入，西藏新石器时代的考古学文化类型会更为丰富、序列更为完善、年代更为准确。

五、西藏新石器时代遗存与周边文化的关系

西藏新石器时代遗存，与以甘肃地区为代表的黄河流域、以川滇地区为代表的长江流域新石器时代遗存，都有较多相似性。下文分别进行讨论。

（一）西藏新石器时代文化属于中国"史前文明"相互作用圈的组成部分

1. 西藏新石器时代文化具有中国史前文明的"共性"特征

通过前文对中国新石器时代考古遗存的论述，我们把中国"史前文明"的一般性特征概括为：

磨制石器，经过选材、打隔、修琢、磨光、穿孔等步骤。石器选材多就地取材，既有各类岩石，也有"美玉"等。石材制成毛坯之后，再进行修琢、磨制。至新石器时代中晚期阶段，往往通体磨制。为了制作石质复合工具，往往在石器上穿孔，以缚竹布柄部。主要的农业生产工具包括石铲、石锄、石镰、石刀、石磨盘和磨棒。木材加工工具有石斧、石锛、石楔、石凿等。武器或狩猎工具类包括石矛、石镞、石钺或玉钺。

陶器，制作陶器需要经过陶土加工（筛选、淘洗，加入羼合料）、制坯成形（手制、模制、轮制）、修饰施纹（表面磨光、涂施色衣、饰纹绘彩[①]）、烧制成

[①] 饰纹绘彩包括拍压、戳刺、刻划、贴附、镂空、彩绘等。

器（红、灰、黑、白陶）。依据陶器形态分类，包括圜底器、平底器、尖底器、圈足器、三足器等，依据用途包括生活、乐器、工具等。

铜器，新石器时代末期出现了铜器或与铜器有关的遗迹、遗物。主要分布在黄河流域的山东、河南、山西、陕西、甘肃、青海等仰韶、龙山时代诸文化中。[①]长江中游石家河文化也有铜器及有关遗迹发现。铜器材质主要为红铜，少量黄铜、青铜。铜器的制作技术经历了直接利用自然铜，冶炼红铜或共生矿中冶炼青铜、黄铜、白铜，冶炼合金铜3个阶段。

史前农业，经历了发生、确立、发展、兴盛4个阶段。新石器时代早期，粟作、稻作农业开始出现，但采集渔猎仍占重要地位。新石器时代中期，粟作、稻作农业进一步发展，农业中出现了男女分工。新石器时代晚期，粟作、稻作农业发展期，农业工具大量出现，人口增加。新石器时代末期，粟作、稻作农业兴盛期，遍布全国，出现原始城堡、迈入文明社会门槛。

聚落形态，至新石器时代末期，广泛分布在黄河、长江流域。从早期的环壕聚落到城邑，是史前聚落发展的一般规律。

新石器时代末期，礼仪性用品大量出现在墓葬，反映了阶级的分化，进入文明的门槛。

通过前文的分析，我们将西藏新石器时代文化遗存的一般性特征归纳为以下几点：

磨制石器，在卡若文化数量较少，到曲贡文化数量急剧增加。主要的农业生产工具包括石铲、石锄、石镰、石刀、石磨盘和磨棒，其中曲贡文化出现了大量石磨盘和磨棒。

陶器，在卡若文化、曲贡文化数量都较多。都不见三足器，卡若文化多为平底器，曲贡文化新见圈足器。两支文化陶器盛行表面磨光、涂施色衣、饰纹绘彩等装饰，其卡若文化彩绘陶器，曲贡文化的磨光黑陶最具代表性，饰纹绘彩包括的拍压、戳刺、刻划、贴附、镂空、彩绘等都较为常见。

---

① 张宏彦：《中国史前考古学导论》（第二版），北京：科学出版社，2017年，第243页。

史前农业，卡若文化已出现粟作农业，曲贡文化包括粟作农业、青稞等，但采集渔猎在卡若文化、曲贡文化中都仍占重要地位。

铜器，在卡若文化不见踪迹，但在曲贡文化见一疑似铸造的铜箭镞，反映了曲贡文化可能进入了青铜时代门槛，迈入了文明社会门槛。

聚落形态，卡若文化早期多为半地穴式建筑，卡若文化晚期出现了十分发达的石砌建筑，这种石砌建筑在中国新石器时代末期诸考古学文化中都十分罕见。曲贡文化的聚落形态不详。加日塘遗存为一季节性游牧遗存，与内蒙古、新疆等地游牧遗存较为相似。

2. 西藏新石器时代文化属于"史前文明"中国相互作用圈的组成部分

从年代上来看，西藏新石器时代遗存处于中国新石器时代晚期、末期，下限已进入中国青铜时代早期，反映了中国史前文化的不平衡性。

我们将西藏新石器时代遗存与中国新石器时代晚期、末期诸考古学文化、遗存进行比较，可以看出诸多相同之处：

首先，磨制石器方面，都流行磨制精美的石器，主要是与农业生产有关的工具，包括石铲、石锄、石镰、石刀、石磨盘和磨棒等。

其次，陶器方面，陶器器形成熟，装饰精美，主要是与日常生活用具密切相关的罐、碗、盆、钵、瓶等。

再次，农业方面，流行粟作农业。同时还可见黍、稷、青稞等栽培作物。整体而言，和黄河流域、川滇山地更为相似。

最后，聚落形态方面，聚落布局、规划成熟，区划功能清晰。建筑技术较为成熟。

通过上述对比，我们不难看出西藏新石器时代遗存与中国新石器时代晚期、末期遗存，在主要文化面貌方面，有诸多共性之处。

（二）西藏新石器时代文化与周边文化的联系

西藏高原并不是一个文化"孤岛"，考古发现反映，西藏新石器时代诸考古学文化类型与周边文化有着紧密的联系。

《昌都卡若》报告"卡若文化与我国其他地区原始文化关系"一节中专门讨

论了这一问题,具体从以下几个方面入手:

第一方面,讨论了卡若文化因素与藏东、川西、滇西北原始文化的关系。《昌都卡若》认为上述地区新石器时代文化的共同特征为:"石器有长条形石斧、石锛和刃开在弓背部的半月形石刀;陶器都为夹砂陶,其纹饰以绳纹、刻划纹、压印纹和剔刺纹为主,器形中缺乏三足器;房屋建筑有木骨泥墙房,早期为圜底式或半地穴式,后期出现了地面建筑。这也许意味着它们都属于古代中国西南地区一个大的文化系统中的不同分支。"①这一看法,影响至今,十分重要。

第二方面,讨论了卡若文化与甘青地区马家窑文化系统的关系。认为"在这相邻的两个地区之内,古代的文化交流似乎非常密切"②。具体从打制石器、细石器、磨制石器、嵌石骨梗刀、陶器(器形、纹饰、彩陶)、房屋建筑、粟米等不同角度,进行了全方位比较。认为两者"可能是因其有共同的渊源,或是互相影响的结果"。卡若文化"其中有些文化因素,或许是来自黄河上游地区"③。

第三方面,简单讨论了细石器与北方草原地区新石器遗存的关系。《昌都卡若》报告"卡若文化的社会经济情况及族属的初步探讨"一节中推测:"西藏原始居民中有两种因素:一种是土著民族……一种是北方南下的氐羌系统的民族。"④

《昌都卡若》报告的看法,基本上为后世学者的相关研究,定下了基调,影响深远。

卡若遗址发掘者童恩正、冷健认为川滇等地新石器时代遗存"似乎都是受了卡若文化的影响""在北方,卡若文化与黄河上游的原始文化,特别是与其时代相近的马家窑、半山、马厂系统的文化,也有较密切的关系。""细石器的较多出现,则明显带有北方草原民族的风格。"⑤这一看法,与《昌都卡若》报告的看法基本相同。

---

①②③④ 西藏自治区文管会、四川大学历史系:《昌都卡若》,北京:文物出版社,1985年,第152—156页。
⑤ 童恩正、冷健:《西藏昌都卡若新石器时代遗址的发掘及其相关问题》,《中国藏学》1994年第4期。

发掘者侯石柱明确提出"卡若人从黄河走来"①的观点，也值得格外重视。

霍巍认为："在东西方向上，应进一步廓清卡若文化与曲贡文化的关系。在南北方向上想，可将卡若文化置于青藏高原东麓新石器时代考古文化体系中加以深入考察"，还就四川大学考古学系 2002 年在卡若遗址的新发现进行了简要介绍。②

石硕认为：卡若文化与甘青地区史前文化，"从整体上并不是一个土著系统，而是渊源于黄河上游甘青地区，是从甘青地区新石器时代文化向南辐射和发展进入藏彝走廊地区而形成的一个文化系统"③。

汤惠生认为："通过童恩正的比较研究，我们看到甘青地区马家窑文化对卡若文化的影响是显而易见的"，还认为与克什米尔地区新石器文化的关系紧密，卡若遗址和布尔扎洪遗址是梅尔伽赫文化在不同地区的发展。④

陈苇认为："卡若文化地处澜沧江上游，并非一支孤立的文化""与西北马家窑文化有着某些联系""推测卡若文化与宗日遗存之间的联系远大于与马家窑文化之间的联系"⑤。

格勒认为西藏新石器时代文化与藏族的形成关系密切。⑥

《拉萨曲贡》报告认为："云南西北的宾川白羊村史前遗址，出土的陶器见到较多圜底器，这些都是与曲贡文化较为接近的因素""与曲贡文化更为密切的，还是卡若文化"⑦。

---

① 侯石柱：《卡若人从黄河走来》，《中国西藏》2001 年第 1 期。

② 霍巍：《昌都卡若：西藏史前社会研究的新起点——纪念昌都卡若遗址科学考古发掘 30 周年》，《中国藏学》2010 年第 3 期。

③ 石硕：《从新石器时代文化看黄河上游地区人群向藏彝走廊的迁徙》，《西南民族大学学报》（人文社科版）2008 年第 10 期。

④ 汤惠生：《再论卡若、曲贡等西藏史前遗址的相关问题》，《藏学学刊》第 19 辑，2019 年。

⑤ 陈苇：《先秦时期青藏高原东麓》，北京：科学出版社，2012 年，第 279—280 页。

⑥ 格勒：《论藏族文化的起源形成与周边民族的关系》，广州：中山大学出版社，1988 年，第 37 页。

⑦ 中国社会科学院考古研究所、西藏自治区文物局：《拉萨曲贡》，北京：中国大百科出版社，1999 年，第 221—222 页。

霍巍、王煜认为："曲贡遗址从地理环境、遗迹状况和文化现象上看，都与卡若遗址有很大的差异，并非一般的史前聚居及生产生活场所的遗址。遗址中的文化现象表现出强烈的精神信仰和宗教仪式的色彩，其中可能包括有殉祭习俗、厌胜巫术，或许还有祖先崇拜、祖先祭祀等内容，并与丧葬仪式和墓葬祭祀有十分密切的关系。曲贡遗址及其特殊文化现象对于西藏高原史前居民灵魂信仰及西藏原始宗教的研究具有很大意义。"①

曲贡遗址发掘者王仁湘认为："曲贡文化的继承者属于青铜文化""曲贡文化有青铜器，卡若文化无。"②

陈祖军认为："曲贡遗址早期遗存发现的青铜箭镞，属于铸造成熟的小型青铜器，但不是源自本地。"③陈祖军研究员的看法十分独到中肯，我们表示认同。这一时期，西藏周边地区已出现一些铸造成熟的小型青铜器，以甘青马家窑文化、齐家文化及中原诸文化为代表。故曲贡这件小型青铜箭镞铸造技术当来自甘青或中原地区，但其可能是在拉萨本地铸造，嘎冲遗址曾发现有其他铸造的痕迹。④

此外，从事遗传学、语言学的学者，也从不同角度论述了西藏新石器时代遗存是中华文明的组成部分。

不难看出，通过前文诸学者的观点来看，基本上都认为卡若文化与甘青马家窑文化系统、西南山地新石器时代诸文化，乃至南亚地区的考古学文化都有着紧密的联系。

童恩正、霍巍、杨曦等曾系统比较过西藏新石器时代卡若文化、曲贡文化与周边文化的联系。主要从陶器的形制、组合、纹饰，生产工具中的半月形穿孔石刀、磨制石斧头，居址形态，经济形态如粟作农业，原始信仰等方面。具

---

① 霍巍、王煜：《曲贡遗址之性质及相关问题讨论》，《中国藏学》2014年第1期。
② 王仁湘：《关于曲贡文化的几个问题》，《西藏考古》，1999年。
③ 西藏文物保护研究所陈祖军研究员见告。
④ 李映福、哈比布：《西藏堆龙德庆县嘎冲村遗址冶炼遗物的发现与初步研究》，《藏学学刊》第10辑，2014年。

体而言：

其一，卡若文化与马家窑文化的陶器在器形及组合方面，器形相似，组合相似，还都不见三足器。纹饰与制作技术方面的相似，更多体现了史前时代的共同性特征。但卡若文化所见彩陶，当是来自甘青地区，彩陶可能是从川西北营盘山文化而来。①

其二，卡若文化、曲贡文化人工栽培粟作农业的出现，与甘青、西南山地关系密切。粟是一种典型的来自黄河流域的农作物，在甘肃永靖大何庄、马家湾，青海乐都柳湾等地都有发现。②有学者认为："新石器时代，中国粟就已由东向西传播。"③这条粟作农业的传播路线是从中原地区沿黄河而上，经甘青地区，"一支向西由新疆而进入阿拉伯、小亚细亚；另一支则向南沿岷江而下，进入西藏高原东端的横断山脉河谷区，并从这里向南传往东南亚各国。在东南亚新石器时代晚期遗址中也发现了粟"④。卡若遗址中的粟，应是由黄河上游地区马家窑文化向南传播而来的。由此可知，卡若文化在当时通过甘青地区的史前文化，已经同中原地区的原始文化发生了某种间接联系。粟是黄河中下游的中原地区先民最早栽培，进而经黄河中上游的甘青地区植粟文化向西南的流播，使得青藏高原得以广布，显然卡若遗址中粟的存在发现再次证明是受中原文化的影响所致。⑤

此外，在雅鲁藏布江腹地曲贡遗址、昌果沟、邦嘎遗址也陆续发现粟，说明粟在西藏境内的传播途径是藏东折向雅鲁藏布江展开的。粟在卡若文化中得到成功栽培后，逐渐从藏东地区向藏西南传播，并到达高原腹地，使之成为西藏新石器时代种植地域最广、栽培时间最长的农作物。粟的习性成为最适宜生长在高原

---

① 石硕：《西藏新石器时代人群面貌及其与周边文化的联系》，《藏学学刊》第 2 辑，2001 年。
② 西藏自治区文管会、四川大学历史系：《昌都卡若》，北京：文物出版社，1985 年，第 101—195 页。
③ 格勒：《论藏族文化的起源形成与周围民族的关系》，广州：中山大学出版社，1988 年，第 1—195 页。
④ 吴梓材：《古粟考》，《史前研究》1983 年创刊号。
⑤ 霍巍：《论卡若遗址经济文化类型的发展演变》，《中国藏学》1993 年第 3 期。

上的植物品种,当时曲贡文化的先民们在对其有意识的照料中,逐渐地注意到在高原农业生态中它所表现的独特适应性,从而在藏中南河谷地带大面积种植。

综上所述,西藏新石器时代遗存几乎遍及整个高原,是高原古代先民物质生产和精神活动的形象化资料的发现,丰富了西藏早期文化的内涵,也成为中华文化的重要组成部分。

第四章　中华文化视域下的西藏早期金属文化

一、中华文化金属文化概述

中华文化历史悠久，我国疆域幅员辽阔，从新石器时代以来，祖国各地逐渐形成了富有各地特色的金属文化。当然，这种早期的金属文化大多呈现为以青铜文化为主体的形态。从时间维度上划分，主要包括夏代晚期、商代前期、商代晚期及西周早期。夏代早期，即通常考古学意义上龙山文化晚期，此时仍属于新石器时代晚期，或者铜石并用时代，虽然不能否认铜器的出现，但仍缺乏有效的出土器物予以有力证明。夏代中晚期，即通常考古学意义上的二里头文化时期，中华文明的青铜文化在祖国大地上逐渐呈现出四个地区、七个支系：即中原地区的二里头、下七垣文化；山东和苏北地区的岳石文化；北方广大地区东部夏家店文化和西部朱开沟文化；西部甘青地区东部的齐家文化和河西走廊火烧沟文化。除此之外，在农耕与游牧交汇的广阔"边地半月形文化传播带"上，分布着同属于中华金属文化的我国北方草原鄂尔多斯青铜文化，还有兼具安德罗诺沃与中原青铜文化双重影响的我国新疆地区青铜文化，而我国西藏地区的早期金属文化，恰恰就是中华早期金属文化在"边地半月形文化传播带"上不可或缺的重要一环。

我国西藏地区早期金属文化，不仅是一个相对复杂的考古学论题，更是一个需要综合多重维度考量的社会学问题。按照通行国内外学术著作及以童恩正先生为代表的老一辈学人的研究成果，一般来说始终存在着一个需要正面回答的基本问题，即我国西藏地区石器时代断代的下限，或者说金属时代断代的上限究竟在何时？特别是涉及我国西藏地区金属时代断代方面，又存在着诸多特殊的情况和困难。传统的断代方法皆以扎实的考古发掘为依据，严谨地进行年代推定，而我国西藏地区由于受到特殊的自然条件和风俗文化等方面的影响，目前所发现的多数金属制品多以传世品和采集品为主，严格考古学意义上墓葬发掘出土的金属器物占比较低。当然，随着近年来在我国西藏西部、南部古墓的陆续发现，使这种情况有了较大的改观。因此，童恩正先生基于当年有限的考古发现，在表达自身观点的同时，亦做出了较为审慎的推断："这一时代可能开始于公元前一千年代，而结束于公元六世纪。"[1]除此之外，还需对本章节标题中的"西藏早期金属文化"进行说明。这一概念是由上世纪老一辈学人童恩正先生提出，现在学界通常以此指代新石器时代至吐蕃王朝前的这段时期，此处仍沿用老一辈学人这一传统说法。

通过详细翻阅关于我国西藏地区早期各类金属文化相关制品的发现、收集乃至初步研究的文献材料，确实再次凸显了断代工作所面临的巨大困难。首先，不可否认的是，在现代科学考古工作开展之前，乃至近代西方学人在我国西藏进行游历调查之前，在我国西藏地区（特别是牧区），人们之间已经存在一种形制较小，并且除满足某种宗教活动需要之外并无切实生活、生产功能的金属器。意大利藏学家杜齐（Tucci）在其所著的《西藏考古》中，记录了这种金属器物的存在。[2]通常人们将这种形制较小的金属器称为"Ton Ti"。在当地语言中，这种发音表达意在说明该类物品是"自天而降"的，因而被赋予了无比崇高的地位和内涵，所以人们多将此物随身佩戴，用以护佑自己、驱除邪祟。这些形制较小的青铜器，或为当地人在无意识状态下拾得、发掘所得，或经交易流通所得。因此，这些以青铜为主的金属器物，既没有明确完整的出土信息，又没有形制乃至风格上的系统年代线索以供参考。此外，罗里赫（Roerich）等在 1925—1928 年带领中亚考古队在藏北高原、西藏中部调查石丘墓的同时，也从墓中发现了铜箭镞、

---

[1] 童恩正：《西藏考古综述》，《文物》1985 年第 9 期。
[2] [意] 杜齐著，向红笳译：《西藏考古》，拉萨：西藏人民出版社，2004 年，第 6 页。

铁箭镞等金属制品。①

二、西藏早期金属器物出土地点分布

我国西藏地区和平解放后，特别是改革开放以来，与此相关的文物考古事业获得了长足的发展，一大批重要的金属器物依托现代考古发掘方法得以陆续发掘，这些发掘成果为进一步厘定我国西藏地区早期金属文化的时代提供了更为具体的参考。

其中代表性较强的出土金属器物的地点分布与种类数量如下：

拉萨曲贡遗址出土铜箭镞 1 枚，铁柄铜镜 1 面；

札达皮央·东嘎墓葬出土铜剑 2 把，铜饰片 1 件，铜饰环 1 对，双圆形铜泡饰 1 件，花形铜泡饰 1 件，铁器 1 件；

札达格布赛鲁墓地出土铜环 1 枚，铜泡 1 件；

札达托林镇曲踏墓地出土金箔面饰 1 件，铜剑、铜箭镞若干；

浪卡子查加沟古墓出土金饰 17 件，铜饰 47 件；

贡觉香贝石棺墓出土铜刀 2 把；

贡觉城北石棺墓出土铁刀 1 把，铜耳坠 1 对；

昌都热底垄石棺墓出土铜刀 1 把；

藏北安多、比如、那曲等地石棺墓出土铜矛、铜箭镞若干；

藏北阿里收集铜制马具 1 套，铜剑 1 把；

日土阿垄沟墓地出土铁钩若干；

噶尔门士卡尔东墓地出土铜釜、铜钵、铜杯、铁矛、金属饰片若干。

三、西藏早期金属文化的内涵与特征

我国西藏早期金属文化方面的专题研究，特别是关于断代推定、形制特征归

---

① 童恩正：《西藏考古综述》，《文物》1985 年第 9 期。

纳等方面的研究,长期处于停滞状态。造成这一问题的深层原因在于金属制品来源的"异常",即多为采集乃至流通交换所得。近年来的考古工作开展和一批有代表性质的金属制品出土,为我国西藏早期金属文化的内涵与特征研究奠定了扎实的基础。现就近年来考古发现的具有代表性的金属制品做深入说明。

拉萨曲贡遗址出土的铜箭镞,出自该遗址早期文化遗存中,形制保存完好,呈扁平叶片状,左右对称,为青铜铸造而成。铁柄铜镜(图4-1①),出自该遗址晚期文化遗存的石丘墓中,镜面为圆板状,镜背中央微微隆起、边缘有凸起棱,镜柄为铁制中空圆柱,铁柄中央有1.2厘米环形铁箍。铜镜镜面与铁制手柄呈10度夹角。铜镜背面有精美纹饰,中心部分为圆形点阵,内有四组勾连涡云纹,外围部分为勾连涡云纹装饰带。

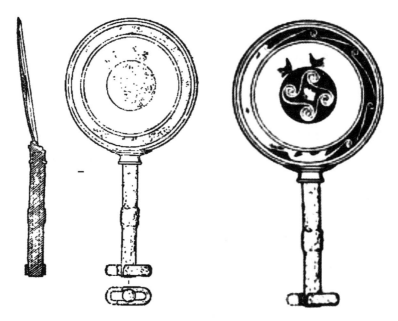

图4-1 拉萨曲贡出土的铁柄铜镜

---

① 赵慧民:《西藏曲贡出土的铁柄铜镜有关问题》,《考古》1994年第7期。

第四章 中华文化视域下的西藏早期金属文化

　　由于青铜箭镞和铁柄铜镜分别出土于不同时期的文化遗存，因此这两件金属制品所属年代差距较大。现有相关考古研究材料，经过针对出土文化遗存地层碳14同位素测量和树轮校正的探查，一般推断该青铜箭镞为我国西藏地区发现的最早的金属制品。这说明了生活在高原的藏族先民，大约距今4000年前，已经在使用青铜器物了。

　　拉萨曲贡出土的这枚铜箭镞，从形制上看属于较早类型的铜镞，直接源于骨制箭镞，细微形态上和该文化遗迹中的玉制箭镞亦颇为相似，这些都在说明该铜箭镞无论从形制源流方面，还是在材料选择的演进方面，有贸易输入的可能，也可能属于该地区自主加工。结合对该铜箭镞材料的深入分析，其金属成分为锡青铜。生产方式系铸造成形。

　　据此，我们可以审慎地认为，我国西藏地区早期先民对金属器物的使用应当不晚于距今4000年前，即这枚铜箭镞存在的历史时期。而与之相对出土于晚期文化遗存中的铁柄铜镜，在铸造材料上综合了青铜和铁，在制作工艺上采用了鎏金、鎏银及二次铸造将铜镜和铁柄整合的加工工艺。作为迄今为止我国西藏地区首次通过考古发掘所得的铜镜，这些信息似乎都在提示我们需要对铁柄铜镜的所属年代、文化内涵等问题进行深入探究。结合对出土遗迹地层的考察，可以推定，该铁柄铜镜及其所在墓葬年代当为"距今约2700年"。①也就是说，铁柄铜镜所处的时期，当与我国中原战国至秦汉时期大体一致。据此，我们可以推定，在这一时期的冶铁技术，或者更为审慎地说铁制品已经进入我国西藏地区并且开始流通。与此同时，结合对曲贡遗址铜镜进行电镜能谱分析，可知铜镜成分为锡青铜；对铁柄进行X射线检测，该柄中部及尾段铁环均系锻造连接而成；铜镜与铁柄的连接方法为，先将铜镜加热，再装上铁柄，最后以铆钉固定。②

---

① 中国社科院考古所、西藏自治区文物局：《拉萨曲贡》，北京：中国大百科全书出版社，1999年，第217页。
② 霍巍：《西藏曲贡村石室墓出土的带柄铜镜及其相关问题初探》，《考古》1994年第7期；霍巍：《从新出考古材料论我国西南的带柄铜镜问题》，《四川文物》2000年第2期；吕红亮：《西藏带柄铜镜补论》，《藏学学刊》（第五辑），成都：四川大学出版社，2009年。

从马克思唯物主义基本观点出发，在当时的历史条件下，这种制造流程复杂、工艺精美的金属制品如若不能断定为我国西藏地区早期先民依托自身冶金、锻造技术生产而成，而是依托早期商业贸易活动而进入我国西藏地区。那么依托该类商品的贸易活动，也不可否认地在客观上将先进的冶金、锻造技术带入西藏地区，对我国西藏地区金属制品的传播和冶金技术的发展提供客观上的助力。

皮央·东嘎墓地出土了各种金属器物（图4-2①），其中包含特点鲜明的两把青铜短剑，同样属于我国西藏地区出土金属制品的典型代表。两把青铜短剑，其中一把保存相对完好，另一把已经严重残损。保存完好短剑呈狭长三角形，扁茎，中部脊线隆起，两侧刃口有缺损，剑柄尾部左右两端有一对涡状圆形装饰。②结合考古发掘报告，可以发现该短剑也体现了复杂的制造工艺，短剑表面有三角形和联珠形纹饰。短剑手柄尾部有一对涡状圆形装饰，为实心多重同心圆涡状铜饼。这种形制与西藏相邻地区出土的同类器物存在较多关联，此问题在下章会进行专题论述。另外，由于短剑表面存在客观的腐蚀和锈迹，只能依据现有状况猜测其表面似乎存在鎏金加工的痕迹。

浪卡子县查加沟古墓和阿里曲踏古墓出土的各种黄金制品（图4-3③），作为我国西藏早期金属文化的另外一种重要呈现形式,同样值得我们进行细致归纳和总结。上文曲贡遗址、皮央·东嘎墓地出土的金属制品，就其材质而言皆为铜器、铁器，而查加沟古墓和曲踏古墓出土的金属制品，其材质则是稀有昂贵的黄金。查加沟古墓出土的17件金器包括马形牌饰5件，圆形盔饰1件，筒形饰品1件，耳饰2件，戒指8枚。

---

① 四川大学中国藏学研究所、四川大学历史文化学院编：《青藏高原考古（第6册）》，北京：天地出版社，2018年，第2195页。
② 四川大学中国藏学研究所、四川大学考古系、西藏自治区文物局：《西藏札达县皮央·东嘎遗址古墓群试掘简报》，《考古》2001年第6期。
③ 四川大学中国藏学研究所、四川大学历史文化学院编：《青藏高原考古（第6册）》，北京：天地出版社，2018年，第2198页。

第四章 中华文化视域下的西藏早期金属文化

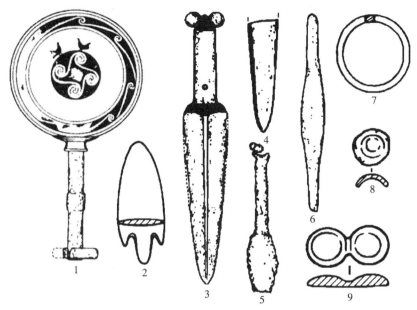

图 4-2 拉萨曲贡、皮央·东嘎墓地出土的金属器物
1. 铁柄铜镜；2. 铜箭镞（1、2 为拉萨曲贡遗址出土）；3—4. 铜剑；5—6. 铜片饰；
7. 铜环饰；8. 铜花形泡饰；9. 铜双环形泡饰（3—9 为皮央·东嘎墓地出土）

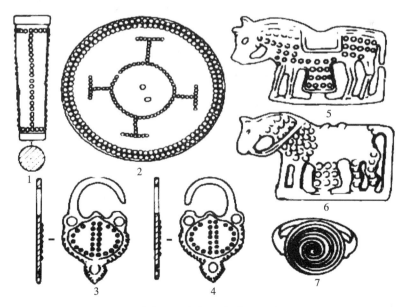

图 4-3 浪卡子县查加沟墓地出土的金属器物
1. 筒形饰物；2. 圆形盔饰；3—4. 耳饰；5—6. 马形牌饰；7. 戒指

151

其中马形牌饰,为模具铸造,5 件形制相同,长约 4.5 厘米、宽约 2.3 厘米、厚约 0.1 厘米。圆形盔饰,直径约 10.5 厘米、厚约 0.05 厘米,圆片状,中心有两个穿孔,周围有凸点点缀,表面有纹饰。筒形饰品,为不规则圆筒,长约 7.5 厘米,大口直径约 2 厘米,小口直径约 1.2 厘米,大口端折口处有两个穿孔。耳饰为模具铸造,椭圆形,长约 3.8 厘米、宽约 2.2 厘米、厚约 0.2 厘米,一面有点状纹饰,顶端皆有椭圆形挂钩,下垂装饰部分有装饰刻纹。8 枚戒指形制基本相同,圆形,外环直径约 2.2 厘米,内环直径约 1.9 厘米,由螺旋盘绕金丝和金片拼接而成。①

曲踏墓地出土的黄金制品又与查加沟出土的物品存在较大区别。在曲踏墓地长方形箱式木棺中发现了由金箔制成的面饰(图 4-4②)。

图 4-4　曲踏墓地出土的金箔面饰

---

① 西藏自治区山南地区文物局:《西藏浪卡子县查加沟古墓葬的清理》,《文物》2001 年第 6 期。
② 霍巍:《试论西藏发现的早期金属器和早期金属时代》,《考古学报》2014 年第 3 期。

该金箔面饰由金箔捶揲制成，高约13.5厘米，由上部长方形冠部和下部人脸形面饰组成。冠部有羊、鸟等动物纹饰及青稞籽穗形状纹饰。据主持曲踏墓地发掘者李林辉推测，金箔面饰的边缘应当与早期纺织物编缀在一起，而后由于年深日久纺织物朽败不存，唯有金箔面饰边缘残存的纺织物纤维碎片能够支撑这一推断。①这两处墓地考古发掘得到的黄金制品，在西藏早期金属文化中居于何种地位，与我国西藏周边地区又存在何种联系，这些问题都需要在下章中进行专题论述。

四、西藏早期金属文化与我国其他地区金属文化的联系与交流

从更为宏观的视野出发，再来审视我国西藏地区发掘出土的各类较为典型的金属制品，不难发现随着黄河中下游地区人类社会步入早期金属时代以后，我国西藏地区亦随之进入早期金属时代。更为直白地说，我国西藏早期铜器出现的年代与周边地区相差不多，并与相邻地区保持着一定程度的往来和联系，尤其和祖国内地相邻的甘肃、青海、四川、云南，乃至较为遥远的新疆地区都保持着较为紧密的联系。

从甘肃、青海、新疆等地区的考古发掘成果来看，以上黄河源头各地区人类遗迹中均发现有年代较早的铜器。②甘青马家窑文化有铜刀、冶炼残留铜块出土，永登连城蒋家坪遗址有铜刀出土。至齐家文化，冶铜业得到进一步发展，有刀、矛、锥、镜、镯、牌等铜器出土。并且，作为与西藏相邻的新疆地区也曾大量发掘铜器。以拉萨曲贡遗址中发掘的铜箭镞为线索，结合审慎的推测，可以认为西藏早期青铜器形制受祖国内地影响较深。而作为对曲贡遗址中的重要出土金

---

① 李林辉：《西藏阿里考古新发现——曲踏墓地》，《青藏高原史前研究国际学术会议手册与提要》，2011年8月。
② 李水城：《西北与中原冶铜业的区域特征及交互作用》，《考古学报》2005年第3期。

属制品——铁柄铜镜的深入探究，可以不断深化我们对西藏早期金属制品与周边相邻地区的流动与传播方面的认识。综合20世纪末西方学者公布及发表的各类有效信息，诸如1982年德国学界公布了一位德国收藏家藏有的带柄铜镜。① 随后，德国学者容格在《普通与比较考古杂志》中专文介绍这面铜镜诸多细节的同时，亦提及还有一面类似的铜镜为法国收藏家所藏。我国学人吕红亮亦在其博士论文《公元前第一千纪跨西喜马拉雅的文化互动：西藏西部早期金属时代考古学研究》中推断这种带柄铜镜似乎也在拉达克地区出现过。

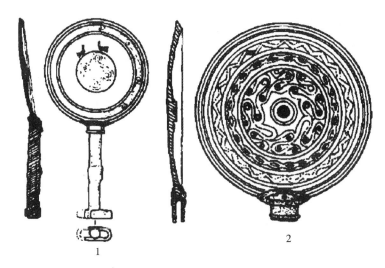

图4-5 藏南河谷出土的带柄铜镜
1. 拉萨曲贡出土的铜镜；2. 藏南河谷某地出土的铜镜

综上所述，我国以霍巍、吕红亮为代表的学人，综合各方材料，认为这种带柄铜镜在我国古代的西藏地区，特别是西藏南部地区（图4-5②）应该是一种相当流行的器物。对于该器物的断代问题，学界普遍较为认同战国至秦汉之际的推

---

① A. Chayet, "Art et Archeologie du Tibet" Paris：Picard, 1994, p59.
② 霍巍：《再论西藏带柄铜镜的有关问题》，《考古》1997年第11期。

论。然而，主要分歧出现在对于该器物形制、纹饰风格究竟受哪种文化影响的争论。其中以赵慧民的源于南亚说、霍巍的中亚—新疆—西藏—横断山区递进传播说、仝涛的西藏本地起源接受汉地影响说为代表。随着近年来探讨的逐渐深入，学界似更为趋同于一种较为折中的观点，即折中于铁柄铜镜很有可能是由中亚地区经中亚南部或印度北部直接传入我国西藏的。综观以上各地发现的带柄铜镜（图4-6①），不难发现其中存在着紧密的联系。

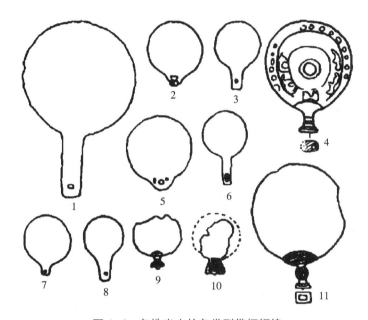

图4-6　各地出土的各类型带柄铜镜

1、5. 新疆新源铁木里克；2. 新疆和静察吾乎沟口；3、6. 新疆轮台群巴克；4. 四川荥经烈太；7. 中亚卡斯穆林文化；8. 中亚塔莫拉文化；9. 云娜祥云检村；10. 云南宁蒗大兴；11. 云南德钦永芝

当这种形制的铜镜传入西藏之后，我国西藏早期的能工巧匠又充分吸收东部地区汉镜的纹饰与点缀手法，对铜镜背面进行了二次加工，这也许是迄今为止这款铁柄铜镜为何令人捉摸不透的原因所在。

---

① 霍巍：《再论西藏带柄铜镜的有关问题》，《考古》1997年第11期。

皮央·东嘎墓地出土青铜短剑最为突出的特点即为手柄尾部一对多重同心涡状实心柄结构装饰物，详细参考与西藏相邻的我国云南西北德钦县纳古、云南西部洱海地区永胜金官龙潭、云南剑川鳌凤山等地出土的类似青铜短剑，皆形制颇为相近（图4-7①）。

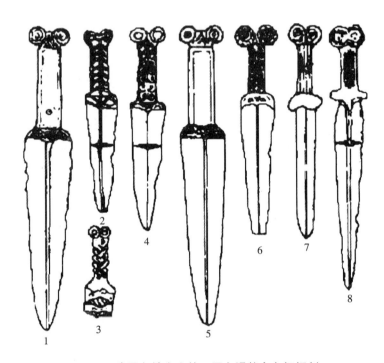

图4-7　我国各地出土的双同心涡状实心柄铜剑
1. 西藏皮央·东嘎；2. 云南德钦纳古；3. 云南宁蒗大兴；4. 云南剑川鳌凤山；
5. 四川盐源干海；6. 云南永胜；7. 河北怀来北辛堡；8. 河北隆化骆驼梁

最为相近者，当为四川盐源地区所出土的青铜短剑，其形制和装饰皆与皮央·东嘎出土的短剑高度相似。因此，吕红亮对此进行了明确的总结，认为皮央·东嘎出土的青铜短剑，可能属于中国西南山地金沙江流域西渐而来，属于远程交换物，类似的青铜短剑在西喜马拉雅山的其他同时期考古遗迹中至今未见，皮央·

---

① 四川大学中国藏学研究所、四川大学历史文化学院编：《青藏高原考古（第6册）》，北京：天地出版社，2018年，第2196页。

东嘎遗址应该属于这类青铜短剑分布的西界。①据此可以明确地指出，该青铜短剑即为我国西藏早期与祖国内地西部地区存在紧密交流交往的可靠证据。

浪卡子县查加沟古墓和阿里曲踏古墓出土的各种金属及黄金制品，与我国内地传统农耕地区墓葬随葬品形制存在差异。因为通常情况下，中原内地从事稳定农业的居民会将装饰的重点放在居住的建筑及生活使用的各种器具上。查加沟古墓和曲踏古墓多种黄金饰品，则多为衣帽装饰、首饰、马具饰品等，这种装饰习惯虽然与我国传统中原内地农耕地区存在较大差异，但却与居于我国中原地区外缘东北—西南走向的"半月形游牧地带"习俗甚为接近。

长期生活在我国西部和北部地区的游牧民族，对各种金器、银器有着极高的热情。我国西藏藏北地区亦有采集得来的各类铜器（图4-8②）。

考察与我国西藏地区相邻的游牧地区，不难发现我国新疆地区、河西走廊

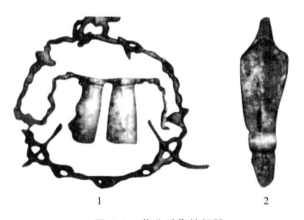

图4-8 藏北采集的铜器
1. 马具头套；2. 铜剑

---

① 吕红亮：《公元前第一千纪跨西喜马拉雅的文化互动：西藏西部早期金属时代考古学研究》，四川大学博士论文，2007年，第124页。
② 四川大学中国藏学研究所、四川大学历史文化学院编：《青藏高原考古（第6册）》，北京：天地出版社，2018年，第2201页。

地区，乃至内蒙古地区、黑龙江上游额尔古纳河地区等，都有大量的黄金制品发现。这些黄金制品在基本分类上，与我国西藏地区黄金制品的类型极为相似。诸如制作金箔时所采用的捶揲方式，实为我国北方草原地区广泛采用的一种黄金制品加工方法；通行的以马、牛、羊为主题的动物形状饰片或装饰纹饰，亦是游牧地区的通用题材；在一些具体的加工工艺上呈现出了较大的相似性和紧密的关联性，即采用螺旋环绕金丝的方式制造精细环形金器的范式，曾广泛流行于北方草原地区。

因此，综合我国西藏地区早期墓葬发掘出土的各类金属制品，首先，以青铜短剑为例，表明我国西藏地区青铜短剑实为我国中原西部地区青铜短剑经由贸易线路传入西藏；其次，西藏地区曾经较为广泛流传的铁柄铜镜，实为兼收东渐中亚铜镜之形制与西传汉镜之风格；最后，西藏地区墓葬发掘出土的大量黄金制品，虽与中原内地农耕地区贵重饰品存在较大差异，但从更为宏观的多元一体格局下的中华民族视角出发，这些黄金制品实与传统中原农耕地区外缘的"半月形游牧地带"的习俗甚为接近，亦深度融入我国北部草原地带的普遍风俗文化之中。依托这些简明扼要的总结，结合我国西藏地区早期金属文化的本质特点，我们不难发现，我国西藏地区虽然由于自身特殊的自然地理条件接收到了不同文化体系的影响，但从更为宏观且本质的角度来看，我国西藏地区的金属文化属于自古以来紧密连接在中原农耕文明外缘的"半月形游牧地带"的文化体系之中，是多元一体格局下逐步凝聚形成的中华文明的重要组成部分。

第五章　中华文化视域下的西藏大石文化

一、中华文化大石文化概述

"大石文明"又称"巨石文明"（Megalithic Culture），作为一种人类文明史上跨度时间长、地域分布广的原始文化遗存，是不容忽视的一种独特的文化现象。传统意义上的大石遗迹通常包括独石、列石、石座、石台、石棚、石阵、石丘墓等。这些原始文化遗存分布于欧洲、亚洲、美洲、大洋洲等广大地区（图5-1①）。在这些大石遗迹中，最早的遗迹出现在公元前5000年左右。学界普遍认为我国西藏地区的大石遗迹主要出现在公元前8世纪—公元5世纪左右。关于西藏大石文明研究，就其本质而言是依托我国西藏地区及其毗邻地域现存的大石遗迹进行专题考察，进而实现对我国西藏地区相应历史时期文化形态与特质的深入探查。

从世界范围来看，大石遗迹的分布是极为广泛的。我国亦有大量的大石文化遗存。国学大师姜亮夫先生以《周礼》："郊宗石室"及《说文解字》："示祐"等为依据，认为这些文献"皆吾先民曾有大石文化之证"②。可见在纸上文献层面，就已有材料证明辉煌灿烂的中华文化中亦包含有悠久丰富的大石文化。在参考纸上文献之外，结合近年来的地上考古发现与田野调查成果，都可以强有力地证明

---

① 下間賴一等：《世界の巨石文明の実地調査研究》，《History of Mechanical Technology Mechanical Desgin》，2006：2.
② 姜亮夫：《姜亮夫全集（二十二）》，昆明：云南人民出版社，2002年，第117页。

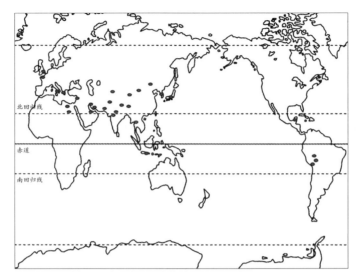

图 5-1　世界主要巨石遗迹分布

在中华文化孕育下的我国广阔地区，分布有地域广泛的大石遗迹。从宏观上看，这些大石遗迹主要分布在传统农耕地区之外的草原游牧地带，且呈现出由东北向西南经由蒙古高原向青藏高原延伸的新月状分布，即沿"边地半月形文化传播带"分布。我国东北、内蒙古、青海及四川、云南广大西南地区等都发现有各类大石遗迹。具体来说，中华文化的大石遗迹分布，东起辽东半岛和山东半岛，沿农牧分界线一路绵延至四川盆地和青藏高原。而其中的我国西藏地区大石文化，实是中华文化视域下"边地半月形文化传播带"上大石文化的重要一环。

二、西藏大石遗迹分布

结合迄今为止的各类考古发现，我国西藏地区的大石遗迹数量应当不少于 200 处，但系统地统计与排查工作尚未展开，现仅就其中具有代表性的 11 处遗迹分布做重点说明。

日喀则萨嘎县独石遗迹；日喀则昂仁县亚木乡石圈遗迹；山南措美县北部哲古草原石圈遗迹；山南浪卡子县多却乡列石遗迹；那曲双湖县扎桑乡帕度湖石坛遗迹；阿里札达县丁东居址独石遗迹；阿里札达县皮央·东嘎格林塘墓地列石遗

迹；阿里札达县达巴乡布曲拉山口石构遗迹；阿里札达县达巴乡朵让石构遗迹；阿里噶尔县门士乡古泽蚌遗迹；曲松果石构遗迹。

从地理上来看，就我国西藏地区的大石遗迹分布情况来说，在我国西藏周边的南亚、中亚及东南亚地区都有相关发现。我国西藏地区发现大石遗迹的最早记录要追溯到上世纪初。文献上较早言及西藏大石遗迹的是法国藏学家巴考（Bacot），巴考于1908年在巴黎出版的杂志上提及了位于我国藏东的大石遗迹。①

从历史上来看，实地考古调查方面较早发现的有1904年和1907年弗兰克（Francke）在当时的拉达克（今印控克什米尔）萨特累季河（象泉河）流域发现的两处大石遗迹。1925—1928年，罗里赫（Roerich）等带领中亚考古队在藏北高原、西藏中部及西藏南部等地都发现有大石遗迹，并借助当地人的发音，将这些遗迹命名为"Doring"，并推断这些遗迹可能是"青铜时代"的产物。但遗憾的是，受限于当时的历史条件和技术水平，未能在后续发表的报告中提供确切的位置信息。意大利学者杜齐（Tucci）在其所著的《西藏考古》中指出，西藏的大石文化主要分布于西藏西部的喜德卡高原，玛法木措附近的吉乌、西藏西部的噶尔羌、多杂宗，边界地区的普夏布格丁山麓等。②然而，该书重点就西藏西部的大石遗迹做专项论述，因此以上所列并非我国西藏大石遗迹全貌。我国学者开始系统关注大石遗迹，是在1990年西藏境内开展文物普查之后。综合近30年来的主要考古报告和1990年以来的文物普查及相关文献综述材料，关于大石遗迹又有了新的发现和补充。主要发现有萨嘎独石遗迹、昂仁石圈遗迹、措美石圈遗迹及浪卡子列石遗迹及双湖帕度湖石坛遗迹。③美国学者贝勒沙（Bellezza）在

---

① Bacot. J. 《Dans Les MarchesTibétaines》, Paris, 1909.
② [意] 杜齐著，向红笳译：《西藏考古》，西藏人民出版社，2004年，第13—14页。
③ 关于萨嘎独石遗迹，参见李永宪、霍巍、尼玛：《雅鲁藏布中上游流域的原始文化》，《西藏研究》1991年第3期；昂仁石圈遗迹，参见李永宪、霍巍、尼玛：《昂仁县文物志》，拉萨：西藏人民出版社，1992年，第28—32页；措美石圈遗迹，参见何强：《"拉萨朵仁"吐蕃祭坛与墓葬的调查及分析》，《文物》1995年第5期；浪卡子列石遗迹，参见何强：《西藏朗卡孜县柔札大石遗迹调查简报》，摘引自李永宪《西藏原始艺术》，成都：四川人民出版社，1998年，第258—259页。

1994年以来，发现并记录了多处西藏西北地区的大石遗迹，提出颇多创见。特别是2000年以后，伴随着各类科考工作的深入开展，诸如2001年藏北无人区综合科考、2002年西藏社科院与美国弗吉尼亚大学联合考察、2003年青藏铁路西藏段考察、2004年象泉河流域考古调查等，新的大石遗迹不断被发现。据推测我国西藏地区大石遗迹的数量已经超过了200处。①

如果从较为宏观的视角来看，我国西藏及周边地区的大石遗迹，自西向东主要分布在巴基斯坦西北地区、克什米尔地区、西藏阿里地区、西藏那曲地区、西藏日喀则地区、西藏山南地区等。另外亦有相关报道指出，与我国西藏南部相邻的印度北部和东北部也存在有数量可观的大石遗迹。②

三、西藏大石文化的内涵与特征

现将我国西藏地区主要大石遗迹类型及情况做简要介绍：

独石遗迹由相对独立的单独巨大立石构成，当然也包含有巨大立石与周围若干较小石块共同组成的情况。主要有阿里噶尔门士遗迹、阿里札达丁东遗迹、旧萨噶宗遗迹、通往西部斯坯提地区的坎夏姆山口遗迹、玛旁雍错旁的吉乌及嘎尔羌遗迹等。

列石遗迹由若干立石按一定方向或特定规则有序排列组成。主要有西藏西部的阿里日土班公湖南岸遗迹、山南浪卡子多却乡遗迹等。

石圈遗迹，在某种意义上可以理解为石阵遗迹的另一种形式，由若干巨大的立石或石柱在地面按照方形、圆形或其他几何图案组成。主要有阿里普兰卓玛拉山口遗迹、日喀则昂仁亚木乡遗迹、那曲尼玛当惹雍错遗迹、山南措美北部哲古草原遗迹、多杂宗和夏布格丁遗迹等。

石台遗迹主要有双湖帕度湖遗迹等。

结合我国西藏境内及境外周边地区大石遗迹的宏观分布来看，藏东地区分布

---

① 夏格旺堆、普智：《西藏考古工作40年》，《中国藏学》2005年第3期。
② 吕红亮：《西喜马拉雅地区立石遗迹初论》，《考古与文物》2010年第5期。

较少,多见于西藏北部、西部、南部,具体来说大石遗迹主要分布在阿里、那曲、日喀则3个地区,且呈现为相对比较集中的两路分布:一路沿西喜马拉雅山两侧呈西北东南走向分布(图5-2①);另一路沿"上部西藏"即藏北高原呈东西走向分布。

综合我国西藏及周边地区的发现,沿西喜马拉雅山南北两侧呈西北东南分布的大石遗迹主要包括克什米尔地区克什米尔河谷的布鲁扎霍姆(Bruzahom)、古克法拉(Gufkra)遗迹,拉达克Poo村遗迹,列城附近遗迹,巴基斯坦西北部斯瓦比区锡瓦镇遗迹,印度北

图 5-2 沿喜马拉雅山两侧呈西北东南分布的主要大石遗迹

1. Dor Dril Bu;2. 查库尔、朵让;3. 泽本;
4. 丁东;5. 拉达克达朗;6. 布鲁扎霍姆、古法克拉;
7. 蒙古 Tsagaan SahaabagaOigor 地区

方邦西喜马拉雅山南麓遗迹,我国西藏地区阿里日土班公湖南岸遗迹、阿里噶尔门士遗迹、阿里札达丁东遗迹、阿里普兰卓玛拉山口遗迹、日喀则昂仁亚木乡遗迹、日喀则萨嘎遗迹、日喀则定结江嘎遗迹等。这些遗迹相对集中地分布在西喜马拉雅山两侧。沿"上部西藏"即藏北高原呈东西走向分布的遗迹,伴随着近年来特别是2000年后我国藏北高原科考工作的深入开展而得以渐次呈现在世人面前。20世纪初,西方探险家罗里赫就已经在我国藏北高原发现了大石遗迹,其中比较著名的是位于班戈错以南的列石遗迹,此外还有双湖帕度湖石坛遗迹,这些遗迹仅为点状分布。近年来在西藏北部,特别是阿里和那曲地区新遗迹的陆续发现,主要分布在阿里地区日土、革吉(盐湖)、改则及那曲地区双湖等地,这

---

① 吕红亮:《西喜马拉雅地区立石遗迹初论》,《考古与文物》2010年第5期。

图 5-3　我国西藏地区大石遗迹主要分布概况

条贯穿藏北的大石遗迹带逐渐清晰起来（图 5-3①）。

从宏观的角度来看，大石遗迹是一种世界性的文化现象。在时间维度上，从石器时代到青铜器时代，在欧洲、亚洲、美洲、大洋洲皆有分布，并且类型丰富，形态功能各异。通常认为在公元前 5000 年左右欧洲西部就可能出现了大石遗迹。②在公元前 2000 年左右，欧洲北部德国、比利时、丹麦、英国诸岛及意大利等地普遍出现大石类建筑，其中最为著名的要属英国南部索尔兹伯里平原杜灵威环石塔（Durrington walls）和斯通亨古（Stoneheng）的环形石阵建筑。学界普遍认为该类建筑与早期天文观测和原始宗教祭祀有关。大约在此相近时期，

---

① J. A. S. 埃文斯 Bellezza, J. V. Antiquities of Zhang Zhung. Copyringt by Central University of Tibetan Studies Sarnath, Varanasi-221007（U. P.）India, 2014, p594.

② ［加］J. A. S. 埃文斯：《欧洲史前期年代重订》，《考古学参考资料》，北京：文物出版社，1983 年。

位于西亚两河流域的美索不达米亚地区也开始出现大石类建筑。约公元前1000年，中亚、东亚、东南亚、南亚地区也陆续开始出现大石类建筑。

我国西藏地区的大石遗迹多为地表开放型遗存，多未经系统专业地考古发掘，因此其年代亦多出于猜测。罗里赫将该类遗迹推断为"青铜时代"或"前佛教时代"的产物，该观点在学界亦得到普遍认可。但是我们应该审慎地看到，大石遗迹虽然作为世界上分布较为广泛的一种古老文化遗存，然而各地大石遗迹的具体建造时间却没有一个"统一的标尺"。换而言之，大石遗迹分布的地域差异性或许已经在客观上说明了其建造时间势必存在多样性。丹尼尔（Daniel）指出："大石遗迹是世界上不同地方、不同时间的创造，没必要在主观上将他们互相联系。……能做的只是建立各自地域的编年。"①所以，我国西藏地区大石遗迹建造年代的相关考察，势必要以我国西藏及周边地区大石遗迹的断代成果构建相对合理的参照系。由于大石遗迹上几乎没有文字、图画等相对具体的符号学、类型学的年代考察依据，所以通常是以其周边人类生活遗迹的发掘断代为线索而展开的。较早进行发掘并断代的有克什米尔地区的布鲁扎霍姆遗迹（图5-4②）、古法克拉遗迹和我国西藏阿里地区札达县丁东遗迹。

图 5-4　布鲁扎霍姆立石遗迹

---

① Daniel. G. E.《The Date of the European Megalithic Tombs》,《Man》,1951（51）:63.
② 吕红亮:《西喜马拉雅地区立石遗迹初论》,《考古与文物》2010年第5期。

布鲁扎霍姆遗迹地处喜马拉雅山之南的印控克什米尔境内,由"耶鲁—剑桥印度探险队"成员德特雷(De Terra)、潘特森(Paterson)于1935年发现并试掘。①发掘过程中采用水平层位法,先后开掘两条探沟,但并未探明该处遗迹的原生层位。而后的1960—1971年间,印度边疆考古调查队(Frontier circle archaeological survey of India)哈赞齐(Khazanchi)负责对该遗迹进行了第二次全面发掘。发掘过程中运用了考古地层学方法,在立石基座附近开掘探沟,依据地层剖面分析,认为该遗迹建造年代当在新石器时代后,下限在公元前后。

古法克拉遗迹地处印控克什米尔首府斯利那加(Sringar)东南约40公里的一处土丘上。1962—1963年,印度边疆考古调查队进行首次试掘。1981—1982年,由曾经参与过布鲁扎霍姆发掘的沙玛(Shama)负责发掘。发掘过程中遵循与布鲁扎霍姆相同的方法,最终认为该遗迹堆积及出土遗物与此前的布鲁扎霍姆遗迹相同。

我国西藏阿里地区札达县丁东遗迹的发掘情况有较为详尽的发掘报告刊载。②札达县丁东遗迹中的大石遗迹(图5-5③)存在两种类型,即"聚落立石"

图5-5　丁东遗址及其立石

---

① H.de Terra,T. T. Paterson.《Studies on the Ice Age in India and Associated Human Cultures》,camegie institution of Washington, 1939:233-234.
② 四川大学中国藏学研究所、四川大学考古学系、西藏藏族自治区文物局:《西藏阿里地区丁东居住遗址发掘简报》,《考古》2007年第11期。
③ 吕红亮:《西喜马拉雅地区立石遗迹初论》,《考古与文物》2010年第5期。

和"屋内立石"。

结合对该遗迹内人类聚落生活遗迹的全面考察,根据出土的陶片及青铜残片推断,其年代当不晚于"西藏早期金属时代"。此外,结合遗迹中发现的炭灰,采样经美国加州大学碳14年代测定并校正后,推断其年代为公元前348年—公元71年,即西藏考古学中的"早期金属时代",相当于中原的战国至秦汉时代。丁东遗迹发掘中,普遍认为该遗迹立石与聚落并存,因而通过推断聚落遗迹的建造时间即可厘清立石的具体年代。

以上是大石遗迹能够进行明确断代为数不多的案例。因为大石遗迹形态各异,结构功能不一,有的甚至是石丘墓,本身缺乏能够进行断代的可靠材料。基本上都是通过大石遗迹附近的人类生活遗存来加以判断。但由于有些情况尚无法判定大石遗迹与人类生活遗存是同时伴生关系,因此依托人类生活遗存断代的做法也就相对有限了。例如"措美遗迹附近发现有吐蕃时期的墓葬,因此调查者将之判定为吐蕃时期,但大石遗迹与这些墓葬之间关系并不明显,未必属于同一时期"①。与此同时,中央民族大学韦陆艳的在其硕士论文《试论西藏史前时期石构墓葬》中,在探讨史前时期石构墓葬的文化属性时,亦强调应当重视大石遗迹与同时期当地遗存及周边遗存的关系,已经注意到"这些具有立石现象的聚落和地区,在某种程度上具有相关联性,但并不表明它们同属一个文化系统"②。现在能够确定两者为共存关系的,有阿里札达县丁东遗迹、阿里噶尔县门士乡泽蚌遗迹等。③

世界各地普遍分布的大石遗迹形态不一、功能各异,因为留存的符号性、类型性材料极少,因而在其具体的种类与功能之间,尚无法建立准确的联系,多停

---

① 霍巍、王煜、吕红亮:《考古发现与西藏文明史第一卷:史前时代》,北京:科学出版社,2015年,第308页。
② 韦陆艳:《试论西藏史前时期石构墓葬》,中央民族大学硕士论文,2013年,第75页。
③ 除丁东遗迹、泽蚌遗迹外,亦有专题论文指出"拉萨朵仁"吐蕃祭坛于墓葬属于一体,"砾石圈遗迹应该是墓地的一处祭祀场所"。参见何强:《"拉萨朵仁"吐蕃祭坛于墓葬的调查及分析》,《文物》1995年第1期。

留于猜测层面。例如位于英国伦敦西南 100 余公里处的索尔兹伯里平原杜灵威环石塔和斯通亨古的环形石阵建筑。学界普遍认为该建筑源于太阳崇拜，应该与天文观测及宗教祭祀存在密切关系。探讨不同地域的大石遗迹，一定要回归其所处地域、创造人群、结构种类等诸多基本条件，而后再进一步分析其具体功能。我国西藏地区大石遗迹主要分布于藏西、藏北、藏南地区，所处地域海拔较高，为 4000 米左右，普遍位于牧区乃至无人区，特别是集中于上部西藏，即阿里、那曲北部。这些地区会很自然地让人联想到游牧人群。而札达县丁东定居遗址及其附近的格林塘墓地遗址，又存在颇多与农耕经济的相关证据。① 因此，有必要对我国西藏地区主要有代表性大石遗迹的种类、形态、所属地域、是否存在人类聚落遗迹或墓葬等问题进行全面陈述。

独石遗迹由相对独立的巨大立石构成，但并不限于一块独立的巨石，亦有超过一块且互相之间不存在特定组合关联的若干立石。当然也包含有巨大立石与周围若干较小石块共同组成"立石＋石圈"的情况。旧萨嘎宗遗迹就是该类遗迹的典型代表，最早为罗里赫发现，杜齐在《西藏考古》中就对该处遗迹做了较为详细的载录(图 5-6②)。该遗迹位于萨嘎—仲巴公路 30 道班附近，河流"朵让曲"东岸，海拔约 4600 米，为青灰色独石，高约 4 米，外围有由白色石英石块组成的半径 1.5 米的圆圈。且该遗迹北侧另有褐色独石，高约 1.24 米，宽约

图 5-6　杜齐记录的西藏立石遗迹

---

① 四川大学中国藏学研究所、四川大学考古学系、西藏自治区文物局：《西藏阿里地区丁东居住遗址发掘简报》，《考古》2007 年第 11 期；四川大学中国藏学研究所、四川大学考古学系、西藏自治区文物局：《西藏札达县皮央·东嘎遗址古墓群试掘简报》，《考古》2001 年第 6 期。

② [意] 杜齐著，向红笳译：《西藏考古》，拉萨：西藏人民出版社，2004 年，图 38。

1.3米。①附近无人类生活居址遗迹及墓葬。

同样属于立石遗迹的阿里札达县丁东遗迹（图5-7②）却有很大不同。丁东遗迹位于阿里札达县东嘎村东嘎河南岸，海拔约4100米，共有两处立石，皆为深褐色条石，一处位于房屋建筑内，另一处位于坡地，两处立石周围皆有石块垒砌的圆圈。除去立石之外，亦有较大成体系的列石遗迹。

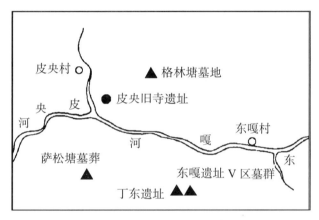

图5-7 札达县丁东遗迹方位略图

该处遗址附近有人类生活居址遗迹及萨松塘墓葬、格林塘墓地、东嘎遗址墓群等（图5-8③）。

列石遗迹由若干立石按一定方向或特定规则有序排列组成。主要有西藏西部的阿里日土班公湖南岸遗迹、山南浪卡子多却乡遗迹等，其中山南浪卡子遗迹较为典型。该遗迹位于山南浪卡子县多却乡羊卓雍湖南岸坡地，海拔约4600米，遗迹立石呈南北双列走向，从湖畔向北部大山排开，两列间隔约40米，皆为绿灰色花岗岩。该遗迹附近有打制石器及粗磨石器，多为石斧、石锛等砍斫器，但并未发现墓葬。

---

① 霍巍、李永宪：《雅鲁藏布江中下游流域的原始文化》，《西藏研究》1991年第3期。
②③ 四川大学中国藏学研究所、四川大学考古学系、西藏自治区文物局：《西藏札达县皮央·东嘎遗址古墓群试掘简报》，《考古》2001年第6期。

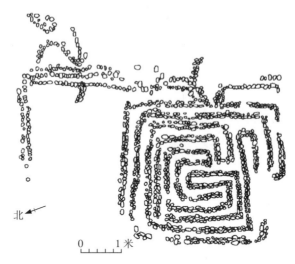

图 5-8 札达县皮央·东嘎遗址列石遗迹平面图

石圈遗迹，在某种意义上可以理解为石阵遗迹的另一种形式，由若干巨大的立石、石柱抑或砾石在地面按照方形、圆形或其他几何图案组成。通常来说，一般石圈遗迹的出现都与早期宗教祭祀存在着某种较为密切的联系。主要有阿里普兰卓玛拉山口遗迹、日喀则昂仁亚木乡遗迹、那曲尼玛当惹雍错遗迹、山南措美北部哲古草原遗迹（图 5-9①）、多杂宗和夏布格丁遗迹等，其中山南措美遗迹和昂仁亚木乡遗迹较为典型。山南措美遗迹位于措美县北部哲古草原地区，处于查扎河畔平原，海拔约 4500 米，由大砾石构成一对同心环形，外部大型圆石圈半径约为 18 米，西北侧有长方形突出部；内部环形石圈半径约为 13 米，为完整闭合圆形；同心环中心有独立石柱，高 1.9 米，直径 0.2 米。此外，内部环形中有两座石堆，直径 0.4 米；一座长方形砾石垒砌平台，长 7 米、宽 3 米、高 0.2 米。该遗迹在当地被称为"拉萨朵仁"，即"神圣的长石"。结合其性质，不难猜想该遗迹的兴建目的，应当是以宗教祭祀等相关活动为主，不过此时的宗教祭祀形式应当尚处于较为朴素的阶段。此外，在该遗迹附近还发现有吐蕃时期的墓葬。②

---

①② 何强：《"拉萨朵仁"吐蕃祭坛与墓葬的调查及分析》，《文物》1995 年第 1 期。

第五章　中华文化视域下的西藏大石文化

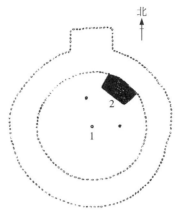

图 5-9　山南县措美乡遗迹

昂仁亚木乡遗迹位于梅曲藏布河西岸，海拔约 4200 米，遗迹规模宏大，南北长约 850 米，东西宽约 450 米，皆用河滩卵石堆砌，由位于中心的石圆圈及位于西北角的凸字形石砌祭台等组成。①具体来说，该遗迹似乎更接近石构建筑群而非单一石阵建筑。从其构成各部分复杂的建筑样式来看，似乎可以窥见当时宗教祭祀仪式已经进入到一个相对复杂的阶段。该遗迹附近发现有打制石器。

石台遗迹，或者说石坛遗迹，主要以双湖帕度湖遗迹为典型代表。该遗迹位于双湖札桑乡境内的帕度湖畔的开阔平原，海拔约 4600 米，石台遗迹长约 12 米、宽约 7 米，为长方形，由形制不一的石块垒砌而成，残高 0.2—0.5 米，周围有宽约 1 米的石砌基础。②附近无人类生活居址遗迹及墓葬。

此外，还存有位于山口的石构遗迹，以札达县达巴乡布曲拉山口遗迹为典型代表。该遗迹位于布曲拉山口以北的山麓，恰好位于山口的两山之间，南面相距穹窿村—东波村的乡间公路仅有 2 米。该遗迹为长方形石框，长约 26 米、宽约 11 米，现存石块高出地面约 0.3 米，用砾石砌成。方框周围有残存立石遗迹，皆

---

① 《昂仁县文物志》将此遗迹载录为"亚木乡扎西宗石构遗迹"，参见李永宪、霍巍、尼玛：《昂仁县文物志》，拉萨：西藏人民出版社，1992 年，第 28—32 页。
② 李永宪：《西藏原始艺术》，成都：四川人民出版社，1998 年，第 258—259 页。

171

为加工的方形柱状条石，基础部分由砾石垒砌。总体来看，该遗迹属于石框与立石的组合建筑。附近未发现任何人类生活遗迹、遗物及墓葬。

综合以上颇具代表性的各类大石遗迹简要概述，既往的有些观点是应该予以修正和改进的。通常认为我国西藏地区大石属于"边地半月形文化传播带"，即突出与内蒙古、新疆、青海地区同属中华早期草原文化的共性。实际上西藏大石文明作为早期中华文化的重要组成部分，之所以存在诸多自身特殊性，既有别于蒙古草原的"鹿石"，又与四川西部地区某些大石遗迹存在诸多联系，这些问题的根本原因都与我国西藏独特的自然地理环境存在着千丝万缕的联系。

上世纪初西方探险家进入我国西藏，希望以欧洲、中亚等地发现的大石遗迹为参考，对我国西藏地区的大石文明进行分类、断代，进而深入探讨其具体作用和功能。立足现有考古材料，以相对独立的视角，从各处遗迹出发，似乎很难探寻到较为可信的"共同规律"。遗迹的形态特点、石构建筑的材质差异、附近是否存在墓葬或墓葬群、人类活动遗迹的多少乃至文化堆积的薄厚等，都无法支撑起一个相对公允的结论。既往研究提出"旷野型立石""聚落型立石""家屋型立石"等概念，这些概念属于立足扎实严谨的考古调查，基于大石遗迹所处的环境、方位进行归纳分类而得出的，是值得我们深入学习和体会的。①

在目前现有考古资料前提下，该分类方法，较之既往单独以立石自身形态为分类依据的方法，具有更重要的价值和意义。最为重要的是，将早期人类长期的生活生产活动，作为重要的参考因素纳入其中。

因此，以早期人类活动的普遍规律为指导，充分结合西藏自然地理条件，并将我国西藏地区作为中华古代文明不可或缺的重要组成部分进行重新审视，就能帮助我们对西藏大石文明有更深层次的了解和体会。

---

① 吕红亮：《西喜马拉雅地区立石遗迹初论》，《考古与文物》2010 年第 5 期。

四、西藏大石文化与我国其他地区大石文化的联系与交流

综合最近我国西藏地区发现的大石遗迹，结合散点式的情况汇总，不难看出，我国西藏地区大石遗迹的地理分布呈现出了两条基本规律：其一，呈西北东南走向沿喜马拉雅山、冈底斯山山麓分布；[1]其二，作为喜马拉雅山、冈底斯山两路分布间的重要补充，多沿河川分布。这两条基本规律已经在一定程度上揭示了西藏大石遗迹分布的一个重要规律，即沿西藏古代的人类迁徙路线，抑或交通路线分布。霍巍教授综合大量考古证据，从宏观上指出，西藏史前交通线路分为内层、外层、三线这三大类。[2]我国西藏地区虽然地域广阔，但因处于北部昆仑山和南部喜马拉雅山脉的环绕之中，形成了较为封闭的地理单元，而在该封闭的地理单元内，又有位于南部的冈底斯山、位于东部的唐古拉山、位于北部的藏北高原，使得相对封闭的地理单元内又被分割出若干带状山麓、河谷地带。我国早期进入西藏地区的先民，出于对水源、生存空间等诸多因素的综合考量，因而通常选择沿山麓、河川迁徙定居。结合我国西藏及周边地区发现的大石遗迹，如果纯然从遗迹所处位置来看，近乎全部符合"沿山麓、河川"分布这一规律。因此，纵然西藏地区海拔较高，自然地理环境相对艰苦，但进入西藏地区的早期先民已然在当时特定的历史条件下，不断努力拓展自身的生存空间和活动范围。当前学界，虽然考古证据相对有限，但依据现有的考古资料则普遍认为，位于西藏西部的克什米尔地区及位于西喜马拉雅山南麓地区发现的大石遗迹，其构造年代要相对较早。该观点的核心思想在于，认为中亚大石文化从西部经"南北两道"，传入中国。北道经蒙古、东北入朝鲜日本；南道经印度，沿海路向东南亚及大洋洲传播。[3]我国学者结合近年来大量考古证据，对该观点提出了有力质疑。指出

---

[1] 藏北高原即羌塘草原南缘地带，从宽泛意义上来说，亦属于冈底斯山北麓地带，近期藏北阿里地区日土、革吉（盐湖）、改则等地发现的大石遗迹可以归入该地区。
[2] 霍巍：《从考古发现看西藏史前的交通与贸易》，《中国藏学》2013年第2期。
[3] 西藏自治区文管会《西藏自治区文物工作三十年》，收录于文物编辑委员会：《文物考古工作三十年 1949—1979》，北京：文物出版社，1979年。

在现实考古层面,西藏高原发现的大石遗迹与四川地区发现的遗迹存在颇多共同性。①当然我们讨论这些问题的时候,一方面要看到客观实际的考古证据,另一方面更要充分认识到西藏地区特殊的自然地理环境。通常来说,传统观点认为藏北羌塘草原属于游牧地区。②随着近年来藏北地区考古工作的不断深入,先后在藏北高原南缘地带发现了数十处打制石器及细石器地点,这些都可以证明"人们曾在这一区域有过较长时期和较大规模的生产活动"③。然而"不能忽略的是,这一地理范围又是众多游牧部落及其文明相互交融的大舞台,在文化、社会和经济的考察中,我们需要站在游牧民族特有的生存环境及其独特社会结构的高度来考虑和分析各类遗存④。"因此,对于藏北这一特殊地理单元,我们既不能以今天羌塘草原、传统牧区的概念简单划分一概而论,又不能因打制石器的发现而排除该地区受到游牧因素影响的可能。从更为客观的角度出发,早期史前时期已经掌握打制石器技术的先民迁徙至藏北地区后,由于受制于当地特殊的自然地理条件,生产力水平较低发展缓慢,因而极有可能长期处于较为原始的石器时代。以今人的视角,认为生活在草原地带,天然地就会产生游牧经济。然而,从经济形态的本质来看,游牧经济其本质是依附于农耕经济而产生的。也就是说,当一个相对封闭的大的地理单元中尚没有孕育出一个较为成熟的农业经济中心时,是无法支撑起今天人们通常认为的游牧经济的。与此同时,我们还应看到,藏北高原地势开阔,西部与中亚地区、北部与我国新疆地区、东部与我国青海地区都存在客观上的地理联系,因此不排除居于此地仍停留在使用打制石器阶段的先民,与来自外部草原的游牧人群存在文化交融与碰撞的可能。

秉承这一分析思路,重新审视我国西藏地区各处大石遗迹的分布,不难想见作为生活在自然条件颇为严酷且生产力发展较为迟缓的早期先民来说,相互之间

---

① 霍巍、李永宪:《雅鲁藏布江中下游流域的原始文化——西藏考古新发现相关问题初论》,《西藏研究》1991年第3期。
② 童恩正:《西藏考古综述》,《文物》1985年第9期。
③ 西藏自治区文物管理委员会:《西藏岩画艺术》,成都:四川人民出版社,1994年,第3页。
④ 夏格旺堆、蒲智:《西藏考古工作40年》,《中国藏学》2005年第3期。

的交流交往就上升到了至关重要的高度,而这种交流交往势必会遵循我国西藏地区的"特殊规律"。前文叙述中提及,西藏大石遗迹呈沿西喜马拉雅山、冈底斯山山麓分布,并且其中的山麓、河川皆有成为迁徙路线或聚落定居的可能。依据现发现的考古遗迹,似乎可以渐次厘清我国西藏地区石器时代出现的一条沿山麓、河川互相交流联系的"内部环线",即以喜马拉雅山北麓、冈底斯山北麓(藏北羌塘草原南缘地带)、唐古拉山南麓形成的交通闭环。作为高海拔地区,人口聚落的生产力发展水平受到极大制约,因而人群、地区间的交通与联系就显得格外重要,而这种人群、地区间的交通与联系,纵然尚属于较为原始的阶段,但亦足以勾连起海拔较低的具有农业发展趋向的聚落与海拔较高具有尚处于狩猎采集阶段的聚落。除此之外,结合近年来藏北地区大石遗迹的发现,尤其是以阿里地区革吉县盐湖乡一带遗迹的发现,似乎更加印证了以上的判断。现在人们对西藏地区古代传统贸易交往的研究,往往多侧重于文化昌明之后的"丝绸之路""麝香之路"等。藏北阿里地区革吉县盐湖乡天然析出的食盐,也许就是冈底斯山北麓藏北地区曾经分布人口聚落的一个重要原因,而西藏"盐羊古道"的历史也许可以在现在的相关文献载录与口头传说的基础上,向上追溯到更早的时代。遵循这一思路,重新审视西藏地区的大石遗迹,不难发现现存大石遗迹实际上可以从宏观角度划分为两种基本形式,即"聚落型遗迹"和"线路节点型遗迹"。"聚落型遗迹"顾名思义,即以早期人类生活生产为中心,基本上都与居址遗迹乃至墓葬遗迹并存;"线路节点型遗迹"则是位于先民交流交往的重要路线,抑或交流节点之上的立石遗迹。依据现有考古资料,我们似乎不能直接否认那些处于人迹罕至旷野之中的立石,与早期尚未过渡到游牧形态的高海拔地区人类聚落之间的迁徙线路或交流通道不存在任何联系。并且,结合已经发现的西藏地区大石遗迹宏观分布情况来看,似乎完全可以证明,这些遗迹大多分布于山麓与河川的古代先民的交通路线之上,甚至有些遗迹直接位于山口等交通道路附近。[①]并且这些遗迹附近发现人类活动遗物较少,似乎都在侧面印证这些立石遗迹与人类直接

[①] 如札达县达巴乡布曲拉山口遗迹及通往西部斯坯提地区的坎夏姆山口遗迹等。

的生活生产活动关系不甚紧密，应当有其特殊的作用和功能，而这些特殊的作用和功能又因其处于古人类迁徙、交通的线路之中，乃至位于重要节点之上，因而较为保守地讲，亦不能完全否定这些遗迹与早期先民的迁徙、交通活动存在的关联。

作为我国西藏地区早期先民迁徙、交通活动的"内部闭环"线路上，为何大石遗迹过多地集中分布在藏西、藏北、藏南地区，而在藏东地带出现了缺失呢？出于推测，可能与早期藏东地区农业的发展存在联系。从西藏早期人类社会发展的实际层面出发，藏东地区自然地理环境相对优越，更适合农业的发展，出于资源匮乏与生活生产的双重需要，势必会对原来"前佛教时期"的一些遗迹进行一定程度的"再利用"。贝勒沙就曾指出，随着上部西藏游牧民族的永久定居，因而产生了对建筑材料的巨大需求。①传统游牧经济转变为定居畜牧经济，抑或非种植农业经济转变为种植农业经济，人类的定居及生产活动都会在客观上刺激对石块等构筑材料的需求。而藏西、藏北地区，尤其是处于冈底斯山北麓（藏北羌塘草原南缘）地带的遗迹之所以能够在自然环境中得以留存，实际上与该地区人群生活生产方式进入并长期处于游牧形态有着紧密联系。当然，以上观点亦属于结合现有材料的猜测，尚需更加凿信实的证据予以支撑。

最后，在具体探讨我国西藏地区大石遗迹的功能方面，始终无法回避"前佛教时期"的原始宗教（苯教）崇拜的问题。通常观点认为，位于高山大湖附近的大石遗迹，尤其是立石、列石遗迹，通常与原始宗教中的神山崇拜有关。直至今日，生活在该区域附近的人民仍将立石附近之山视为神山、立石附近之湖视为圣湖，对立石本身亦倍加崇敬，在立石表面涂满酥油、裹满哈达，这些特点鲜明的自然崇拜，是我国西藏早期自然崇拜的典型代表。并且有学者在此基础上更迈进一步，将西藏先民原始宗教中的白石崇拜与大石遗迹之间建立了联系。②这种原始宗教祭祀活动的本质，是在"神—人"一维格局中，表达对神的无限崇拜。而

---

① 约翰·文森特·贝勒沙著，谭秀华译，汤惠生校：《找寻失落的文化——西部西藏前佛教时期重要考古遗迹调查报告（1992—2002）》，《藏学学刊》2004年第1辑。
② 林继富：《藏族白石崇拜探微》，《西藏研究》1990年第1期。

位于早期先民聚落中的大石遗迹，其所蕴含的原始宗教崇拜问题就要相对复杂一些。在丁东遗迹中，就发现位于室内的立石遗迹及位于房屋外部的立石遗迹各一处，包括"生殖崇拜"等各种猜测，学者皆有论述，但究其核心思想，应当"是人们举行重大礼仪和宗教活动的场所，具有凝聚人们精神的中心意义"①。其核心目的，都是虔诚地希望通过宗教的力量使聚落得以凝聚存续、人群得以发展壮大。其宗教祭祀活动的本质是希望得到"神"的福佑和庇护，并在"神"的福佑和庇护下满足聚落对时间、空间、聚落内部和外部的多方面"原始而朴素的诉求"。此外，值得注意的是，处于农业人群聚落之中的某些大石遗迹，诸如昂仁县亚木乡石圈遗迹、札达县东嘎格林塘墓地列石（石阵）遗迹，根据其遗迹宏大的规模与复杂的结构，有助于窥见居于该遗迹的早期先民宗教仪式发展程度。在当时的历史条件下能够建构出如此规模宏大的宗教祭祀场所，这些都从侧面印证了居于该遗迹的人群中已产生了较为复杂完备的宗教仪式。并且，与该遗迹对应的宗教仪式的复杂程度，应当超过位于人群聚落之外的"线路节点型遗迹"的祭祀活动。②

从前文中围绕我国西藏地区大石遗迹的类型、特点、功能、分布等专题论述，可以从较为宏观的角度对我国西藏地区大石遗迹的"分布走向"和"类型递变"有比较初步的把握：我国西藏地区大石遗迹的分布呈现出沿西喜马拉雅山、冈底斯山麓及周边河川地带，自西北向东南带状分布。为了更为清晰地揭示我国西藏地区大石遗迹与中原内地相关类型遗迹存在的紧密联系，因此有必要就西藏地区其相邻省份现存的大石遗迹概况做简要陈述。

四川地区大石遗迹的类型、分布、功能等亦有其自身特点。根据董其祥《四

---

① 霍巍、王煜、吕红亮：《考古发现与西藏文明史（第一卷：史前时代）》，北京：科学出版社，2015年，第311页。
② 此处仅就宗教仪式的完备与复杂程度进行讨论。由于考古资料有限，此处讨论并不牵涉基于两种不同遗迹所进行的宗教祭祀活动发生时间、年代的先后问题。质而论之，在讨论原始宗教祭祀问题时，并不能仅仅依靠宗教祭祀仪式的复杂程度来判断仪式及其履行场所年代上的先后。

川大石文化研究》的主要观点①，四川大石遗迹在类别上主要分为独石遗迹、石棚遗迹、列石遗迹三大类。

独石遗迹主要包括石笋、五丁石担、天涯石、支机石、五块石等。石笋，状如尖塔，上小下大，高约四五米，重约四五吨。关于石笋的文献记载可以追溯到晋代，考诸常璩《华阳国志·蜀志》即有对石笋之载录："蜀有五丁力士，能移山，举万钧。每王薨，辄立大石，长三丈，重千钧，为墓志，今石笋是也。"②石笋主要分布在成都附近，多位于通衢之处，年深日久遂渐成名胜，亦见于文人墨客所作之诗文中。五丁石担，亦为石笋之一种，相传为五丁力士为蜀王妃担土兴建墓冢之时，挑担折断而留于此地。《华阳国志·蜀志》亦有相关载录："成都县内有一方折石，围可六尺，长三丈许。去城北六十里曰毗桥，亦有一折石，亦如之，长老传言五丁士担土担也。"据其载录，不难发现至常璩编纂《华阳国志》之时，该传说即已流传。然而考其实情，不过两巨石相向对立，因而后世人们方附会以担折之说，亦属立石遗迹当为不误。天涯石，实为古籍文献中言及的大石遗迹，现已不存。据《四川通志》摘引朱秉器《漫记》之载录："蜀城东隅，高二丈，厚仅半尺，瘗根土中，曳之皆摇摇可引，撼之则根不可穷。"可知亦为大石遗迹。支机石，相传为织女支机石，位于成都西城支机石街，新中国成立后为便于保护移至青羊宫内。《博物志》及《蜀中广记》皆有关于支机石来历传说的记载。五块石，实由五块巨石相互叠加而成③，属大石遗迹当为不误，至于是否归于独石类别，尚有分歧。郑德坤、董其祥皆将其归入独石一类。原址在成都城南武侯祠西北大约二里，新中国成立后因修建公路需要而被移走。明人《益部谈资》《蜀郡杂抄》及清代《（嘉庆）四川通志》皆有相关载录。

石棚遗迹主要包括石镜、五妇冢、鱼凫仙坛、新都石镜、冕宁大石墓。以上这些石棚遗迹，究其本质而言皆属大石遗迹中的石构墓葬遗迹一类。因在专题讨

---

① 董其祥：《四川大石文化研究》，参见董其祥《董其祥历史与考古文集》，重庆：重庆出版社，2005年，第231—247页。
②〔晋〕常璩：《华阳国志》明古今逸史本，卷三第2页。
③ 一说为四块巨石。

论西藏大石遗迹时,未将关涉石构墓葬之遗迹予以列入视野进行讨论,因此石棚遗迹亦简单备列于此。

列石遗迹主要包括被当地人所称"八阵图"的"水八阵"和"旱八阵"。关于列石遗迹形制的划分,四川、西藏地区并不存在分歧,皆认为所谓列石遗迹即为存在某种规则或内在逻辑的立石,即通常考古学上认为的"石行"或"环形石阵"。当然,亦包括有特殊形态结构,乃至不规则几何形状的立石群组。《水经注·江水》卷三三载:

> (江水)东经永安宫南,其间平地可二十里许,江山辽阔,入峡所无……江水又东经诸葛亮图垒南,石碛平旷,望兼川陆,有亮所造八阵图,东跨故垒,皆累细石为之。

可知,"水八阵"为细石垒砌兼跨水陆的列石遗迹。而八阵之名,实为后人附会之说。"水八阵"之外,"旱八阵"之传说亦与诸葛亮有关。成都"旱八阵"是指位于成都附近新都弥牟镇唐家寺和双流棋盘镇两处的"武侯八阵图"。该处列石遗迹的相关载录最早可追溯至《太平寰宇记》。据董其祥实地调研可知,弥牟镇旱八阵的结构为人工垒砌土丘群。土丘底层为原生沙土,中层为人工铺制的砾石层,上层为人工覆盖的泥土层。① 每座土丘高 3 米左右,相传有 64 座。双流棋盘镇土丘内部结构几近相同,而外在规模更大,相传有 256 座,星罗棋布于一处。当地地名"棋盘"亦由此而得名。相传此地土丘亦遭到附近乡人破坏,土丘中的垒石为乡人取用,垒土亦随时间流失而分崩瓦解。

以上仅就四川地区的大石遗迹做概略介绍。从文化层面来看,四川地区早期先民建造的大石遗迹与其生活习惯乃至宗教信仰有着密切联系。我国四川地区多高山大川,这些客观的自然条件决定了早期先民一定是依托山崖、洞穴生息繁衍的。不仅四川一地,位于我国西南地区的云南、贵州等多山地域,如黔西观音洞、兴义猫猫洞、桐梓岩灰洞等先民生活过的洞穴遗迹,大量考古证据可以证明

---

① 董其祥:《四川大石文化研究》,参见董其祥《董其祥历史与考古文集》,重庆:重庆出版社,2005 年,第 238 页。

其中文化堆积丰富。这些穴居习惯经过长久的积累和发展，至新石器时代，对先民逐渐产生的丧葬风俗造成了重要的影响。四川大石文化年代的上限通常限定为东周初年，即公元前8世纪左右，与我国学界通常认为的西藏地区大石文化的上限处于同一时期；下限通常认为约在战国末至西汉初年，即公元前3世纪左右。先民在对死亡的思考和对丧葬习俗的发展完善中，很大程度上会根据现实生活中的居住环境来构建死者安葬之所。因此，伴随着早期社会的发展和丧葬制度的兴起，石构建筑和石构墓葬应当存在较为明确的因果联系。

当然，我们还应审慎地看到，结合近年来最新考古发掘和研究成果，亦有学人指出四川地区的大石遗迹与墓葬之间的关系，并非如老一辈学者所说的那样紧密。四川大石墓葬集中分布于安宁河谷地区。刘弘、补琦《大石墓立石辨正》通过对四川安宁河谷地区的大石墓葬进行细致的田野调查发现：在具体方位上，大石通常是竖立在墓冢尾部而非首部；在具体关联上，立石并不是当时大石墓葬的普遍特征，属大型石墓的个别现象。[①]该观点以田野调查为扎实基础，对以童恩正《四川西南地区大石墓族属试探》为代表的老一辈学人持有的大石遗迹与墓葬相互依托存在的观点予以修正。该篇文章翻阅大量发掘报告并指出：

> 查阅20世纪七八十年代的所有大石墓发掘报告，如《西昌坝河堡子大石墓发掘简报》等，均未发现其他大石墓竖有立石的记录。也就是说，当时认定大石墓墓门前竖有立石的唯一例证只有施家堡子大石墓1座。[②]

我们从这些考古报告的梳理背后，结合当时的自然地理和社会历史背景，可以较为审慎地认为，四川地区早期大石遗迹与墓葬的关系可能并不如老一辈学人认为的那样紧密。但亦不能纯然抛开社会历史背景、否定大石遗迹在先民生活中具有一定宗教崇拜，乃至与丧葬制度相关的功能和作用。我们以纯然的考古视角去审视这些遗迹的同时，更要以马克思主义为指导的社会学思维对现象进行深入分析：

---

①② 刘弘、补琦：《大石墓立石辨正》，《四川文物》2013年第3期。

第五章　中华文化视域下的西藏大石文化

至于一般劳动人民，包括自由民和农村公社的农民，他们勤劳一生，衣食不暇给，哪有财力、物力去营造死后的墓葬呢？往往都是受尽折磨之后，葬身沟壑，不封不树，随着风雨侵蚀，禽兽吞食，不留一点痕迹地就消失干净了。所以我们说，大石文化是阶级社会的产物，除此而外，它还是集体劳动的产物。①

因此，依据对考古报告的系统梳理和直接分析，我们可以说大石遗迹与墓葬之间并非存在必然联系，但是我们不可径直据此提出大石遗迹与先民传统丧葬乃至宗教信仰之间亦非存在必然联系。并且，以逆向思维进行推理，先民聚集大量的人力、物力修建大石遗迹，在当时原始蒙昧的生产条件下，若不是出于对原始宗教的虔诚信仰，亦难以凝聚如此规模的人群、完成如此浩大的工程。

另外，结合近年来对四川西昌坝河堡子、北山、小花山、黄水塘、佑君镇、洼垴以及米易弯丘、普格小兴厂、德昌阿荣等地区大石墓葬的发掘②，其中1978年在米易弯丘清理了两座大石墓，并在大石墓中首次发现大量陶器。2004年，对西昌洼垴大石墓及德昌阿荣大石墓进行了全面清理发掘，并以此为基础将此前所有相关材料进行了整理编辑，最终使《安宁河流域大石墓》发掘报告汇编得以刊行。③这些考古调研成果都在说明，四川地区兴建大石遗迹的早期先民所使用的生产生活工具中已经出现了陶器，这代表农耕文明的萌芽已然出现。此外，我们亦不能否认，这些地域位于适宜农业发展的大河流域。因此，客观地讲，在农业社会的持续发展进步中，原始宗教逐步退出历史舞台之后，这些早期的大石遗迹都存在着被后起宗教信仰已然改变的农耕人群破坏的可能。当然，这种破坏从经济层面来看，是出于生活生产的客观需要；从思想层面来看，是由于原始社会宗教信仰已然改变，遗迹褪去了曾经庄严神圣的面纱。董其祥在谈论"支机石"能够幸而留存至今时亦指出："此等名胜古迹，幸而有神话传说附会其上，才能保

---

① 董其祥：《四川大石文化研究》，参见董其祥《董其祥历史与考古文集》，重庆：重庆出版社，2005年，第246页。
② 四川省文物考古研究院等：《安宁河流域大石墓》，北京：文物出版社，2006年。
③ 四川省文物考古研究院：《四川考古60年》，《四川文物》2009年第6期。

存到现在，否则早就毁灭无疑了。"①

至此，结合以上较为全面的材料分析，可以将我国西藏地区分布的大石遗迹与内地四川地区分布的大石遗迹进行对比分析。

首先，从大石遗迹存在的历史时期来看，西藏地区大石遗迹主要出现在公元前8世纪—公元5世纪左右；内地四川地区的大石遗迹出现时间的上限通常限定为东周初年，即公元前8世纪左右，下限通常限定为战国末至西汉初年，即公元前3世纪左右。从时间维度上看，我国西藏地区与内地四川地区的大石遗迹应当同时于公元前8世纪出现。西藏地区大石遗迹绵延至公元5世纪左右，而内地四川地区大石遗迹止于公元前3世纪。这种差异的形成，似乎很大程度上源于内地四川地区农耕经济的发展与社会制度的变革，以及由此而来的人口族群的流动和宗教信仰的改变等。战国末至西汉初年，中原地区兼并战争进入白热化，秦国西并巴蜀之地，古巴地人群被迫迁徙，因而巴地人口结构、社会风俗、宗教信仰皆发生激变当属情理之中。我国西藏地区由于特殊的自然地理环境，导致交通不便趋于封闭，加之经济社会发展受制于外部苛刻的自然环境限制，因而发展速度较之内地缓慢，使得早期的大石文化得以存续较长时间。

其次，从大石遗迹存在的具体地形特征来看，西藏地区大石遗迹无论从西部的阿里日土班公湖遗迹，还是南部的日喀则昂仁亚木乡遗迹、日喀则萨嘎遗迹、日喀则定结江嘎遗迹等，皆位于湖滨、河畔地带。从较为宏观的角度来看，无论是当下学界普遍达成共识的观点，即西藏地区大石遗迹呈现出沿西喜马拉雅山麓及沿"上部西藏"分布，抑或本文中总结提出的西藏大石遗迹沿西喜马拉雅山北麓、冈底斯山北麓（藏北羌塘草原南缘地带）、唐古拉山南麓形成的西藏"内部环线"分布，都在细节上印证了西藏大石遗迹多位于湖滨、河畔的这一论断。并且结合梳理分析现有考古报告可以得出：沿西喜马拉雅山麓分布的大石遗迹多位于河畔，沿"上部西藏"分布的大石遗迹多位于湖滨的"规律"。如若不符合此

---

① 董其祥：《四川大石文化研究》，参见董其祥：《董其祥历史与考古文集》，重庆：重庆出版社，2005年，第234页。

第五章 中华文化视域下的西藏大石文化

"规律",那么该大石遗迹多半位于当时的重要道路或山口附近。对于西藏地区大石遗迹存在地形规律的总结,与四川地区大石遗迹呈现的规律甚为吻合。四川地区大石遗迹多集中分布于安宁河谷地区,即沿河畔分布。除此之外,那些不存在于河畔、湖滨的大石遗迹或位于通衢之侧,或位于闹市之中。这些都足以说明西藏地区的大石遗迹与内地四川地区的大石遗迹在地形分布规律上颇为相似。

再次,从大石遗迹的形态和类别划分的角度来看,西藏地区大石遗迹主要分为独石、列石、石圈、石台等;四川地区大石遗迹主要分为石笋、五丁石担、天涯石、支机石、五块石等。独石类遗迹:究其本质而言,四川地区的石笋,即为通常所谓的独石,即独立存在的立石遗迹。实因早期巴蜀方志类文献《华阳国志》中载录为"石笋",故此名流传于后,渐为四川地区独石约定俗成之名。因此,无论是西藏地区还是四川地区,大石遗迹中独石类遗迹形态实无太大差别。列石类遗迹:西藏地区列石遗迹与四川地区列石遗迹既有联系又有区别。简单来讲,西藏地区列石遗迹以西藏西部的阿里日土班公湖南岸遗迹和山南浪卡子多却乡遗迹为代表,皆为立石按照一定规则排列而成。而内地四川地区列石遗迹多呈现为特殊的"石阵"形态,即"水八阵"和"旱八阵",并不存在立石按照特殊规律排列组合等形态,而是以沙土、砾石垒砌而成的沙石土丘组成的"丘阵"。这种"丘阵"虽然与西藏地区,尤其是西藏西北地区由立石组成的列石遗迹有较大不同,但如果打破现有两地大石遗迹类别划分的隔阂,单纯以大石遗迹的构造材质及构造工艺为线索进行分析,可以发现内地四川地区的这种被划归列石的"丘阵"与西藏地区的"石圈"和"石台"存在颇多相似之处。西藏地区大石遗迹中的"石圈"主要以阿里普兰卓玛拉山口遗迹、日喀则昂仁亚木乡遗迹、那曲尼玛当惹雍错遗迹、山南措美北部哲古草原遗迹、多杂宗和夏布格丁遗迹等为代表;"石台"遗迹主要以那曲双湖帕度湖遗迹为代表。以位于梅曲藏布河西的昂仁亚木乡的"石圈"遗迹和位于帕度湖畔开阔平原的"石坛"遗迹为例,此两处遗迹皆由沙土、砾石按照特殊几何图案垒砌而成。可以看出,无论是西藏地区的"石圈""石坛",还是内地四川地区的"石阵",其构造工艺皆以砾石垒砌为主。当然,两地间的大石遗迹亦存在材质、形制上的差异。西藏地区"石圈""石坛"遗迹多以闭合的环形或者近似环形的开放图案构成。这个图案的背后应该在较大程度上与早期先民原始的自然崇拜，尤其是与太阳崇拜有着深刻的内在联系。而内地四川地区的"石阵""丘阵"呈现的是土丘按照某种特殊几何结构规则排列分布，并不局限于某种闭合抑或开放的环形结构，而是多半以"阵"的形式延展铺开，其中所反映的宗教崇拜问题仍需结合更为细致的考古材料进行探讨。但可以肯定的是，这种沙石遗迹的"阵"状延展分布，已经很明确地说明，生活在四川该区域的先民，在其共同的宗教世界建构中，已然不再局限于原始宗教信仰对太阳的单纯崇拜，或发展为更为高级的宗教信仰阶段，或衍生出属于自己地域的特殊宗教信仰。

最后，结合西藏、四川两地大石遗迹的类型特征及地域分布规律来看，除去前文从宏观角度分析得出的西藏大石遗迹呈现沿"内部环线"分布的这一规律外，西藏地区大石遗迹还呈现出西部大石遗迹以独石、列石等整块石材构建的大石遗迹为主的规律，而靠近西藏东部地区的大石遗迹则以砾石堆砌且富含几何图案的"石圈"为主的规律。四川地区的大石遗迹呈现出"石阵""丘阵"沿河畔分布，"独石"沿道路、聚落分布的规律。综合西藏、四川两地大石遗迹呈现的这些规律，结合考古学及人类学等相关常识分析，我们似乎可以初步得出以下结论：其一，单纯就西藏地区大石遗迹构建的复杂程度来推测其所在地区人群宗教信仰发展阶段的高低，可以看出早期西藏地区先民的宗教信仰发展程度呈现自西向东由低到高的发展态势。其二，西藏地区的原始宗教崇拜形式，越向东发展越清晰地呈现出一条由原始山川自然崇拜向太阳崇拜过渡的线索。而这种太阳崇拜，依据人类历史上其他地区文明的相关遗迹，我们通常可以将其与早期天文观测乃至农业的发展建立关联（图5-10[①]）。

并且在西藏地区靠近东部的大石遗迹中，以及结合近年来西藏东部人类活动遗址的考古发掘报告，可以发现随着西藏地区地理上向东与中原内地的渐次靠近，其遗迹、遗址中出土的精细打制石器、陶器乃至作物籽粒的比例越来越高。

---

① 吕衍航：《建筑与天文——古代建筑中时空测算的记述特征》，《天津大学学报》2001年第5期。

第五章 中华文化视域下的西藏大石文化

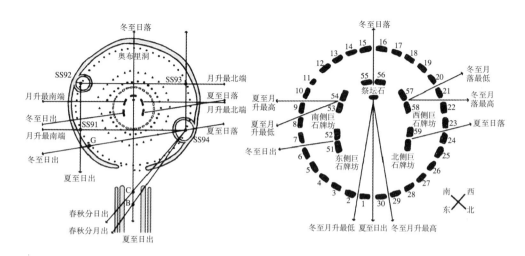

图 5-10 索尔兹伯里巨石阵天文观测应用图

这些都从客观上印证了我国西藏地区,尤其是西藏东部地区早在史前时代的大石文明时期,与内地四川地区的大石遗迹无论在出现时间、地形分布特征、具体形态类别划分、构筑材质等方面都呈现出了非常紧密的联系。这些都足以印证,早在史前文明的大石文化时期,我国西藏与中原内地就存在着十分紧密的交往和联系。因此,至少我们立足当下围绕西藏大石文明时期的考古材料,可以有力地证明西藏地区早期的大石文明究其本质而言,实为中华文明史前文化不可分割的重要组成部分。

当然,需要补充并在此说明的是,前文中已经对西藏东部地区大石遗迹留存不多的原因进行了深入分析。其根本原因,当系西藏东部地区毗邻四川西部,与内地交往密切,且自然条件较之西藏其他地区更适宜农业发展。因此,也正是由于该地区农业的快速发展,促进了社会的快速进步乃至宗教信仰由原始苯教向佛教的转变,这些都是西藏东部地区大石遗迹遭到破坏以致留存较少的直接原因。

云南地区的大石遗迹有着自己独特的地方特色,与四川地区、西藏地区的大石遗迹存在较大的区别。不同于四川地区大石遗迹石笋、列石、五丁担石、支机

185

石、石丘墓等类别完备的遗迹留存。综合现有各类考古发掘报告及相关材料汇编，云南地区并未出现有明确记载的独石（石笋）、列石、石圈等传统意义上的大石遗迹，而多以石构墓葬——"石棺墓"的形式出现。根据霍巍在《从考古发现看西藏史前的交通与贸易》中针对石丘墓的论述来看，霍巍秉承老一辈学人童恩正观点，将石丘墓、大石文化、动物形纹饰列为相对独立的三类考古遗存，并未将石丘墓（石棺墓、石构墓葬）与大石文化混同对待。①这也是前文中在围绕我国西藏地区大石遗迹进行专题研究时，仅以大石遗迹为重点研究对象而并未引入对西藏地区石构墓葬研究的原因。因此，如若以纯粹考古学意义上的大石遗迹为研究对象，那么云南地区是不存在如同西藏地区、四川地区那样特点鲜明的大石遗迹的。然而，本课题的研究虽然以严谨的考古发现为依据，遵循科学的考古学分类方法，但更注重阐释中华文明视域下的西藏文明与内地的联系。所以，行文至此将遵循另一种全新的思路和分析比对方法，以前文中断代的西藏地区、四川地区大石文化的年代时期为突破口，着重分析该年代时期内我国西藏地区具有代表性石构墓葬与云南乃至更为广阔的西部地区石棺墓存在哪些共性，进而阐释这些共性背后所透射出散居各地的我国早期先民所拥有的共同文化心理。

如前文所述，我国西藏地区大石遗迹出现的时间为公元前8世纪—公元5世纪。内地四川地区大石遗迹出现的时间为公元前8世纪—公元3世纪。而对于云南地区历史上存续时间较长的石棺墓，我们首先需要进行细致的年代划分。罗开玉在《川滇西部及藏东石棺研究》中对滇西地区的石棺墓做了详细的时代划分，指出按时间顺序可将其划分为八期：②

---

① "对于石丘墓、大石文化和动物形纹饰这三种类型的考古遗存，童恩正先生早年便以其宽广的学术视野指出：'石丘墓、大石遗迹及动物形纹饰三者都是北方草原文化的特征，广袤的欧亚草原西起匈牙利，越国第聂伯河、伏尔加河、乌拉尔河，经中亚而达中国的北部和西部，从远古时期开始，就是众多的游牧部落生活和争战的舞台，千百年中，他们在这一地域内留下石丘墓及大石遗迹斑斑可考。'"参见霍巍《从考古发现看西藏史前的交通与贸易》，《中国藏学》2013年第2期。
② 罗开玉：《川滇西部及藏东石棺研究》，《考古学报》1992年第4期。

第一期为：滇西区的永仁永定磨盘地三十座墓、永仁维的六十座墓、元谋大墩子一墓、下棋柳一墓；岷江上游茂汶撮箕山早期石棺墓葬；大渡河、青衣江流域汉源大窖一墓。

第二期为：岷江上游茂坟别立卡花五座墓、撮箕山石棺墓群中期墓葬；金沙江、雅碧江流域炉霍甲洛甲妥早期墓葬、巴塘扎金顶九座墓，滇西区德钦纳古二十三座墓。

第三期为：岷江上游区包括茂波城关石棺葬墓地1类墓十六座、营盘山十座墓、三龙河心坝一座墓，金沙江、雅碧江流域区仃雅江呷拉八座墓，西藏贡觉香贝五座墓。

第四期为：岷江上游区包括理县佳山1区四座墓、薛城区子达岩二十三座墓、茂汶别立黄角树四座墓；大渡河、青衣江流域区宝兴瓦西沟口五座墓，金沙江、雅袭江流域区包括甘孜新龙谷日七座墓，甘孜吉里龙七座墓，盐边渔门完小四座墓。

第五期为：岷江上游区域包括理县龙袍岩一座墓、汶川大布瓦岩二座墓、萝葡岩一座墓、茂汶城关墓池墓；金沙江、雅砻江区甘孜吉里龙一墓、盐边永兴范村一座墓，渔门完小二座墓，木里县石棺墓；滇西区有德钦永芝两座古墓和一座土坑墓。

第六期为：岷江上游区包括茂汶城关墓、别立寨晚期四座墓、理县佳山四区四座墓。

第七期为：大渡河、青衣江流域宝兴县陇东老杨桥头一零八座墓，宝兴瓦西沟二墓。

第八期为：岷江上游区包括茂汶三龙五座墓；滇西保山鸭子塘山东麓一座墓。

在此前后八期的时代划分中，第一期墓葬中无金属器物出土，有手工制作陶器；滇西地区有单耳、双耳陶罐，岷江上游地区有平底陶罐。第二期墓葬中有手工制作陶器；个别墓葬中出土有青铜矛、剑、戈及小件金银饰品等。第三期墓葬中开始出现轮制陶器，铜镜、铜剑及少量铁器。据此可知，至第二期时滇西地区社会已经出现青铜器，进入到了青铜的早期时代。至第三期时，已然全面进入青铜时代，铁器亦开始逐步出现。因此，为便于较为准确地对西藏、四川、云南地区进行对比,有必要皆就各自地域所处史前文明的相同社会发展阶段,抑或相同的历史时间坐标进行比较研究。

对于第一期的石棺墓的时代推测,罗开玉根据石棺墓中出土器物的形制、工艺,以大墩子遗迹房屋木柱为线索,经碳14同位素测定并结合树轮校正,推断其为距今3420(正副修正155)年前,约为殷商时代。另结合其他第一期相关出土器物分析,提出第一期的时间断代应当为公元前21世纪—公元前11世纪,时间跨度约为1000年。第二期的石棺墓中出现了小件青铜器,说明当时的人群已经处于青铜时代早期,通过对巴塘扎金顶M4木棺所用木材碳14同位素测定及树轮校正,其所处时代为公元前1285年左右;云南德钦纳古石棺M2人骨碳14同位素测定及树轮校正,其所处时代为公元前1085年左右;综合第二期各类墓葬相关信息的深入考察,推断第二期的时间断代约为殷商末至西周中晚期,即公元前11世纪—公元前8世纪。第三期的石棺墓中出现了小件铁器,结合当时春秋战国时期冶铁技术的传播及当时社会变革的背景,将第三期的时间断代为春秋中至战国晚期,即公元前7世纪—公元前3世纪。

从前三期的断代结果出发,结合西藏地区大石遗迹的出现时间,我们不难发现,云南地区石棺墓第二期结束时间与西藏地区大石遗迹出现时间上限基本吻合。因此,至少从时间维度上来看,将云南地区第二期末以来的石棺墓与西藏地区早期石构墓葬进行对比,是具备一定的可行性的。①

地处我国西南的云南地区,在人类社会发展的早期阶段,位于滇西的洱海地区、金沙江流域地区等都以其得天独厚的自然条件,孕育了早期发达的农业。为滇西地区在当时的历史条件下,成为推动地域文化发展的中心提供了动力。

以前文中关于云南地区石棺分期之第二期德钦纳古二十三座墓为例,其下葬方式:"均为一次葬,葬式有侧身屈肢葬和直肢葬两种,屈肢葬六座,直肢葬三座。"②墓中采用的这种"屈身葬""侧身葬"方式,考古学界普遍认为不仅存在

---

① 袁国友:《论云南地区的原始农业》,《学术探索》2016年第5期。
② 张新宁:《云南德钦县纳古石棺墓》,云南省考古文物研究所编《云南考古文集》,昆明:云南民族出版社,1998年,第305—310页。

于西南地区，远在西北地区的齐家文化墓葬中也多见此类现象。①这种现象很有可能是早期西部地区先民，沿河川跨地域迁徙而形成的。这种对死者的安葬方式在西藏南部、东部地区的墓葬中皆有发现。

例如，日喀则仁布县让君村石棺墓："墓室内的人骨保存完好，从骨架粗细程度及盆骨分析，当系一成年男性死者，其葬式为侧身屈肢葬。"②昌都小恩达遗迹石棺墓："墓内骨架保存比较完整，死者的葬式为侧身屈肢葬，下肢弯曲特甚，双膝抵至胸部。"③并且霍巍指出，小恩达遗迹石棺墓中出土的"小平底双耳陶罐"，在形制上与青海齐家文化墓葬中出土的器物颇为相似。④这些都从侧面说明了，位于我国西部的藏东地区、滇西地区、川西地区，乃至西北部甘青地区，都存在着早期先民跨地域相互交流沟通，并逐渐达成共同习俗、审美乃至文化心理的事实。

从考古学角度出发，通常将我国西藏地区的石构墓葬称为石丘墓。对石丘墓的关注始于20世纪初。1925—1928年间，罗里赫（Roerich）等带领中亚考古队在西藏北部、西藏中部及西藏南部等地发现有大石遗迹的同时，亦在西藏中部的霍尔（hor）、南茹（nam-ru）、那仓（nag-tshang）发现了石构墓葬。这类墓葬的总体特点皆在地表之上以石块垒砌墓丘。阿里日土县阿垄沟墓葬，阿里皮央·东嘎遗址的朗布钦、萨松塘、格林塘3处墓葬，拉萨曲贡遗址墓葬等都是该类石丘墓的典型代表。这种石丘墓在西藏较为常见，从地域分布上来看主要多见于西藏西部、中部、北部等地。较为传统的观点认为：

西藏石棺葬中，诚然曾有可能受到过古代西北文化的若干影响，但它主要还

---

① 中国科学院考古研究所甘肃工作队：《甘肃永靖秦魏齐家文化墓地》，《考古学报》1975年第2期；另见甘肃省博物馆：《武威皇娘娘台遗址第四次发掘》，《考古学报》1978年第4期。
② 西藏文管会文物普查队：《西藏仁布县让君村古墓试掘简报》，《南方民族考古》1991年第4辑。
③ 西藏文管会文物普查队：《西藏小恩达新石器时代遗迹试掘简报》，《考古与文物》1990年第1期。
④ 霍巍：《西藏墓葬制度》，成都：四川人民出版社，1995年，第37页。

是一种当地土著民族的葬俗，是在西藏高原本地起源和发展起来的。①

但这种基于本地的"起源"和"发展"实是一种文化融合后的产物。我国西藏地区这种传统考古学意义上的石丘墓，并非西藏地区石构墓葬的唯一类型。霍巍指出：

> 从目前考古发现的情况来看，西藏的石丘墓主要分布在藏中和藏西地区，而在藏东地区则以传统意义上所成的石棺墓（也称为石棺葬、石板墓等）发现较多。石丘墓和石棺墓这两种类型的墓葬在墓葬形制、出土器物、遗迹考古学文化内涵上是有区别的，不能混为一谈。②

霍巍将我国西藏地区石丘墓与石棺墓的区别总结为：一、石丘墓与大石遗迹伴生，而石棺墓则独立存在；二、石丘墓粗糙，而石棺墓无论是石料加工还是墓室构造都更为精细；三、石丘墓出土陶器地域特点强，而石棺墓出土的陶器呈现出极强的跨地域共性；四、石丘墓背后代表了更多的草原文化，而石棺墓的背后则代表了更多的川、滇西南地区的农耕文化。从霍巍总结的四个要点出发，我们不难发现，我国西藏地区石构墓葬呈现出两种较为明显的类别分野，而造成这种分野的深层原因在于：我国西藏地区实是草原文化与农耕文化的交汇融合之地。来自草原的文化或自中亚经克什米尔地区由西部传入西藏，或自蒙古高原经"半月形地带"由青海传入西藏；而我国西南地区农耕文化或自川、滇经"藏彝走廊"传入西藏，或自川滇沿着河川北上，经甘青地区传入西藏。因此，才形成了我国西藏地区石构墓葬呈现出东、西地域形制的差异。

简而言之，西藏东部地区出现石棺墓形制的墓葬，就已经在客观上证明了生活在该地区的早期先民与内地川滇乃至甘青地区存在相似丧葬习俗，以至于产生拥有共同文化心理的可能。从墓葬中出土的器物来看，以藏东地区昌都贡觉香贝石棺墓为例，该石棺墓中出土器物：

---

① 四川大学中国藏学研究所、四川大学历史文化学院编：《青藏高原考古研究第5册》，成都：天地出版社，2018年，第1944页。
② 霍巍：《从考古发现看西藏史前的交通与贸易》，《中国藏学》2013年第2期。

地域特征十分明显，从墓葬形制到出土器物，都与川西、滇西北的石棺墓有着明显的联系。其中出土的双耳大罐，双大耳上起口沿，下接腹部，其弧度基本上是鼓腹向上延伸。关于这类双耳大罐的来源，目前有不同认识，一般认为其与西北地区的双耳罐有直接联系，而另一种意见则认为其与云南西部洱海地区青铜文化的双耳大罐更为密切。由于贡觉从地理位置上正处在西藏高原东缘，位于南北流向的金沙江、澜沧江流域，沿峡谷从南北两个方向上受其他文化影响都是可能的。①

因此，以藏东地区的石棺墓葬形式及出土器物形制特点为线索，结合对川、滇西部乃至甘青地区石棺墓葬相关问题进行关联研究，似乎又可以对前文中提出的我国西藏地区大石文化分布的"内部环线"论述补充以更为强大的外在动力。如果能够以更为宏阔的视野和公允的态度来审视我国西藏地区早期的大石文化，我们可以得出这样的结论。西藏作为来自西方草原文化和来自东方农耕文化汇合交融的关键地域。我国西藏地区，生活在内地川、滇、甘、青地区的早期先民不仅沿着各自的道路实现着与西藏地区的交往、交流和交融，并且川、滇、甘、青地区间亦进行着交往、交流和交融，进而为生活在各地区的早期先民逐渐形成共同的风俗、审美乃至文化心理奠定了基础。

关于西藏大石遗迹的分布、形态、功能等方面，结合考古资料的专题研究，推断我国西藏大石遗迹应当属于石器时代，至迟不晚于青铜时代早期，具体年代应在公元前8世纪—公元5世纪。当然，更为具体的断代和时间考证，尚有赖于进一步展开更为全面的考古工作。我国西藏大石遗迹，依托西藏地区特殊的自然地理条件，主要分布在藏西、藏北、藏南地区，呈沿西喜马拉雅山、冈底斯山山麓及河川地带分布。这既与西藏特殊的自然地理条件有关，更与我国早期进入西藏的先民因地制宜的生活生产方式有关。严酷的自然地理环境，催生出了人群的

---

① 四川大学中国藏学研究所、四川大学历史文化学院编：《中国藏地考古·综合研究编·考古分论（第8册）》，成都：天地出版社，2014年，第2759页。

迁徙与交流，这一点成为我国西藏地区早期先民特有的文化现象。位于人群迁徙、交流路线之上和定居聚落之中的大石遗迹，遵循"石器时代"或"前佛教时期"原始先民朴素的认知，这些大石类建筑由于位置的不同、形态的各异往往在先民原始宗教崇拜中被赋予不同的内涵。从宏观上来说，位于人群聚落之外的"线路节点型遗迹"，通常表达的是原始宗教中近乎一元纯粹的对于神山的崇拜；位于人群聚落之中的"聚落型遗迹"则代表了更为多元复杂的宗教祭祀仪式，其宗教祭祀仪式的核心内涵亦较前者包含有更多方面的"诉求"。质而论之，我国西藏地区史前时期的大石文明，从其出现时期、地理分布、形态特征、构筑特点等方面来看，都与祖国内地西部地区的相关遗迹存在着千丝万缕的联系，这些考古学上的确凿证据都再一次有力地证明了西藏史前时期的大石文明，实为中华文明史前文化不可分割的重要组成部分。

第六章　中华文化视域下的西藏史前岩画

一、中华文化史前岩画概述

（一）文献记载与研究方法

岩画是凿刻或绘制于露天崖壁、岩石或洞穴中的图像，分布遍及世界五大洲。我国北魏时期的郦道元在其地理名著《水经注》一书中就记载了中国古代岩画，将其称之为"画石"，这比1627年挪威人彼得·阿尔逊在瑞典波赫斯浪发现史前岩画早了1000余年。《水经注》中对岩画的记载多达20余处，在河水、沁水、漾水、淮水等河流条目中都直接或间接提到了分布在那里的岩画，所涉及的地区包括了今天的新疆、青海、宁夏、内蒙古、河南、陕西、山西、山东、安徽、广西、四川和湖南等。书中对岩画制作方法的记录已经包括了涂绘和凿刻两种，题材包括动物形象、神像（人像）、人面像、符号、足印、车辙、刀、剑等。如"河水"条中记载的："河水又东北……山石之上，自然有文，尽若虎马之状，灿然成著，类似图焉，故亦谓之画石山也。"这些岩画图像均应是郦道元时代之前陆续刻绘的。郦道元之后，唐宋、明清乃至近代的文献中也对岩画有记载。[①]

岩画的研究需要具备考古学、历史学、人类学、宗教学、生物学、美术史、

---

① 陈兆复：《古代岩画》，北京：文物出版社，2002年，第13—18页。

社会学等方面的专业知识。对于岩画而言，除了图像本身，所在地的大环境和小环境、周围的颜料、器皿或工具、周围的人类活动遗迹等也是重要组成部分。在上述学科与研究思路中，考古学方法是记录岩画资料和对岩画资料开展基础性研究的最主要方法。

考古学在岩画研究中的应用主要体现在以考古学的方法记录和研究岩画：一方面，利用传统考古学的叠压打破关系、颜色深浅等判断图像之间的相对年代早晚；另一方面将岩画图像同特征相同、年代明确的墓葬、遗址出土遗物进行比对，确定岩画的绝对年代范围。

岩画的年代问题一直是岩画学研究的难题。此前的岩画研究者们通过观察和研究已经总结出了一些方法，主要包括两方面：一、是利用自然科学的手段，对岩画进行直接测年，即直接断代法，盖山林先生在《中国岩画学》一书中曾经做过一些介绍①，汤惠生、张文华在《青海岩画》一书中则对近年来国外使用过的此类方法做了比较系统和全面的介绍。②特别是《青海岩画》一书中提到的"微腐蚀断代法"在青海岩画断代实践中取得的成功，对于今后岩画年代测定提供了一种新的可能，不过，这种方法目前还正处在试验的阶段。岩画直接断代的方法，在理论上提出了判断岩画绝对年代的可能性，但在具体操作过程中还存在很多问题。这种方法还只能作为一种辅助方法。二、传统的考古学断代法将传统考古学的基本方法——类型学、地层学引入岩画研究，对某一地区的岩画的相对年代做出初步判断，在此基础上，将岩画与岩画周围的考古学文化遗存特别是墓葬、居住遗址等结合起来，作为一个整体进行研究，通过传统考古学的方法确定岩画周围考古学文化遗存的年代，然后对岩画的年代做出推断。

岩画年代判断所涉及的关键性因素包括：

1. 岩画之间的打破关系

打破关系是进行早晚关系判断最基本和最有效的证据。岩画图像间的打破关

---

① 盖山林：《中国岩画学》，北京：书目文献出版社，1995年。
② 汤惠生、张文华：《青海岩画——史前艺术中二元对立思维及其观念的研究》，北京：科学出版社，2001年。

系虽然不是很多，但仍可作为判断岩画时代的有效证据。

2. 岩画的颜色

当使用刻划工具在覆有黑色岩晒的岩石表面进行岩画的创作时，新鲜的刻痕呈白色或者灰白色，所以颜色灰白的岩画年代最晚。新鲜的刻痕经过长期的自然力侵蚀，会逐渐地重新覆上岩晒，岩晒的颜色也会逐渐加深，呈黄褐色，然后呈红褐色，并最终有可能和岩石原来的表面颜色一致，变成黑色。不过需要注意的是，这种颜色的对比只针对同一块岩石，甚至同一个岩面上不同时期的岩画才有效。因为岩石本身的质地、岩画刻痕的深浅、岩画所在岩面的迎风向阳情况等因素是有差异的，岩画所在的石面经受的侵蚀程度是互不相同的，因而不同岩面、不同岩石上同一时期的岩画不可能是同一种颜色，不同时期的岩画其颜色更无法进行对比。在一个比较大的区域范围内，颜色更无法作为年代早晚关系判断的主要依据。

3. 岩画在岩石上的位置

当一块岩石上同时刻有几个时代的岩画，而且这些岩画之间没有明显的打破关系时，一般来说，位于一块岩石上最显眼、最光滑、最平整、最方便雕刻的岩面上的岩画，年代应相对较早；而位于岩石侧面的那些较小的、破碎的、不平整的岩面上的岩画，年代应相对较晚。在同一个岩面上，位于中心、正面位置的岩画，年代应相对较早；位于边缘、周围等部位或者穿插其间的岩画，年代应相对较晚。

4. 制作方法

岩画的制作方法归结起来大概有这样几种：密点敲凿、疏点敲凿、浅磨刻、深磨刻、刻划、涂绘。这几种制作方法有的是单独使用，有的则结合在一起使用；比如有的岩画使用敲凿的方法制作，然后用磨刻的方法进行后期的修饰加工；有的岩画使用疏点凿刻的方法来构筑框架，然后使用磨刻的方法来完成主体；有的用敲凿的方法加工动物身体的某些部位，然后用磨刻的方法制作身体的另外一些部位；还有的用划刻的方法勾勒动物轮廓，然后对轮廓内用磨刻方法填充；等等。制作方法的不同，一方面反映了技术的改进，另一方面也反映了工具的进步。

5. 人类艺术表现力与审美观的变化

一般来说，人们的艺术表现力会越来越强，但是审美观却会因为时代的不同而发生复杂变化，而且往往会出现反复。具体到岩画图像中，力图写实，但是造型呆板的岩画年代应该相对较早；刻划准确，造型生动的岩画年代应当相对较晚；而表现写意，趋于抽象的岩画年代则应相对更晚。

6. 综合比较分析

岩画内容丰富，包括各种题材、种类，引进传统考古类型学的方法对具有典型性的各类岩画图像进行类型学研究，这一尝试的可行性在对新疆伊犁穷科克岩画进行的研究中已经得到了证实。① 中国境内发现的早期岩画的基本表现形式主要有剪影式和粗线条式两种，这是我们进行岩画分型的基本依据。而在同一型的岩画体中，具体表现形式也有差异，有的造型呆板，呈静态；有的造型生动，呈动态；有的写实，有的抽象；有的线条粗犷，有的线条流畅，有的线条简略；有的岩画各部位线条粗细一致，有的岩画各部位线条粗细不一。这些差异应该与先民艺术表现能力的发展演变、审美观的变化、岩画琢刻技术的改进有关。同时，在同一岩石上的不同岩画之间，有的存在打破关系；同一岩石上岩画的颜色及其所反映的风化程度，也反映了岩画制作时间的相对早晚。上述这些都成为我们划分同一型的岩画中不同表现形式的依据。比起其他人工遗物和遗迹来说，岩画作品的随意性和个体差异更为明显，我们在把握岩画作品形式之间的差异和联系时的难度要比其他遗迹、遗物大得多。所以，在对岩画作品进行类型分析时，要注意求大同、存小异。

以上这些就是判断岩画相对年代的关键性依据，但是每一种依据都有它适合的范围，也有它本身的缺陷，所以，具体操作过程中，应该是有甄别地、综合地考虑各种证据的有效性，并不断对由此得出的结论进行反复验证。

---

① 西北大学文化遗产与考古学研究中心、新疆自治区文物考古研究所：《新疆尼勒克穷科克岩画调查报告》，《新疆文物》2006年第1期。

（二）分布与类型

中国岩画分布十分广泛，从已公布的资料来看，几乎遍及整个中国：北至内蒙古、黑龙江省，与北方草原岩画区相接；南至香港、澳门；东起海滨山东；西迄新疆、西藏西部，与印度、巴基斯坦、中亚岩画区相接。从省份来看，目前仅有吉林、河北等少数省区尚无岩画报道。从分布特点来看，中国岩画的分布以新疆及内蒙古阴山、乌兰察布草原、巴丹吉林沙漠地区最为密集，而宁夏、甘肃、广西、西藏、青海的岩画数量也相当可观。从地理环境来看，几乎所有山地、丘陵、草原地区的岩石或崖壁、洞穴中都或多或少地分布着岩画。

由于生态环境的影响，从石器时代起，中国就有活动于西北草原的游牧民族文化、黄河流域以粟和黍为代表的农业文化以及长江流域及其以南以稻作农业为代表的水田农业文化、东南沿海的海洋渔业文化。中国岩画的分布大体与上述的多种民族文化区一致。根据岩画的内容与风格及其所处的文化地域，可将中国岩画分为3个主要区域：

1. 北部与西部草原区

主要包括黑龙江、内蒙古、山西、宁夏、新疆、甘肃、青海等，题材以动物为主，风格较写实，技法大多是凿刻，为北方草原地区的狩猎、游牧民族作品。其中以阴山岩画、乌兰察布岩画、阿尔泰山岩画、天山岩画、昆仑山岩画、黑山岩画、贺兰山岩画最为典型。

2. 西南与南部山地区

主要包括四川、云南、贵州、广西等，岩画点大都分布在江河沿岸的崖壁上。崖壁上部往往向前突形成"岩厦"，既可以躲避风雨，又可以防止阳光直射。岩画点前常常有一平台，为人们祭祀、集会之场所。题材以人物的活动，特别是宗教活动为主，同时又与当地的农耕生活相联系。制作技法以涂绘为主。

3. 东部与东南沿海区

中国东南沿海的渤海、黄海、东海、南海的海岸山脉向外伸展，经海浪冲击后形成的锯齿状多岩地貌有利于岩画的制作。这一带的安徽、江苏、浙江、福建、广东、香港、澳门、台湾等地均发现有岩画，代表性的有江苏将军崖岩画、福建仙字潭岩画、广东高栏岛岩画、台湾万山岩岩画等。题材大多与古代先民的出海活动有关，以抽象的图案为主。制作技法皆采用凿刻。

中国史前岩画的类型一方面与民族传统文化有着明显的联系，同时也与社会经济、社会形态、时代变迁密切相关。不同类型的岩画艺术出现在不同时期，始于旧石器时代，并一直延续到有文字的历史时期。从社会学的角度看，岩画类型可以分为5种：早期狩猎岩画、晚期狩猎岩画、畜牧岩画、复杂经济岩画、农耕岩画。

狩猎岩画作为中国北方草原和西北高原岩画的主要类型，是古代以狩猎生产为主的部落集团对当时生产活动形象化的记录，也是当时人们传达精神世界内涵的表现形式，而且还可能与原始宗教和巫术意识有关。早期狩猎者岩画主要描绘巨大的动物和一些符号，如野牛、老虎、马和骆驼等；后期狩猎岩画中开始出现弓箭，多带有持弓箭的狩猎者，猎取羚羊、鹿或其他中等大小的动物。这些人群在北方草原地区往往以小部落为单位生活。这种被岩画表现的生活方式也持续很久。除动物形象外，狩猎社会后期的岩画还包括众多的简单图形，以及有些可能属于象形文字的简图阶段。

狩猎岩画中，有表现集体围猎轰赶的，也有表现设陷阱或设栅栏围捕的，如云南沧源岩画中有设栅栏捕捉猴子的场面。狩猎工具有石球、棍棒、弓箭等。狩猎方式有步行狩猎和骑马狩猎。在狩猎岩画中，有时会出现鹰的形象，如甘肃黑山岩画中就有多幅带有鹰图像的画面。其中一幅上有一猎人骑马追逐一只骆驼，高空中有一只鹰在翱翔；另一幅中猎人骑马追逐即将分头逃窜的野牛，弯弓待射，一只鹰低空相随；还有一幅徒步猎者在5条猎犬的协助下，正在涉猎一头野牛，天空中有3只鹰盘旋相随。除了写实的鹰以外，还有程式化的鹰图像，表现为正面、双翅展开、头部偏向一侧、尾部呈正三角形。这类鹰的形象在西藏岩画中比较常见，内蒙古岩画中也多次出现这种体形巨大的鹰形象，而且往往出现在画面的主要位置，有的还出现在与神灵崇拜有关的画面旁边。如西藏塔康巴岩画中出现的两只造型完全相同、相对而置的鹰图案，说明这类鹰图像在高原原始文化中很早就有了神灵崇拜的意义。

游牧岩画主要题材是驯养的羊群和牛群。云南地区还有瘤牛，阴山岩画中有一幅牧羊犬与羊群的岩画,青藏高原岩画中的牦牛则是最典型的图像类别。此外,车辆岩画是中国北方草原地区青铜时代至早期铁器时代常见的岩画题材之一。距今 3000 年以前,居住在阿尔泰山北麓的斯基泰人已经使用高轮车。值得注意的是,车子的结构均为双轮、单辕、带车舆,有的表现驾车的马的形象。车舆或为半圆形,或为圆形,或为方形,车轮带辐或不带。车辐有 4 根、5 根、8 根、10 根、12 根不等的数量。帐篷岩画也是游牧岩画的代表性图像,曼德拉山岩画中的帐篷图像描绘了由 18 座帐篷组成的村落,正中是一座最大的帐篷,布局有序,主次分明,表明大约在青铜时代或更早的时候,这一带的居民已经从洞穴移居到了帐篷,从狩猎业过渡到畜牧业。

农耕类型的岩画主要分布在东南和南方地区。江苏连云港岩画中有刻在石头上的禾苗,反映了这一地区先民与农业经济生产的紧密联系。浙江余姚河姆渡遗址陶盆上的稻穗纹与连云港岩画中的禾苗纹造型十分相似。

东南沿海岩画中抽象几何纹样较多,反映出了浓烈的部族宗教意识。作者们并不刻意表现生活现象和生态环境,而是多以符号类图像作为作者宗教观念和情感的载体。香港岩画的最大特点就是所表现的内容多为一些抽象的图像,一种是几何形,如圆圈、螺纹、抽象花纹等。南方海洋文化的岩画中,船形也是典型图像。澳门岩画中就有带桅杆的船,广东珠海高栏岛岩画中表现有船队,连云港岩画中发现有最大的古船岩刻。

整体来看,中国岩画的图像种类主要有动物、人物、工具武器、植物、天象、建筑、图案符号等七类,其中以动物和人物图像的数量最大。制作方法主要有凿刻、磨刻、涂绘 3 种,其中以凿刻岩画数量最多,涂绘岩画次之。从功能来看,反映物质生产与现实生活的画面数量最多,表现自然崇拜、思想寄托和宗教信仰的画面次之。其主体部分的时代起自旧石器中晚期,延续至两周之际,是中国史前文化的重要组成部分。

二、西藏史前岩画分布

作为西南边疆,西藏地区的历史分期与考古学文化分期具有一定的自身特点，其史前时代一般意义上指的是吐蕃统一之前，即公元7世纪之前，也有学者称之为"前吐蕃时期""前佛教时期"①。因此，西藏史前岩画主要指的就是西藏境内吐蕃王朝（公元7世纪初—公元9世纪中叶）之前的古代凿刻与涂绘岩画遗存，是西藏古代岩画的主体部分。从目前的调查发现来看，西藏史前岩画主要分布在藏北那曲和藏西阿里这两大游牧文化区。此外，在藏中南的日喀则地区、山南地区、拉萨地区及藏东的林芝地区和昌都地区也有少量发现。西藏史前岩画所反映的狩猎、放牧、舞蹈、战争、祭祀场面与早期的居住遗存、墓葬、列石、石片图案、石构遗迹等共同构成了西藏史前文化的完整内涵，是西藏史前文化遗存的重要组成部分，也是中华史前文化的重要组成部分。

（一）发现与研究

最早的西藏岩画线索主要是国外学者提供的，如意大利的奥夫施莱特在他的一篇报告中提到了拉萨附近发现的可能是马的岩画②，另一位意大利学者杜齐也在他的《西藏考古》一书中提到了西藏西部的大角野山羊、武士等岩雕图像。③

科学的西藏岩画记录始于1985年，西藏自治区文物管理委员会阿里地区文物普查队在日土县首次发现岩画，并进行了较为科学的考古调查与资料刊布。④

---

① 国家文物局主编：《中国文物地图集·西藏自治区分册》，北京：文物出版社，2010年，第8页："继西藏（旧石器时代和）新石器时代之后，在考古文化序列上还存在着许多缺环，目前的资料还无法准确地界定西藏的石器时代终止于何时、青铜器时代始于何时、铁器又是在什么时候传入西藏的。学术界有意见认为，西藏高原紧接着新石器时代之后，可能有过一个石器、青铜器与铁器并用的阶段，有的学者将这个阶段命名为"早期铁器时代"，并推测这一时代可能开始于公元前1000年左右，结束于6世纪，即吐蕃王朝兴起之前。目前发现的相当于这个历史时期的考古学遗存主要是一批墓葬材料以及岩画、石构遗迹，由于文化发展的不平衡性，这个阶段一般仍被划入西藏史前时期，亦即本图所划分的"吐蕃部落时期"，以有别于后来创造文字和历史文献记载的吐蕃王朝。"第10页："西藏高原的古代岩画也主要流行于这一时期，……"
② [意]奥夫施莱特著，杨袁芳、陈宗祥译：《西藏居民区的史前遗址发掘报告》，四川省文物管理委员会、四川省文物考古研究所编《石棺葬译文资料集》，1985年。
③ [意]杜齐著，向红笳译：《西藏考古》，拉萨：西藏人民出版社，2004年。
④ 西藏文管会文物普查队：《西藏日土县古代岩画调查简报》，《文物》1987年第2期。

到20世纪90年代，西藏岩画的发现更多，分布地域更广。对西藏岩画最早进行梳理的当属李永宪教授和霍巍教授1994年出版的《西藏岩画艺术》①，书中图文并茂，对1985年以来西藏岩画的发现情况及各处岩画图像进行了介绍。之后，美国学者文森特·贝莱莎在他2001年和2002年出版的两本藏北、藏西调查报告②中发表了较多的岩画点资料与照片，其中已知的占大部分，亦有少量新发现的点，如洛布措、热帮措环湖岩画点等，图像上也有不同程度的增补。张亚莎教授在2006年出版的专著《西藏的岩画》及发表的论文《西藏岩画的发现》③中做了更为系统的整理，系统介绍了19世纪末至21世纪初西藏岩画的发现情况。2006年，四川大学硕士研究生于桂兰完成硕士论文《西藏涂绘岩画的初步研究》④，其中对西藏岩画点进行了表格式统计。2010年正式出版的《中国文物地图集·西藏自治区分册》⑤以区域文物地图和搭配文字介绍的形式对截至第三次全国文物普查所发现的西藏岩画点以县为单位做了概括介绍。

此外，2004年8—9月，在配合西藏阿里地区地方志文物卷的编写对阿里7县开展的考古调查中，在全区7个县调查石器、岩画、列石、石柱、石圈、石框、墓葬、建筑、佛塔、石窟寺等类文物点共计51处，其中新发现的文物点有47处，包括3处岩画点。2008—2010年进行的第三次全国文物普查中亦有新发现的岩画点，如拉萨市墨竹工卡县甲玛乡孜孜荣岩画点。2013年7—8月对热帮乡洛布措湖沿岸的4个岩画地点进行了全面的实地考古调查，新发现的岩画数量是以往所知的接近6倍，同时还踏查了该乡东部的热帮措环湖岩画。2015—2016

---

① 西藏自治区文物管理委员会编：《西藏岩画艺术》，成都：四川人民出版社，1994年。

② John Vincent Bellezza, ANTIQUITIES OF NORTHERN TIBET: Pre-Buddhist Archaeological Discoveries on the High Plateau (Findings of Changthang Circuit Expedition, 1999), Adroit Publishers, Delhi, 2001. John Vincent Bellezza, Antiquities of Upper Tibet: An Inventory of Pre-Buddhist Archaeological Sites on the High Plateau (Findings of Upper Tibet Circumnavigation Expedition, 2000), Adroit Publishers, Delhi, 2002.

③ 张亚莎：《西藏的岩画》，西宁：青海人民出版社，2006年；《西藏岩画的发现》，《西藏大学学报》2006年第6期。

④ 于桂兰：《西藏涂绘岩画的初步研究》，四川大学硕士学位论文，2006年。

⑤ 国家文物局主编：《中国文物地图集·西藏自治区分册》，北京：文物出版社，2010年。

年的西藏阿里象泉河流域调查中，在札达县曲龙遗址内新发现曲米色布岩画，同时在该县的度日坚岩画点新发现画面 600 余幅。

通过上述资料梳理与实地调查，对西藏岩画迄今为止的发现已经有了较为全面的了解。在统计过程中，对于距离较近且属于一个相对独立区域的岩画点并不以小地点单独计算，而是合为一处大地点，以大地点命名统计，依此，西藏地区目前发现的岩画点共计 51 处（图 6-1①）。

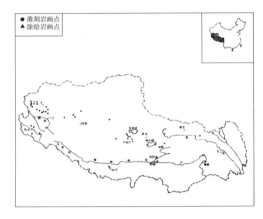

图 6-1　西藏岩画分布示意图

（二）分区介绍

1. 拉萨地区 3 处

（1）拉萨市 1 处

拉萨附近岩画，动物，凿刻。20 世纪中期，意大利学者奥夫施莱特发现，并发表报告。②

（2）墨竹工卡县 1 处

孜孜荣岩画点，凿刻。2008 年第三次全国文物普查试点工作中新发现，位于甲玛乡孜孜荣村东侧山崖上。共有 4 幅画面，图像种类有鹿、羊、狗、牛、人物（骑马人物、执弓箭人物）、佛塔、雍仲符号等。凿刻法为主，图像之间存在叠压打破关系（图 6-2③）。④

---

① 于桂兰：《西藏涂绘岩画的初步研究》，四川大学硕士学位论文，2006 年，第 9 页。
② ［意］奥夫施莱特著，杨袁芳、陈宗祥译：《西藏居民区的史前遗址发掘报告》，四川省文物管理委员会、四川省文物考古研究所编《石棺葬译文资料集》，1985 年。
③④《孜孜荣岩画》（简讯），《西藏大学学报》（社科版）2016 年第 2 期。

图 6-2 孜孜荣岩画
1. 第一幅；2. 第二幅；3. 第三幅

（3）当雄县 1 处

扎西岛岩画，涂绘。1994 年发表调查简报。①《中国文物地图集·西藏自治区分册》与《西藏岩画艺术》中均有收录。

---

① 西藏自治区文管会文物普查队：《西藏纳木错扎西岛洞穴岩壁画调查简报》，《考古》1994 年第 7 期。

2. 日喀则地区 3 处

（1）江孜县 1 处

江孜县境内岩画，动物、骑马者，凿刻。1934 年意大利学者杜齐发现，1945 年发表报告。①

（2）定日县 1 处

门吉岩画（两处地点，相距 1 公里），凿刻。1990 年西藏自治区文管会文物普查队发现，1991 年发表简报。②《西藏岩画艺术》与《中国文物地图集·西藏自治区分册》均有收录。

（3）吉隆县 1 处

它日普岩画，涂绘。2011 年发现，2012 年和 2013 年分别发表两篇介绍资料与论文。③该岩画系用红褐色颜料涂绘而成，有日、月、雍仲符号（卍）、树木、人物、网格、马匹、猎犬、指印、女阴等图像（图 6-3④）它日普岩画为西藏早期苯教研究提供了明确的方向和依据。

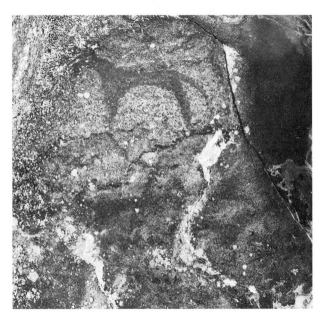

图 6-3　它日普岩画

---

① ［意］G. 杜齐：《江孜与江孜一带的寺院》，《印度—西藏》第四卷，1945 年。汉译本为魏正中、萨尔吉主编的《梵天佛地》第四卷《江孜及其寺院》，上海：上海古籍出版社，2009 年。
② 西藏自治区文管会文物普查队：《西藏定日门吉岩画调查简报》，《南方民族考古》第四辑，1991 年。
③ 赤培·巴桑次仁、桑果：《西藏吉隆县它日普岩画初探》，《西藏艺术研究》2012 年第 3 期；夏格旺堆：《西藏日喀则吉隆县境内首次发现古代岩画》，《中国西藏》2013 年第 4 期。
④ 四川大学卢素文拍摄、李帅供图。

3. 阿里地区 28 处

（1）日土县 16 处

①鲁日朗卡岩画。②任姆栋岩画。③阿垄沟岩画，均为凿刻，1985 年西藏自治区文管会文物普查队发现，1987 年发表简报及研究论文①，《西藏岩画艺术》与《中国文物地图集·西藏自治区分册》均有收录。④塔康巴岩画。⑤那布龙岩画。⑥康巴热久岩画。⑦洛布措岩画（4 个地点）。⑧宗雄措岩画。⑨扎布岩画。⑩多玛岩画。⑪曲嘎尔羌岩画。⑫热帮措岩画。除多玛、曲嘎尔羌为涂绘之外，其余均为雕刻。这些地点在 20 世纪 90 年代由西藏自治区文管会文物普查队发现，或稍晚时由美国学者贝莱莎·文森特调查发现。包括塔康巴岩画在内的岩画点都收录在《西藏岩画艺术》《中国文物地图集·西藏自治区分册》或贝莱莎·文森特的两册考古报告中。2001 年发表了塔康巴岩画专门的简报。②洛布措岩画 2004 年进行了补充调查，2013 年进行了全面调查记录，共计调查确认岩画分布地点 4 处，画面 618 组，③确认了岩画与不同时代的祭祀坑、石构遗迹、墓葬等其他遗迹的共存关系，极大地提升了洛布措地区在藏西前吐蕃时期文化序列中的地位，为更加全面和深刻地认识这一地区青铜时代至铁器时代文化面貌的多样性提供了资料依据。热帮措岩画仅有贝莱莎的调查报告。宗雄措岩画，即《西藏岩画艺术》中收录的"左用湖"岩画。

此外，还有⑬下曲龙岩画点、⑭布显岩画点、⑮过巴岩画点、⑯达贡亚岩画点，均为凿刻，仅见于《中国文物地图集·西藏自治区分册》，应为 21 世纪 10 年代第三次全国文物普查中的新发现。

（2）札达县 8 处

①萨冈岩画。②萨冈西岩画。③色日宁沟岩画。④扎拉山岩画。⑤白东布岩

---

① 西藏自治区文管会文物普查队：《西藏日土县古代岩画调查简报》，《文物》1987 年第 2 期；张建林：《日土岩画的初步研究》，《文物》1987 年第 2 期。

② 四川大学考古学系、西藏自治区文物局：《西藏日土县塔康巴岩画的调查》，《考古》2001 年第 6 期。

③ 陕西省考古研究院、西藏自治区文物保护研究所：《西藏日土洛布措环湖考古调查取得重要收获——新发现大量岩画、墓葬与石构遗迹》，《中国文物报》2013 年 10 月 18 日第一版。

画。⑥卡孜岩画。⑦曲米色布岩画。⑧度日坚岩画①，凿刻。①—⑤为《中国文物地图集·西藏自治区分册》新收集的资料，且未见简报等资料，应为文物普查中新发现的点。卡孜岩画点为 2004 年发现，共 3 组画面，图像种类有立姿禽类，可能为鸭，轮廓剪影式，表现眼睛、喙部、宽掌、背部、尾部等，还有人物、逆时针的雍仲符号、奔跑的狗、塔、太阳、牦牛等，均为凿刻。曲米色布岩画点共计调查确认 37 组画面，多数画面图像较复杂，有叠压打破关系。单体图像种类有牦牛、"卍"、"卐"、鹰、线条式人物、轮廓式戴羽状头饰人物、"S"纹马、狗、太阳、塔形、圆圈、曲线图案等。图像均为点凿法制作，凿痕深浅不一；颜色有深有浅；部分图像之间有叠压打破关系；表现形式以粗线条式和轮廓式为主。度日坚岩画分布在河谷北侧山坡上部至底部的黑色岩石上，分布范围南北约 230 米、东西约 320 米，根据地形特点可分为东、西两区。西区调查发现岩画 626 组，东区调查发现岩画 25 组，共计 651 组，是目前为止西藏单体岩画点中画面数量最多的地点。图像种类包括动物（牦牛、羊、马、狗、鹿、蛇、鹰、禽鸟、狼）、人物、车辆、图案（回字形、波浪纹、波折纹、连续菱形、"S"纹、曲线花枝纹）、日、月、"卍"、"卐"、塔等。各类图像之间存在较多打破关系，以西区 359 号画面为例，其左上部的一个塔形图像同时打破了其下层的早期车辆、人物与"回"字形云雷纹。雕凿方法以密点敲凿为主、疏点敲凿为辅，还有 1 组涂绘岩画。表现形式包括剪影式、线条式和轮廓式，其中剪影式和轮廓式图像数量相对较多。与周边地区已知岩画图像相比，度日坚岩画具有显著的自身特点，主要体现在以下几个方面：

分布十分密集，虽然整个岩画点范围并不大，但却发现了 650 余组画面，是目前西藏乃至整个青藏高原地区发现画面数量最多的单体岩画地点；

动物岩画中，蛇的数量多，出现相对而立的牦牛，部分动物图像体内填充平行斜线纹，表现蹄爪细节；

---

① 陕西省考古研究院、西藏自治区文物保护研究所：《西藏札达县度日坚岩画考古调查取得重要收获》，《中国文物报》2016 年 11 月 18 日第 8 版。

车辆岩画数量较多,刻画细致,表现车轮、车舆、车辕、拉车的对马等(图6-4①);

图案岩画数量和种类均较多,其中又以连续"回"字形云雷纹、平行波浪线与平行波折纹最为典型。

图 6-4　度日坚岩画车辆

（3）革吉县 3 处

①吉仲/盐湖岩画、②路布堆岩画、③阿果岩画,均为凿刻。吉仲岩画收录在《中国文物地图集·西藏自治区分册》中,位于擦咔乡（盐湖乡）,与《西藏岩画艺术》中收录的"盐湖岩画"应为一处地点。路布堆岩画与阿果岩画为2004年发现。其中,路布堆岩画调查共发现有画岩石 11 块,岩画多雕凿在山体崩落的大石块上,暴露年代久远的石块表面均呈铁锈色,图像种类有牦牛、羊、鹿、狗、对射人物、骑马人物、射箭人物、图案、雍仲符号等。阿果共计发现记录相对独立的有画岩石 4 块,题材有马、牦牛、羊、狗、图案、人物、六字真言等,均为凿刻。

---

① 陕西省考古研究院张建林拍摄。

（4）改则县 1 处

热加索康岩画/先遣岩画/康巴热久岩画，凿刻。热加索康岩画为《中国文物地图集·西藏自治区分册》收录的名称，先遣岩画为《西藏岩画艺术》收录的名称，康巴热久岩画为 2004 年调查时记录的名称，经比对，应为同一岩画点。

4. 山南地区 2 处

（1）贡嘎县 1 处

多吉扎岩画，凿刻。《中国文物地图集·西藏自治区分册》与《西藏岩画艺术》均有收录。

（2）浪卡子县 1 处

曲果子扎瓦岩画。西藏第三次文物普查新发现地点。

5. 昌都地区 2 处

八宿县 2 处

①拉鲁岩画，凿刻。②甲玉岩画，涂绘。拉鲁岩画在《中国文物地图集·西藏自治区分册》与《西藏岩画艺术》中均有收录。甲玉岩画仅在《中国文物地图集·西藏自治区分册》中有收录。

6. 林芝地区 1 处

墨脱县 1 处

阿梗岩画，涂绘。仅《中国文物地图集·西藏自治区分册》收录。

7. 那曲地区 12 处

（1）那曲县 1 处

哈尔布沟岩画，涂绘。《中国文物地图集·西藏自治区分册》与《西藏岩画艺术》均有收录。

（2）申扎县 7 处

①买巴岩画（三个洞穴），涂绘。②沃扎日岩画，涂绘。③加热山岩画/沃色洞岩画，凿刻。④洛奔菩岩画，涂绘。⑤吉忠岩画，涂绘。⑥噶尔苏岩画，涂绘。⑦滚若玛丁岩画，涂绘。①和③仅《中国文物地图集·西藏自治区分册》有收录。②《中国文物地图集·西藏自治区分册》和《西藏岩画艺术》均有收录。④—⑦仅见于四川大学于桂兰《西藏涂绘岩画的初步研究》的西藏岩画点统计表

中。这4处地点中,除⑥之外,均位于雄梅乡,⑥所说的雄普宗所属乡镇不明。沃色洞岩画的名称亦仅见于《西藏涂绘岩画的初步研究》,但从其位置来看,可能与文物地图集中收录的加热山岩画为同一处地点,均位于马跃乡。买巴岩画包括距离较远的3个洞穴,其中包括《西藏岩画艺术》中收录的"拉木羊岩画点"与"拉错隆巴沟岩画点","拉错隆巴沟岩画点"与《中国文物地图集·西藏自治区分册》名称无法对应,《中国文物地图集·西藏自治区分册》中3个洞穴的名字分别为塔加措、纳布日和拉木羊。

(3)索县1处

军雄岩画,凿刻。《中国文物地图集·西藏自治区分册》和《西藏岩画艺术》均有收录。

(4)班戈县1处

其多山岩画,涂绘。《中国文物地图集·西藏自治区分册》与《西藏岩画艺术》均有收录。

(5)尼玛县2处

①加林山岩画、②夏仓岩画,均为凿刻。《中国文物地图集·西藏自治区分册》与《西藏岩画艺术》均有收录。2001年,那曲无人区科考队对两处岩画点进行了调查,将夏仓岩画称为"夏桑岩画",2002年发表简报①,重点介绍了车辆图像。

从西藏岩画的分布情况来看,以游牧文化为主的藏西阿里高原与藏北那曲草原是西藏岩画最主要的分布地区,共有岩画点41处,占总数的79%,这表明西藏岩画所反映的经济形态仍然是游牧经济。而林芝、昌都、山南、日喀则、拉萨等5个地区所发现的岩画点是零散地分布着的10处岩画点,每处岩画点的岩画数量亦相对较少。岩画所在地海拔从900米左右到4800米左右不等,海拔差异很大,但以4000米左右的高海拔区域为主,这与中国岩画主要分布在甘肃西部、新疆北部、宁夏、内蒙古中西部、青海等古代游牧文化经济中心区,河南、山

---

① 洛桑扎西:《那曲尼玛县夏桑、加林山岩画调查简报》,《西藏研究》2002年第3期。

东、黑龙江、山西、四川、贵州、云南、广西、福建、江苏、广东、台湾、香港、澳门等地零星散布少量岩画点，海拔跨度也从低海拔到高海拔，以高海拔区域为主的情况是一致的。

三、西藏史前岩画的基本特征

西藏岩画的基本特征主要包括制作技法、种类题材、表现形式3个方面。最早对西藏岩画特征进行分析与研究的是1985年张建林研究员发表的《日土岩画的初步研究》，其中的观点和结论至今仍基本适用。此后，主要有张亚莎和李永宪两位教授的研究成果。

（一）制作技法

西藏岩画的制作技法分为凿刻（图6-5[①]）与涂绘（图6-6[②]、图6-7[③]）两种，以凿刻为主。这一点与中国岩画的制作技法以凿刻为主、涂绘为辅的特点是相同的。凿刻岩画均为露天岩画，分布在露天崖壁或山坡地带的独立散石上；涂绘岩画多分布在崖壁洞穴或湖滨洞穴中以及岩荫壁面上。目前已知的51处西藏岩画地点中，凿刻岩画37处，占71%；涂绘岩画14处，占29%。而且，从总体的分布范围及画面数量来看，凿刻岩画占据绝对优势，具有分布范围大、岩面选择灵活、画面数量大的特点；而涂绘岩画受限于适合作画的洞穴数量少、洞内空间及壁面有限等因素，尽管有14处地点，但画面数量整体较少。

凿刻岩画中，又可以分为点凿、磨刻和划刻3种技法。点凿法由点间接成

---

① 西藏自治区文物管理委员会编：《西藏岩画艺术》，成都：四川人民出版社，1994年，第75页。

② 西藏自治区文物管理委员会编：《西藏岩画艺术》，成都：四川人民出版社，1994年，第147页。

③ 西藏自治区文物管理委员会编：《西藏岩画艺术》，成都：四川人民出版社，1994年，第97页。

线，根据点的疏密程度又可以分为疏点和密点两种；磨刻法和划刻法直接成线。其中，点凿法制作的岩画数量在凿刻岩画中占据绝对优势，磨刻法和划刻法制作的岩画数量相对较少。凿刻法使用的工具以石质工具为主，多为自然带尖石块或人工石凿，磨刻法（图6-8①）和划刻法的工具可能以金属工具为主。涂绘岩画的技法相对单纯，系使用软质工具直接在壁面上进行绘画。

图6-5 日土宗雄措点凿岩画

图6-6 当雄扎西岛涂绘岩画

图6-7 日土多玛涂绘岩画

图6-8 索县军雄磨刻岩画

---

① 西藏自治区文物管理委员会编：《西藏岩画艺术》，成都：四川人民出版社，1994年，第158页。

（二）种类题材

西藏岩画的单体图像种类以动物和人物两大类（图6-9①）为主，还有"卍""卐"、日、月、三角折线纹、连续菱形纹、曲折雷纹、圆圈纹、车、树、人面形图案、塔形图案等（图6-10、图6-11②）。

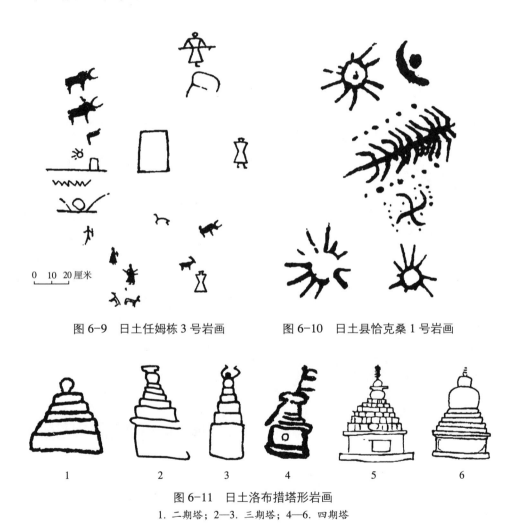

图6-9　日土任姆栋3号岩画　　图6-10　日土县恰克桑1号岩画

图6-11　日土洛布措塔形岩画
1. 二期塔；2—3. 三期塔；4—6. 四期塔

①② 西藏文管会文物普查队：《西藏日土县古代岩画调查简报》，《文物》1987年第2期。

动物图像中，牦牛、马、鹿、羊四类数量较多，狗、鹰、鱼三类数量较少。牦牛数量最多、出现少数鹰形图像，这体现了高原岩画的典型特征。马数量较多，车形图案与北方草原地区发现的车形岩画具有相似性，这均为游牧文化特征的表现。由三角折线纹、连续菱形纹、曲折雷纹、圆圈纹组成的石片图案形象与石片图案遗迹相对应，与人面形图案等一起反映了一种原始宗教祭祀文化的特点。鹿角多为非写实性的大分叉式或细长螺旋式，具有非写实性，亦可能与原始宗教信仰有关。日、月、树等图像则与高原先民的自然崇拜密切相关。

西藏岩画的题材主要有狩猎、放牧、战争、舞蹈、祭祀、生殖崇拜等6种，以狩猎和放牧两种为主。较明确的狩猎题材画面中，单体图像组合的要素主要包括动物和执弓箭人物或单独的弓箭两类；较明确的放牧题材画面中，单体图像组合的要素主要包括单纯的个体或群体动物、动物与立姿不执物或执鞭棍类物体的人物；战争题材画面中，单体图像组合的要素主要是一个或多个执长矛或方盾的人物，有的画面还表现出直接的对峙或打斗场景。舞蹈题材岩画数量较少，主要特征是一个或多个通过身体扭动或四肢伸展表现出舞蹈姿态的人物，这类人物在北方草原地区凿刻岩画和南方、北方的洞穴岩画中普遍存在，数量均较少。舞蹈人物中有一少部分装饰有羽毛、面具、夸张的服饰等，被认为可能是原始宗教中的巫师，其舞蹈动作带有宗教色彩。祭祀题材画面的主要要素目前发现的有与祭祀活动有关的石片图案、图案复杂的面具形图案、人面形图案等。生殖崇拜题材的画面主要要素为媾和的动物或人物。

（三）表现形式

西藏岩画的表现形式主要有三类：剪影式、线条式、轮廓式。剪影式图像的基本特征为写实性，图像种类以人物和动物为主，包括鹰等。图像身体部分较粗，曲线较明显，整体比例大体合适。线条式在此特指用较粗的单线条表现的图像，包括动物、人物、图案、符号、日、月、树、车等。轮廓式是指以线条勾画出封闭或不封闭的身体及四肢轮廓，图像种类主要包括动物和人物两类，还有塔等。上述三类表现形式的岩画单体图像数量中，线条式图像数量最多，剪影式次之，轮廓式图像数量相对较少。

剪影式图像中，写实程度有差异，部分图像写实性很强，多数图像身体部分曲线弧度单一、缺少起伏感，少数图像身体较窄较扁，接近于较粗的粗线条式图像。有一类剪影式人物的身体表现为斜直折线表现的三角形或梯形。线条式图像中，有的图像线条粗细基本一致，有的图像线条粗细不均匀，线条曲线或僵直或弧度明显。轮廓式图像中，多数图像的轮廓线为单线条，少数图像局部轮廓线为双平行线，人物或动物的腿、头等部位线条收束处或闭合或不闭合。轮廓式图像中还有一类特殊图像，动物体内装饰"S"纹或斜线纹。部分人物的身体轮廓用斜直折线勾画出三角形或梯形样式。

上述三类表现形式的图像中，以动物和人物为主的两大类图像又分别可以分为动态式和静态式两种。动态式图像常见的有奔跑、走动、射箭、争斗、舞蹈等形式。静态式人物或动物的四肢、头部、身体等无明显的弯曲或扭动，大体呈站立或趴卧状。西藏岩画中，动态式图像较之静态式图像而言，数量相对较多，因而画面大多较为生动。

总体来看，西藏岩画的制作技法、图像种类与题材及表现形式均与我国岩画的整体特征具有明显一致性。除了传统的北方草原游牧文化特征以外，也具备一定的宗教祭祀特征。

四、西藏史前岩画的时代与族属

张建林的《日土岩画的初步研究》揭开了西藏岩画分期研究的帷幕，用考古类型学和综合分析法将日土岩画分为具有发展演变关系的早、中、晚3个时期。此后，李永宪、霍巍在《西藏岩画艺术》中用综合分析法总结出了西藏岩画上起公元前1000年，下迄吐蕃王朝时期的考古学年代范围，在此基础上将西藏岩画概括分为早、晚两大期，早期为吐蕃之前，晚期为吐蕃时期及以后。综上所述，目前关于西藏岩画专题和深入研究的论著还较少，汤惠生先生提出的"微腐蚀断代法"尚未在西藏岩画分期研究中直接使用，不过该方法对青海岩画的年代研究成果可以作为间接佐证来判定西藏岩画的时代。此外，细致的考古类型学分期研究以及基于此之上的综合分析比对研究仍然是岩画分期断代的最根本方法，除了日土岩画的初步实践之外，还在甘肃马鬃山区岩画[①]、新疆穷科克岩画[②]、日土洛布措岩画[③]的研究实践中取得了成功，是今后对西藏岩画进行分期研究的主要方法。

西藏岩画的主要图像种类牦牛、马、鹿、人物等数量大、表现形式与造型风格多样，是对西藏岩画进行类型学分期研究的基础。通过对已有图像资料的总结分析，我们将西藏岩画分为以下三期：

第一期

制作方法以稚拙古朴的密点或疏点敲凿法为主，表现形式多为剪影式，风格总体较为简约，很少表现细部特征，仅个别牦牛腹下凿刻出简单的披毛、部分人物身体部分表现出简约的衣物轮廓。轮廓式和粗线条式图像数量相对较少，部分轮廓式图像局部轮廓线不闭合。画面多较小，图像分布较散，略显凌乱，未见排列整齐的大幅画面。图像种类包括牦牛、鹿、狗、羊、马、鸟、猎人、牧人等。动物多为单体形式，有个别为交媾图像。鹿数量较少，枝杈状角，枝杈造型较简单（图6-12）。人物以体态较小的简约侧身样式为主，体态较大、表现简约三角形袍服轮廓的人物图像较少。

该期牦牛图像与青海野牛沟岩画中的牦牛（图6-13[④]）非常相似，但造型风格更为多样，表现更加成熟细致。而该期岩画图像中的长方形石框与框内中上部的近圆形图案以及下部的三角折线状图案与石构遗迹中的石框、石圈以及三角折线状石片图案的形状、性质均应相同，这类遗迹在藏北、藏西地区多有发现，与石构墓葬、列石、石柱等统称为大石文化遗迹，是青藏高原早期铁器时代的遗存。综合来看，该期图像的时代为公元前10世纪前后到公元前5世纪。

---

① 席琳：《甘肃马鬃山区岩画分期研究》，《从中亚到长安》，上海：上海大学出版社，2011年。
② 王建新、何军锋：《穷科克岩画的分类及分期研究》，《考古与文物》2006年第5期。
③ 席琳、马瑞：《西藏日土县洛布措岩画初步研究》，《岩画研究》，银川：宁夏人民出版社，2014年，第110—123页。
④ 汤惠生、张文华：《青海岩画——史前艺术中二元对立思维及其观念的研究》，北京：科学出版社，2001年，第16、23页。

中华文化视域下的西藏史前文化研究

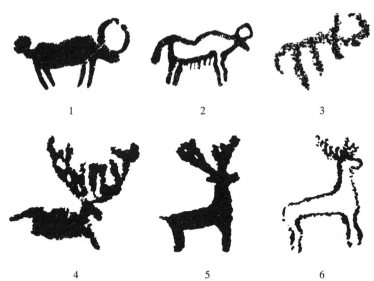

图 6-12　西藏岩画一期牦牛与鹿（席琳绘制）
1—3.牦牛；4—6.鹿

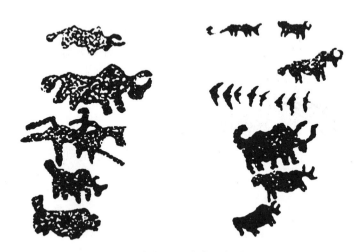

图 6-13　青海野牛沟岩画牦牛

第二期

制作方法除了点凿法外,磨刻法制作的图像数量增多,磨痕整体较深,轮廓线清楚。表现形式以轮廓式为主,剪影式次之,粗线条式图像数量较少。磨刻图像身体曲线流畅、轮廓边缘整齐;点凿图像凿点较小,敲凿过程更加细致,轮廓边缘较整齐。剪影式图像仍以写实简约的风格为主,不过动态感整体较第一期明显,主要通过动物腿部及人物四肢的伸展弯曲来表现。粗线条式图像线条粗细略有差异,弯曲明显,较第一期略显生动。该期图像中动物的种类与一期基本相同,但牦牛、鹿、羊、狗、鸟等均出现了新的造型风格与装饰纹样,装饰性增强,主要表现在鹿、狗、牦牛等动物体内的横"S"形装饰上。鹿角表现更加细致,除了一期已有的枝杈状之外,该期还新出现了较直较长、外撇不明显的波浪状螺旋上升样式;鹿腿弯曲有力,除了立姿之外,该期还新出现了近似北方草原地区常见的鹿石风格鹿形岩画的鹿形象,曲腿而卧(图6-14)。

图6-14 西藏岩画二期牦牛与鹿(席琳绘制)
1—2.牦牛;3—5.鹿

同时,鹿、牦牛、骑马人物等题材还出现了群体化现象,排列较有规律,场面较大。鸟图像多为剪影式,造型虽仍简约,但生动有力。新出现双人舞蹈图像,人物头部带有放射线条状装饰,可能为羽饰,表现手指等特征。车形岩画也是出现于该期的新题材,数量较多,造型多样,以度日坚岩画的车辆最具代表性。度日坚岩画的图案中,以连续回字形云雷纹、平行波浪纹与三角形波折纹最为典型,与日土洛布措聂诺石构遗迹和拉格色布54号岩画的石构遗迹、改则康玛石构遗迹图案中的同类纹样(图6-15[①])十分接近,也与札达县托林

[①] 图6-15-1张建林绘制,图6-15-2于春绘制。

镇曲踏墓地出土的陶器和木器装饰纹样中发现的回字形云雷纹、三角形波折纹、曲线花枝纹、绘制在陶器颈部及口沿的纵向平行波浪纹和噶尔县门士乡故如甲木墓地出土的木案外侧边缘黑彩绘制的岩画风格的牦牛等动物以及回字形云雷纹、平行三角形波折纹等纹样接近，时代在公元前3世纪至公元3世纪间。

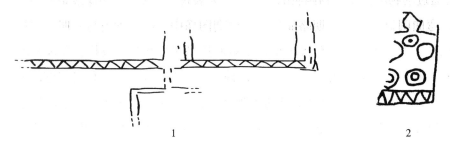

图 6-15　西藏石构遗迹与岩画中的石片图案
1. 改则康玛石构遗迹；2. 日土洛布措石片图案岩画

该期岩画最具代表性的横"S"装饰也是西藏岩画的典型特征，最早发现于日土任姆栋等岩画点中，为任姆栋中期①（图6-16②）典型特征。蜷曲而卧的鹿形象具有明显的北方草原风格，与集中分布在新疆阿尔泰地区，少量存在于内蒙古阴山、乌兰察布和宁夏北山、甘肃马鬃山区岩画中的鹿石风格鹿形象（图6-17③）造型相近。这种风格的鹿形岩画源自南西伯利亚的塔加尔文化及鄂尔多斯动物纹，最早形成时代应在公元前1000年前后，而其随着文化的传播向南影响到北方草原南缘的马鬃山地区的时间在公元前2世纪前后。④而西藏地区较之马鬃山区更加靠南，受影响的时代应较公元前2世纪更晚一些。

---

① 张建林：《日土岩画的初步研究》，《文物》1987年第2期。
② 西藏文管会文物普查队：《西藏日土县古代岩画调查简报》，《文物》1987年第2期。
③ 图 6-17-1 引自盖山林、盖志浩：《内蒙古岩画的文化解读》，北京：北京图书馆出版社，2002年；图6-17-2、图6-17-3 席琳绘制。
④ 席琳：《试论甘肃马鬃山区岩画的文化因素》，《考古与文物》2009年第4期。

第六章 中华文化视域下的西藏史前岩画

图 6-16 任姆栋 8 号岩画

图 6-17 西藏岩画中鹿石风格图像与甘肃、北方草原鹿石图像对比
1. 塔加尔文化青铜牌饰鹿；2. 甘肃马鬃山区岩画鹿；3. 洛布措岩画鹿

综上所述，该期岩画的时代为公元前 5 世纪至公元 3 世纪前后。

第三期

以密点敲凿和磨刻为主，表现形式多为轮廓式，剪影式和粗线条式图像较少。图像曲线自然流畅，眼睛、蹄或嘴等细部特征表现更多，部分装饰纹样更显

219

夸张和抽象。图像种类有牦牛、鹿、鸟、马、人物等（图6-18①）。二期装饰中的横置"S"形纹样两端卷曲更甚或演化为卷曲层次更多的涡旋纹样式。鸟、鹿、狗等动物出现较繁复的斜线装饰。人物头顶装饰轮廓状或单线羽饰，面部接近鸟头状，可能戴鸟面具，多穿轮廓亦呈三角形或梯形的袍服，个别人物则上身裸露且装饰两端卷曲闭合的横"S"形纹样、下身穿裤。

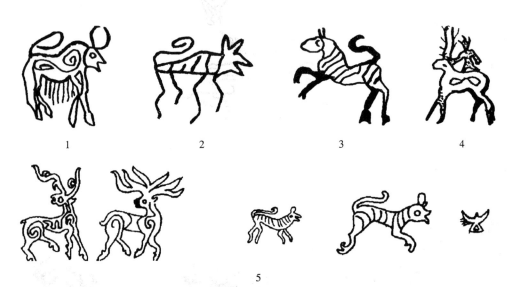

图6-18　西藏岩画第三期主要动物
1. 牦牛；2. 狗；3. 驴；4. 人骑鹿；5. 鹿、狗、鸟

该期更加繁复的羽形、斜线、涡旋纹装饰以及眼睛、蹄部、嘴部等细部特征的表现都与日土任姆栋岩画晚期（图6-19②）③、藏北以及西部印控克什米尔拉达克地区岩画中出现的同类风格图像较为相似，部分图像被晚期佛塔或藏文打破。佛教传入吐蕃地区之后的一个世纪内，都处于缓慢发展的阶段，直到8世纪

---

① 图6-18-1、图6-18-2、图6-18-3、图6-18-4 席琳绘制；图6-18-5 引自张建林：《日土岩画的初步研究》，《文物》1987年第2期。
② 西藏文管会文物普查队：《西藏日土县古代岩画调查简报》，《文物》1987年第2期，第47页。
③ 张建林：《日土岩画的初步研究》，《文物》1987年第2期。

中叶之后才出现成熟的寺院、佛塔以及造像等，现存吐蕃时期最早的石雕佛塔时代亦在公元 8 世纪中叶。①综合来看，该期岩画时代为公元 3 世纪前后至公元 8 世纪中叶。

藏北和藏西地区是西藏岩画最集中的分布区，这里也是古代象雄部落和苏毗部落活动的主要区域。因此，这两大地区的岩画当为这两大青藏高原游牧人群的作品。而拉萨、山南、日喀则、林芝、昌都等地出现的少量反映猎牧或祭祀题材的岩画显然并非该地区的原生古文化遗存形态，很可能是在人群交流迁徙中受到西部和北部地区游牧文化因素的影响而出现的。

图 6-19　任姆栋 12 号岩画

五、西藏史前岩画的文化因素及与周边岩画的关系

西藏史前岩画根据题材、技法、环境、生业等的不同，大体可以分为藏西、藏北、藏南、藏东南 4 个小的区域。在中国岩画分区的 3 个区域中，西藏岩画虽然地域上属于西南部，但其内容、风格等都与北方草原系统更接近，主要反映的是狩猎和畜牧为主的生活。不过，由于其与南方的云南等地区毗邻，藏东南岩画的某些画面又带有西南区的风格。从类型来看，西藏史前岩画几乎涵盖了中国岩画的所有类型。如藏北加林山岩画的狩猎牦牛图和日土塔康巴岩画中的牵狗狩猎

---

① 索朗旺堆、何周德主编：《扎囊县文物志》，西藏自治区文物管理委员会编印，1986 年，第 190—192 页。

图,加林山岩画表现的放牧、迁徙、狩猎、牦牛、羚羊、野马、牛羊、帐篷、符号、人畜、狼、原始祭祀等图像。藏北的扎西岛洞穴彩绘岩画与新疆以及西部地区发现的洞穴彩绘岩画具有相同的作画环境与方式,其多数是涂绘在天然洞穴和岩厦中,颜料以红色为主,平涂与线描两种技法均有使用,题材包括了射猎、舞蹈、祭祀、巫师、放牧等。西藏不同区域的岩画也具有各自鲜明的地域特色。藏西和藏北岩画主要表现狩猎和游牧题材的动物、人物等,藏西以凿刻为主,藏北以涂绘为主;藏南和东南地区岩画数量相对较少,制作方法以凿刻为主。

数量的绝对优势和分布的最广泛性都表明,牦牛是西藏岩画的主体文化因素,这使我们可以毫不犹豫地将西藏史前岩画划归到以牦牛为主要刻划对象的青藏高原岩画系统[①]中去。而牦牛造型的多样性则为我们提供了西藏岩画发展演变的清晰轮廓。

以放牧和射猎为主要题材则表明西藏岩画仍然属于北方草原岩画的大系统,图像中与牧猎题材密切相关的羊、马、狗等动物种以及车辆图像[②]也广泛见于北方草原游牧文化岩画中。车辆岩画在西藏岩画中发现有数十例,以度日坚岩画中的车辆数量最多、类型最丰富、特征最典型,其风格既有北方草原车辆的特点,也与南亚及西亚地区的车辆存在一定相似性。部分车辆表现非常细致,表现出车轮、车舆、车辕、拉车的对马等,甚至表现出驾马人;部分车辆则较为简约,仅表现车轮。其中,车轮的辐数不尽相同,最少的为十字形的四辐车轮(图 6-20[③])。人面像岩画在西藏岩画中数量不是很多,但却也体现了北方贺兰山、桌子山、阴山和南方江苏连云港、福建安华、台湾万山等地区人面像岩画的影响。

---

① 汤惠生、张文华:《青海岩画》,北京:科学出版社,2001 年。
② 戴良左:《新疆、内蒙古、宁夏车辆岩画初探》,《新疆文物》2003 年第 4 期。
③ 图 6-20-1、图 6-20-5 引自洛桑扎西:《那曲尼玛县夏桑、加林山岩画调查简报》,《西藏研究》2002 年第 3 期;图 6-20-2、图 6-20-3 引自汤惠生、张文华:《青海岩画》,北京:科学出版社,2001 年;图 6-20-6、图 6-20-7 引自戴良左:《新疆、内蒙古、宁夏车辆岩画初探》,《新疆文物》2003 年第 4 期;图 6-20-4、图 6-20-8 席琳绘制。

第六章 中华文化视域下的西藏史前岩画

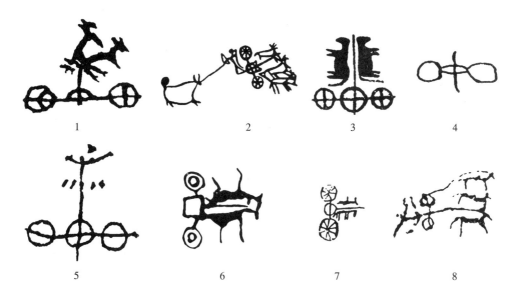

图 6-20 西藏及周边地区的车辆岩画
1、4、5. 西藏岩画车辆；2、3. 青海岩画车辆；6、7. 内蒙古岩画车辆；8. 甘肃岩画车辆

而鹿石风格鹿岩画[1]、装饰华丽繁复的北方草原动物纹风格的动物图像、面具图像[2]、盾牌图像等明显属于来自北方草原地区游牧文化的遗物、石刻或岩画文化中的因素。[3]繁复的动物纹造型在中原地区青铜时代较为多见。[4]

自然崇拜是史前时期普遍存在的宗教现象之一，西藏岩画中的雍仲符号、日、月、树等反映了来自青藏高原原始宗教——苯教的自然崇拜文化因素，是青藏高原早期岩画的重要组成部分之一。度日坚岩画中的几何图案数量也较目前已知的西藏地区其他岩画点多，且十分典型、种类较多，较为典型的有回字形云雷纹、

---

[1] 陈弘法编译：《亚欧草原岩画艺术论集》，北京：中国人民大学出版社，2005年。
[2] 李祥石、朱存世：《贺兰山与北山岩画》，银川：宁夏人民出版社，1993年。
[3] 吕红亮：《西喜马拉雅岩画欧亚草原因素再探讨》，《考古》2010年第10期；席琳：《试论甘肃马鬃山区岩画的文化因素》，《考古与文物》2009年第4期。
[4] 道日娜：《青铜时代中原动物纹样造型与北方草原动物纹样造型的比较》，内蒙古大学硕士学位论文，2012年。

平行波浪纹、三角形波折纹、连续菱形纹、"S"纹。

早期塔形岩画目前在宁夏贺兰山、藏北纳木错湖、藏西日土、克什米尔等地区的岩画中均有发现。而藏西、藏北、克什米尔等地区岩画中的明确佛塔岩画在局部特征上均与我国其他地区发现的早期塔形岩画具有明显的相似性乃至发展演变关系。①目前已知的塔形岩画中，部分图像结构简单粗略，其性质和文化因素还存在讨论空间，可能为佛教传入之前受周边新疆等地区塔形图像影响而出现。因为印度佛教在公元前3世纪阿育王统治时期得到大力发展并迅速向周边地区传播，而最早接受西部佛教文化的于阗地区也在公元前后就引入了佛教，藏西、藏北地区毗邻印度和于阗等地区，最早受到印度佛教文化的影响并不奇怪，只不过这一时期由于本土苯教势力强大，佛教并未被各部落政权所接受，而最早的塔形岩画作者因为不熟悉周边地区佛塔的准确形制而做了一定的主观改造。塔形图像的主体结构特点和"S"形飘带装饰等均体现了北部南疆于阗、龟兹②等佛教中心佛教文化影响的加强。不过，其与早期印度的大体量覆钵式佛塔明显不同，与吐蕃时期佛塔相比，层阶式塔基、较大的覆钵状塔瓶、莲花、塔刹、相轮十三天等特征仍未表现或表现不规范不准确，具有一定的随意性和主观性。那些结构完整准确的佛塔则明显属于吐蕃王朝时期，塔基、塔身和宝瓶造型整体较为规范，塔瓶体量增大，相轮或伞盖多较小且表现简约，具备了本土化实体佛塔的主要特征（图6-21③）。

综上所述，西藏史前岩画的分布几乎遍及整个高原，是高原古代先民物质生产和精神活动的形象化资料的体现，丰富了西藏原始艺术和文化遗产的内涵，也成为中华文化史前岩画的重要组成部分。

---

① 张亚莎：《西藏的岩画》，西宁：青海人民出版社，2006年。
② 杨淑红：《克孜尔石窟壁画中的佛塔》，《新疆师范大学学报》（哲学社会科学版）2006年第2期。
③ 引自席琳、马瑞：《西藏日土县洛布措岩画初步研究》，《岩画研究》，银川：宁夏人民出版社，2014年。

第六章 中华文化视域下的西藏史前岩画

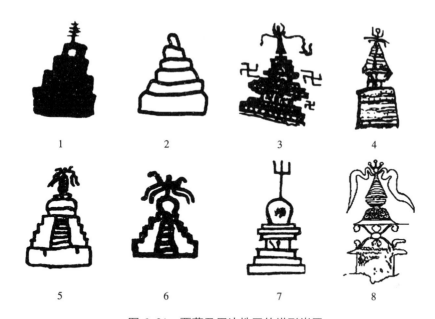

图 6-21 西藏及周边地区的塔形岩画
1、3、4. 西藏塔形岩画；2. 宁夏塔形岩画；5—7. 克什米尔塔形岩画；8. 新疆石窟佛塔壁画

第七章 结 语

　　西藏地处青藏高原的西南部，其西南及南部绵延着世界上平均海拔最高且长达2500多公里的喜马拉雅山脉，西端有喀喇昆仑山和帕米尔高原，北边是宏伟的昆仑山脉，东部是大山和河流纵列的横断山脉，独特的地理面貌使西藏自古代以来，一直处于较为封闭的环境之中，而且西藏高原绝大部分地区高寒缺氧，气候干燥，交通险阻，所有这些因素均影响和制约着西藏史前文化的产生和发展。但从更广阔的视野以及亚欧大陆的整体上来看，西藏高原"实际上是东亚、中亚和南亚的结点，地理位置十分突出，是一个不折不扣的十字路口"①。"在漫长的历史发展过程中，祖国黄河、长江流域的悠久文明，中亚草原的游牧文化，西亚河谷的农业传统，南亚热带沃土上孕育出来的思想意识，均曾汇集于这一号称世界屋脊的高原之上……从文化上来说，西藏可以说是亚洲古文明的荟萃之所。"②西藏高原虽然地理环境相对封闭，气候条件也较为恶劣，交通也极为不便，高原北部连通中亚草原，西部、南部和东部虽有大山脉阻隔，但山脉之间仍有一些可与外界交通的河谷走廊，这些河谷走廊成为高原周边史前人类进入西藏高原的重要通道。因此，自旧石器时代晚期以来，生活在西藏高原周边的史前人类，或通过高原东北部黄河、长江源头的高原地区，或通过西部、南部尤其是高原东部的河谷走廊进入高原，留下了生产生活活动的痕迹和较为发达的农牧业

---

① 霍巍、王煜、吕红亮：《考古发现与西藏文明史·第一卷：史前时代》，北京：科学出版社，
　　2015年，第18页。
② 童恩正：《西藏考古综述》，《文物》1985年第9期。

文化,"高原四周先进的古代文化的一些文化因素也曾从各种渠道进入高原,并与高原原始文化结合、融汇沉淀,形成为高原史前文化的特色"①。因此,在中华文化的整体视域下,本书通过前面各章全面疏理并深入分析了西藏高原旧石器时代文化遗存的分布、内涵与特征,全面疏理并深入分析了西藏高原新石器时代文化遗存的分布、内涵与特征,全面疏理并深入分析了西藏高原早期金属时代所包含的金属器文化遗存、大石文化遗存以及西藏史前岩画遗存的分布、内涵与特征,深入探讨了它们与我国华北、西南、西北等地区旧石器文化遗存、新石器文化遗存、早金属器物文化遗存、大石文化遗存以及区域分布的岩画的联系。可以看出西藏史前文化与中华文化属于同一传统,并具有密不可分的联系。

西藏高原的旧石器文化面貌呈现出多样性与区域性的特点。从西藏旧石器的石器类型来看,西藏除尼阿底遗址外的8处旧石器遗存中,石片石器在发现的石器中占有绝对多的数量,而且保留砾石面,石器工具的组合则以砍器、边刮器和尖状器这3种器形最为普遍,这些都是我国华北旧石器时代常见的特征;从西藏旧石器制作工艺方面来看,其制作工艺源于我国的华北、华南地区,文化内涵的一致性相当明确;至于尼阿底遗址发现的数量较多的棱柱状石叶石核和长薄、规范的石叶,虽然主要流行于非洲、欧洲、西亚和西伯利亚等地区,在中国甚至是东亚旧石器文化传统中比较少见,但在我国北方一些遗址中仍有发现,比如新疆、宁夏和内蒙古,这说明尼阿底人应该与我国北方人群发生过文化与技术的交流;从地理分布上看,西藏的旧石器文化主要分布在高原西部、北部及南部地区,而高原南邻的印度恒河平原地区目前均未发现有与西藏旧石器文化相似的同期文化遗存,因此西藏旧石器文化主要与我国北方(包含华北地区)、西南地区旧石器文化发生交流的主要通道应是高原西部的外流河流域、东部的三江河谷以及东北部黄河、长江源头的高原地区。这3个地区都具有海拔高差相对较小、水源丰富、河谷畅通等易于人类迁徙和文化传播的地理条件,因此在生产力水平和

---

① 霍巍、王煜、吕红亮:《考古发现与西藏文明史·第一卷:史前时代》,北京:科学出版社,2015年,第19页。

通行能力相对低下的旧石器时代,可以成为西藏高原与相邻地区进行文化交流的主要通道;总体而言,西藏旧石器文化总体面貌、经贸交流等均与我国华北地区旧石器文化传统密切相连,同时也与我国西南地区、华南地区旧石器文化有着不可分割的联系,是中华远古文化的重要组成部分。

雪域高原西藏在中国新石器时代的末期,分布着两大类考古遗存:一类是分布在江河沿岸台地的固定性聚落遗存,一类是分布在藏北、藏西南草原地带的以细石器为代表的遗存。西藏地形、地貌复杂多样,高差悬殊,气候变化不一,土壤发育形成了从热带森林到高原寒带冰缘环境的各种类型。由于人类早期对自然依赖较强,恰恰正是这种环境因素的重大差异必然导致在考古学文化中的明显反映。所以,受西藏地理与生态环境的影响,西藏新石器时代文化表现出了不同的内涵特征。卡若文化、曲贡文化、加日塘文化三大文化类型分别位于藏东三江峡谷区、藏中及藏南河谷平原区、藏北高原区三个完全不同的地理单元中,正是由于各地区富有特征的地理和生态环境,促使新石器时代生活在这些地区的人类采取了多种适应生活方式。藏东地区卡若文化与周边地区的文化交流尤为明显,与川滇地区的史前文化联系也较为紧密,其出土物与黄河中上游地区史前文化显然有着深刻、广泛的联系。曲贡文化地域性更强,但是也反映出与中华史前文化普遍存在的一些共性。加日塘文化属游牧文化类型,与我国北方地区所发现的游牧遗存相类似。西藏新石器时代的考古遗存主体上处于中国新石器时代的晚期、末期,与甘青地区、西南地区的新石器时代晚期、末期的考古学文化(遗存)关系紧密,西藏新石器时代遗存属于中国"史前文明"相互作用圈的组成部分,在磨制石器、陶器、铜器、史前农业、聚落形态、礼仪性用品等方面,反映西藏新石器时代遗存具有中国史前文明的"共性"特征。具体而言,卡若文化与马家窑文化的陶器在器形及组合方面,器形相似,组合相似,还都不见三足器。纹饰与制作技术方面的相似,更多体现了史前时代的共同性特征。但卡若文化所见彩陶,当是来自甘青地区,彩陶可能是从川西北营盘山文化而来。[1]另一方面,卡若文化、曲贡文化人工栽培粟作物农业的出现,与甘青、西南山地关系密切。此外,

---

[1] 石硕:《西藏新石器时代人群面貌及其与周边文化的联系》,《藏学学刊》2011年第7辑。

在雅鲁藏布江腹地曲贡遗址、昌果沟、邦嘎遗址也陆续发现粟，说明粟在西藏境内的传播途径是藏东折向雅鲁藏布江展开的。所以西藏地区的新石器文化与我国华北、西北、西南及中原地区的新石器文化联系十分紧密，是中国新石器时代重要组成部分，也是中华远古文化的重要组成部分。

西藏地区发现的各类金属制品，或经我国中原西部地区的贸易线路传入西藏，如青铜短剑；或吸纳中原地区金属器物的风格，如西藏地区曾经较为广泛流传的铁柄铜镜，就是兼收东渐中亚铜镜之形制与西传汉镜之风格。至于西藏地区墓葬发掘出土的大量黄金制品，虽与中原内地农耕地区贵重饰品存在较大差异，但从更为宏观的多元一体格局下的中华民族视角出发，这些黄金制品实与传统中原农耕地区外缘的"半月形游牧地带"的习俗甚为接近，亦深度融入我国北部草原地带的普遍风俗文化之中。从更为宏观且本质的角度来看，我国西藏地区的金属器物文化属于自古以来紧密连接在中原农耕文明外缘的"半月形游牧地带"的文化体系之中，是多元一体格局下逐步凝聚形成的中华文明的重要组成部分。

西藏地区大石遗迹沿喜马拉雅山、冈底斯山山麓及河川地带呈环状分布，这一分布特点实与史前人类地区间、聚落间的交流和交往密不可分。越靠近西部地区的大石遗迹呈现出越来越多"边地半月文化传播带"的草原游牧文化特色，而越靠近东部四川、云南等地区的大石遗迹则更多地呈现出深受中原农耕文化影响的痕迹。尤其是西藏东部地区的大石遗迹中出现了兼具祭祀与测影功能的环形垒石大石遗迹，这些都从侧面说明了作为深受祖国内地农耕文化影响的藏东地区，在其史前时代的大石文化时期，已然逐步摆脱了原始的物候观测，进而配合农耕发展的客观需要，逐步产生了对太阳的自主观测乃至相关的历法与宗教祭祀的初步自觉。这些确凿的考古证据都再一次有力地证明了我国西藏史前时期的大石文化，实为中华文明史前文化不可分割的重要组成部分。

西藏史前旧石器文化、新石器文化及属于西藏早期金属时代的金属器文化和大石文化均与中华文化具有密不可分的联系，同属于西藏早期金属时代的西藏岩画更是西藏文化与中华文化联系的历史见证者。西藏岩画在整体上属于北方草原岩画的大系统，首先，从图像种类和题材上来看，岩画中的羊、马、狗等动物以及车辆图像、鹿石风格鹿岩画、装饰华丽繁复的北方草原动物纹风格的动物图像、面具图像、盾牌图像等都明显属于来自北方草原地区游牧文化的遗物、石刻或岩画文化中的因素。同时，西藏岩画中繁复的动物纹造型在中原地区青铜时代亦较为多见，西藏岩画中的塔形岩画与宁夏贺兰山同类岩画相似，等等，充分说明西藏岩画与我国北方草原以及中原地区的密切联系。其次，从表现方式上来看，西藏岩画的3种表现方式，即线条式、剪影式、轮廓式，也都普遍见于北方草原地区岩画中，并且在早期都是以线条式和剪影式为主的。最后，从载体和凿刻技法上来看，西藏岩画也是以露天点凿岩画为主的，这点也是北方草原系统岩画的显著特征。综上三点，西藏岩画是中华远古文化的重要组成部分亦毋庸置疑。

总之，包含有西藏旧石器文化、新石器文化以及同属于西藏早期金属时代的早期金属文化、大石文化和西藏岩画的西藏史前文化与代表着中华文化的华北、中原、西北、西南地区的旧石器文化、新石器文化以及我国北方草原岩画具有紧密联系，属同一系统的文化，西藏史前文化就是中华远古文化的重要组成部分，无论是从西藏旧石器、新石器、早期金属器物、大石的考古发现，还是西藏岩画所体现出的相同性方面均得到了证明。

插图索引

第二章

图 2-1　西侯度遗址发掘的石器 ············· 16

图 2-2　1973 年元谋人遗址发掘出的刮削器 ············· 17

图 2-3　1985—1988 年龙骨坡遗址发掘出的石制品 ············· 18

图 2-4　公王岭地点发掘出的石制品 ············· 20

图 2-5　匼河遗址发掘出的石器 ············· 21

图 2-6　周口店北京人头骨（正、侧面） ············· 23

图 2-7　周口店北京人遗址第 13 地点发掘的石器 ············· 23

图 2-8　湖北郧县人遗址发掘的砍砸器 ············· 25

图 2-9　大荔人头骨 ············· 27

图 2-10　大荔人遗址发掘的石制品 ············· 28

图 2-11　许家窑遗址发掘的石器 ············· 30

图 2-12　山顶洞遗址发掘的骨针与装饰品 ············· 34

图 2-13　仙人洞发掘出的骨、角制品和装饰品 ············· 36

图 2-14　夏达错东北岸石器地点位置示意图 ············· 40

图 2-15　尼阿底遗址位置图 ············· 41

图 2-16　日土扎布地点石器 ············· 43

图 2-17　日土夏达错东北岸地点石器图 ············· 44

图 2-18　日土夏达错东北岸地点石器 ············· 44

图 2-19　申扎多格则和日土扎布地点出土的旧石器 …………… 45
图 2-20　申扎珠洛勒地点石器 …………………………… 46
图 2-21　尼阿底遗址出土的石叶 …………………………… 46
图 2-22　尼阿底遗址出土的石器 …………………………… 47
图 2-23　各听地点石器 ……………………………………… 48
图 2-24　苏热地点石器 ……………………………………… 49
图 2-25　哈东淌地点石器 …………………………………… 50
图 2-26　却得淌地点石器 …………………………………… 50

第三章

图 3-1　卡若遗址房屋 ……………………………………… 92
图 3-2　卡若遗址陶器 ……………………………………… 93
图 3-3　卡若遗址磨制石器 ………………………………… 93
图 3-4　卡若遗址装饰品 …………………………………… 94
图 3-5　墨脱县采集的磨制石器 …………………………… 97
图 3-6　邦嘎遗址发掘现场 ………………………………… 101
图 3-7　邦嘎遗址房屋遗迹 ………………………………… 102
图 3-8　邦嘎遗址 2015 年出土的陶器 …………………… 103
图 3-9　曲贡遗址磨制玉、石器 …………………………… 105
图 3-10　曲贡遗址石梳 …………………………………… 105
图 3-11　曲贡遗址陶器 1 ………………………………… 106
图 3-12　曲贡遗址陶器 2 ………………………………… 106
图 3-13　拉觉地点采集的细石器 ………………………… 111
图 3-14　桑桑乡采集的细石器 …………………………… 112

第四章

图 4-1　拉萨曲贡出土的铁柄铜镜 ………………………… 148

插图索引

图 4-2　拉萨曲贡、皮央·东嘎墓地出土的金属器物 …………………………… 151
图 4-3　浪卡子县查加沟墓地出土的金属器物 …………………………………… 151
图 4-4　曲踏墓地出土的金箔面饰 ………………………………………………… 152
图 4-5　藏南河谷出土的带柄铜镜 ………………………………………………… 154
图 4-6　各地出土的各类型带柄铜镜 ……………………………………………… 155
图 4-7　我国各地出土的双同心涡状实心柄铜剑 ………………………………… 156
图 4-8　藏北采集的铜器 …………………………………………………………… 157

第五章

图 5-1　世界主要巨石遗迹分布 …………………………………………………… 160
图 5-2　沿喜马拉雅山两侧呈西北东南分布的主要大石遗迹 …………………… 163
图 5-3　我国西藏地区大石遗迹主要分布概况 …………………………………… 164
图 5-4　布鲁扎霍姆立石遗迹 ……………………………………………………… 165
图 5-5　丁东遗址及其立石 ………………………………………………………… 166
图 5-6　杜齐记录的西藏立石遗迹 ………………………………………………… 168
图 5-7　札达县丁东遗迹方位略图 ………………………………………………… 169
图 5-8　札达县皮央·东嘎遗址列石遗迹平面图 ………………………………… 170
图 5-9　山南县措美乡遗迹 ………………………………………………………… 171
图 5-10　索尔兹伯里巨石阵天文观测应用图 …………………………………… 185

第六章

图 6-1　西藏岩画分布示意图 ……………………………………………………… 202
图 6-2　孜孜荣岩画 ………………………………………………………………… 203
图 6-3　它日普岩画 ………………………………………………………………… 204
图 6-4　度日坚岩画车辆 …………………………………………………………… 207
图 6-5　日土宗雄措点凿岩画 ……………………………………………………… 211
图 6-6　当雄扎西岛涂绘岩画 ……………………………………………………… 211

233

图 6-7　日土多玛涂绘岩画 …………………………………………… 211

图 6-8　索县军雄磨刻岩画 …………………………………………… 211

图 6-9　日土任姆栋 3 号岩画 ………………………………………… 212

图 6-10　日土县恰克桑 1 号岩画 …………………………………… 212

图 6-11　日土洛布措塔形岩画 ……………………………………… 212

图 6-12　西藏岩画一期牦牛与鹿 …………………………………… 216

图 6-13　青海野牛沟岩画牦牛 ……………………………………… 216

图 6-14　西藏岩画二期牦牛与鹿 …………………………………… 217

图 6-15　西藏石构遗迹与岩画中的石片图案 ……………………… 218

图 6-16　任姆栋 8 号岩画 …………………………………………… 219

图 6-17　西藏岩画中鹿石风格图像与甘肃、北方草原鹿石图像对比 … 219

图 6-18　西藏岩画第三期主要动物 ………………………………… 220

图 6-19　任姆栋 12 号岩画 ………………………………………… 221

图 6-20　西藏及周边地区的车辆岩画 ……………………………… 223

图 6-21　西藏及周边地区的塔形岩画 ……………………………… 225

后　记

　　时光荏苒，一晃已从教 30 余年。因长期在民族院校工作，近十多年又教授中国古代文化方面的课程，所以特别关注中华文化与西藏史前文化的关系研究，而西藏史前文化又与西藏考古密不可分。自己却是文学学科背景，虽然喜欢关注考古发现与中华文明关系方面的资料，但隔行如隔山，想要从事于考古方面的研究还是感到力不从心，无处着手。一次偶然机会，结识了长期从事西藏考古研究的陕西考古研究院张建林研究员（记得是学校文物与博物馆学专业的考古课程聘请张老师来授课，我当时负责联系张老师），进而认识了陕西考古研究院的席琳博士，在张老师的热心指导与鼓励下，又联合学校的余小洪博士、马天祥博士、刘伟源硕士等组成 6 人研究团队，开始着手中华文化与西藏史前文化的研究。研究团队先后申请到了国家民委和国家社科基金项目（华南师范大学文学院黄志立博士曾参与了国家民委项目）。从 2016 年下半年开始，研究团队各成员克服工作及家庭等各种困难，尤其克服新冠疫情造成的不利影响，先后完成了陕西、河南、广东、青海、甘肃、西藏、四川、浙江、山东、北京等省、市、区史前文化遗存的实地考察和调研工作，搜集相关资料 30 多万字，不仅顺利完成了立项项目，还对研究成果不断修改完善，终使这部《中华文化视域下的西藏史前文化研究》著作即将面世。自己倍感欣慰的同时，也衷心感谢研究团队的辛勤努力和付出。

　　本书写作的具体分工是：我撰写了第一、七章；余小洪撰写了第三章；马天祥撰写了第四、五章；席琳撰写了第六章；刘伟源撰写了第二章；张建林和我研究制定了整部书的总体框架，并对书稿进行了统稿、定稿工作。

　　本书付梓之际，承蒙西藏自治区原文联党组成员、副主席吉米平阶教授，区社会科学院党组书记车明怀教授，区党委党校科学社会主义教研部主任次仁多吉教授百忙之中审阅书稿，提出修改意见，遵此进行了最后修订，在此对三位专家教授表示诚挚的感谢！

本书付梓之际，适逢我校民族研究院丹曲教授主编策划中国史博士点建设文库系列丛书，因本书内容与历史学关系密切，受邀成为中国史博士点建设文库之一，也是一大幸事。在此对关注本书的同仁表示衷心感谢！

本书出版得到了西藏民族大学全额资助，西藏自治区党委宣传部文艺处、西藏民族大学科研处也给予了大力支持；西北大学出版社责任编辑陈新刚同志，对本书关心甚多；封面、版式由郭学工同志精心设计；编辑部许多同志在本书出版过程中提供大力支持，在此一并谨致谢意！

刘　鹏

2022年12月于古都咸阳